COLLECTION
FOLIO/HISTOIRE

Marc Fumaroli

Trois institutions littéraires

Gallimard

Marc Fumaroli est professeur au Collège de France. D'une œuvre abondante et essentiellement consacrée à la rhétorique, à la vie et aux institutions littéraires de l'époque classique, on retiendra les principaux titres : *L'âge de l'éloquence. Rhétorique et* res literaria *de la Renaissance au seuil de l'époque classique*, Genève, Droz, 1980 et Albin Michel, 1994 ; *Héros et orateurs. Rhétorique et dramaturgie cornéliennes*, Genève, Droz, 1990 ; *L'État culturel. Une religion moderne*, Bernard de Fallois, 1991, Livre de poche Hachette, 1992 ; *L'École du silence. Le sentiment des images au XVIIᵉ siècle*, Flammarion, 1994 ; *La diplomatie de l'esprit de Montaigne à La Fontaine*, Hermann, 1994.

Introduction

Pour Yves Bonnefoy

> « J'aime à écrire, mais c'est un penchant triste
> et plein d'angoisse comme celui qui nous
> entraîne à exercer une manie douloureuse. »

Ces mots de Maurice de Guérin, et que tout écrivain pourrait faire siens, devaient être cités en exergue de ces trois essais sur des *institutions* littéraires. Je les rapproche volontiers de cette remarque de Joseph Joubert, dans ses *Carnets*, à propos d'une formule restée fameuse :

> « La littérature, que M. de Bonald appelle
> "l'expression de la société", n'est souvent que
> l'expression de nos études, de notre humeur, de
> notre personnalité, et cette dernière est la meil-
> leure. »

Avant toute institution, écrire est une vocation, aventurée et singulière. Telle est l'expérience intime et première de tout écrivain. Le « penchant triste et plein d'angoisse » n'a d'attrait et ne trouve de

rebond intérieur que pour donner accès à des ressources inconnues de la parole ordinaire. Le jaillisse-
ment de ces ressources obscures a reçu faute de
mieux, depuis l'Antiquité, le nom d'inspiration. Elle
touche au divin. Mais le dieu qui y surgit a reçu
plusieurs noms : c'est tantôt Dionysos, tantôt Apollon, tantôt même, pour les poètes et écrivains
chrétiens, le Christ et la Vierge. Les Ménades
accompagnent Dionysos inspirateur, et les Muses
Apollon. Ces noms renvoient à un étage de l'expérience humaine que ni le microscope ni le télescope
ne détectent, et qui échappent au sens commun. Ils
n'en désignent pas moins des faits intérieurs dont
toute la littérature atteste la présence. Peu de poètes
ont évoqué plus vigoureusement cet ordre de l'expérience que Dante, au seuil du troisième étage de la
Divine Comédie, quand il s'approche du Paradis où sa
parole va se nouer à la lumière divine ; il demande
une dernière fois aux énergies « païennes » de soutenir l'essor de son poème :

Ô bon Apollon, par cet ultime travail
Remplis-moi de ta vigueur comme un vase
Autant que tu l'exiges pour accorder le laurier souhaité.

Jusqu'ici, l'une des cimes du Parnasse
M'a suffi, mais maintenant c'est avec les deux
Qu'il me faut entrer dans l'arène dernière.

Entre dans ma poitrine, et souffle en moi tes forces
Comme lorsque tu as arraché Marsyas
Du fourreau de ses membres.

Ô divine vigueur, si tu me prêtes
Assez pour que l'ombre du royaume bienheureux
Empreinte dans ma tête, je sache le manifester,

Tu me verras venir à ton arbre préféré
Et me couronner alors de ce feuillage
Dont mon sujet et toi m'aurez rendu digne.

Cette inspiration secrète et qui le dépasse, l'écrivain de vocation la découvre le plus souvent à contre-courant de la société dans laquelle il s'éveille, et d'abord de sa propre famille. L'ambition, la vanité, l'intérêt, la conformité et la timidité ordinaires, la pression sociale que ces motifs pesants exercent sur l'enfant, l'adolescent, le jeune être, même le plus doué pour cette fièvre de la parole, le somment, s'il est sincère et déterminé, à des choix, à des ruptures, souvent même à des sacrifices, difficiles à comprendre pour les esprits positifs. Et ce n'est pas le propre de l'époque romantique. Boccace, fils de négociant, et représentant du négoce paternel à Naples, fréquente des lettrés en dehors de ses affaires et leur soumet à l'insu de son père ses premiers essais. Il lui faudra beaucoup s'enhardir avant de devenir un écrivain de plein exercice. Pétrarque, lui-même, qui deviendra le maître et le modèle de Boccace, dut faire des études de droit et feindre d'obéir à son père, qui voulait faire de lui un robin, avant d'oser se lancer à la cour d'Avignon, dans l'étrange « carrière » qui fut la sienne. Que d'obstacles, que de réprobations crucifiantes, pour l'un des meilleurs élèves des *Petites Écoles* de Port-Royal, Racine ne dut-il pas essuyer parce qu'il avait cédé à

l'appel des « Nymphes de la Seine » et du théâtre ! Il
avait manqué de peu auparavant d'être enterré par
sa famille dans un chapitre de chanoines d'Uzès.
Dans sa biographie récente de Voltaire, René
Pomeau rappelle que Voltaire lui-même, l'écrivain le
plus *heureux* peut-être qui ait jamais été, était fils de
notaire, et que même si dans cette famille, on fré-
quentait la clientèle des gens de lettres, et on taqui-
nait pour rire la Muse, la volonté déclarée du jeune
Arouet d'embrasser « l'état » (qui n'en est pas un)
d'homme de lettres se heurta à l'opposition des
siens. Voulait-il donc être « inutile à la société », « à
charge à ses parents », et « mourir de faim » ? Voltaire aussi, comme Boccace trois siècles plus tôt,
devra feindre d'abord, au sortir du collège, de suivre
des cours de droit.

On a du mal à imaginer aujourd'hui, où tout le
monde plus ou moins écrit, et remporte des prix
littéraires, la résistance que la société et la famille
d'autrefois et de naguère opposaient à ces manies
précoces. Toutes choses égales, cette résistance était
aussi vive et constituait une épreuve aussi cruelle
pour ces jeunes entêtés que pourrait l'être
aujourd'hui une vocation monastique chez un gar-
çon ou une fille nés dans un milieu d'anticléricaux
militants. Le parallèle est d'autant plus justifié que,
dans l'Ancien Régime au moins, où l'entrée dans les
ordres séculiers ou réguliers allait de soi, beaucoup
de vocations d'hommes de lettres se déguisèrent en
vocations ecclésiastiques pour pouvoir se donner
libre cours sans drame et sans réprobation sociale.
Que de jésuites, de bénédictins, d'abbés, de chanoines occupent les colonnes de nos *Dictionnaires des*

Lettres françaises, qui trouvèrent dans l'Église le loisir, les ressources, la légitimité souhaitables à leur vraie vocation ! Celle-ci se révélait sourdement par la suite non seulement par le talent, la fécondité, mais aussi par le caractère de ces écrivains en soutane : *genus irritabile vatum.*

Avant de proclamer cette apparente évidence que « la littérature est l'expression de la société », il faut donc se remettre en mémoire un fait corroboré pendant des siècles, même dans une nation aussi littéraire que la France : le poids de la société a longtemps pesé sur et contre l'éclosion du poète et de l'écrivain. Celui-ci se rattache à un « autre côté » des choses que la société n'accueille pas sans résistance. Il a fallu, même de la part de nos plus grands classiques, une volonté quelquefois héroïque pour faire triompher leur vocation sur le déterminisme social qui les poussait vivement sur d'autres voies. Il est aisé après coup, comme l'a fait Taine pour La Fontaine, et d'autres pour Corneille, de faire valoir que les *Fables* et le *Cid* sont les « produits » du « milieu » et du « moment » et d'expliquer triomphalement que ces chefs-d'œuvre sont l'« expression » de la société contemporaine. C'est faire bon marché de ce qu'il y a toujours d'improbabilité extrême, pour des jeunes gens de très petite naissance et fortune, nés pour une vie modeste et ordinaire dans leur quartier, à devenir les « miroirs » d'une société qui les avait programmés pour n'être que d'infimes rouages. Dans leurs débuts, leur manie d'écrire les fit souvent prendre pour des rêveurs un peu demeurés.

Cette foi dans les lettres a toujours ouvert, jusqu'à notre époque où les autoroutes de la littérature sont

à la portée de tous, un « chemin montant, sablon-
neux, malaisé » à rebrousse-poil du train normal du
monde. C'est sans doute cette dure épreuve, et le
moral d'acier qu'elle forgeait aux plus déterminés,
qui fit des hommes de lettres des artisans acharnés ;
leur discipline de travail était à la mesure de la
passion qu'ils avaient dû déployer pour s'y livrer.
Joubert, qui n'aimait pas Voltaire, admirait la rigueur
monastique de son ascèse d'écrivain, et l'exemple
moral que donnait cet immoraliste, aussi religieuse-
ment que Bossuet, par son application à rendre l'inspiration *habituelle* :

> « Vous savez, écrit-il, que j'ai souvent écouté
> les vieillards et vous me demandez des anec-
> dotes. L'ancien valet de chambre de M. Arouet
> le père racontait que, lorsqu'il entrait le matin
> chez le jeune Arouet avant son lever, il le trou-
> vait "sur son séant, occupé de ses vers, le visage
> animé, l'œil flamboyant" (je cite avec fidélité)
> "la tête, le cou, les épaules, les bras, les mains
> enveloppés de couvertures de laines". C'était là
> son manteau de lit. J'ai ouï dire à un ancien
> vicaire du diocèse de Meaux que le même
> accoutrement était à l'usage du grand Bossuet,
> lorsqu'il travaillait le latin, dans son cabinet,
> avant le jour, et il n'avait pas d'autre robe de
> chambre. C'était sans doute une habitude que
> le jeune poète tenait du Collège, et Bossuet du
> Séminaire. Nos littérateurs du moment
> montrent moins de fidélité à leur première édu-
> cation. Pour les plus jeunes et les moins consti-
> tués en dignité, on n'en trouverait pas un seul

qui, même dans le secret de sa chambre, n'ait l'attention de se draper avec plus de richesse et de bon goût. Il est vrai que ces qualités éclatent moins dans leurs écrits, ce qui dans le système des compensations, forme une espèce d'équilibre, mais pour un fâcheux contrepoids. »

Joubert excepte certainement du nombre de ces petits-maîtres son ami Chateaubriand, qui, dans son exil misérable en Angleterre, avait écrit l'*Essai sur les Révolutions* dans le froid, la faim et la solitude, et la plus faible espérance d'être un jour publié. Même rentré en France, François-René s'était livré, pour écrire le *Génie du christianisme*, à d'immenses lectures, préparées cette fois, il est vrai, par l'amour de Pauline de Beaumont et par la confiance fervente d'amis lettrés. De Victor Hugo à Marcel Proust, d'André Gide à Paul Claudel, c'est un trait commun de ce « métier » choisi par amour qu'il obtient de ses amants-forçats une servitude volontaire et ininterrompue, dont peu de professions sont capables.

À l'occasion de ce recueil publié dans Folio, je tenais à mettre les points sur les *i*. Les « institutions littéraires » dont traitent ces trois essais ne touchent qu'aux échafaudages de la littérature, et non pas à sa chambre secrète. J'y envisage ce phénomène essentiellement mystérieux de l'extérieur et encore me faut-il avouer que l'extériorité de la littérature elle-même ne se borne pas aux trois facettes françaises que j'ai fait chatoyer dans le temps. J'ai bien envie de paraphraser Hamlet, et de dire avec lui et avec Montaigne :

> « Il y a bien plus de choses sur la terre et dans
> le ciel des lettres que dans toutes leurs "institu-
> tions". »

Écrits et publiés d'abord séparément, dans le cadre
de l'enquête dirigée par Pierre Nora sur les
constantes de la Nation française, ces essais ont une
autre limite qui incite à la modestie : celle des frontières de la langue et des lettres françaises. On sait
bien que la littérature est un phénomène humain et
universel. Cependant, et sans céder à la vanité hexa-
gonale, cette restriction de fait et de méthode n'est
pas sans justification : la France, et cela depuis la
Chanson de Roland, est une nation littéraire. Elle n'est
pas la seule. Mais elle est sans aucun doute celle qui a
le plus volontiers et le plus continûment élevé la
littérature au rang de symbole national. Entrée très
tôt dans les mœurs françaises, la littérature a contribué à les façonner, et elle en est même venue à jouer
un rôle de premier plan dans son histoire politique,
pouvoir spirituel parallèle ou rival de celui de
l'Église. Augustin Cochin et, depuis, Robert Darnton
ont montré qu'à certaines époques de notre histoire
elle est même devenue un pouvoir social. Si je puis
ici expliciter une hypothèse que j'ai laissée en filigrane de mes essais, la littérature en France doit sa
relative éminence, sa visibilité et contagion sociale au
fait qu'elle s'est acquis très tôt des sympathies non
seulement dans l'Église, et dans l'État, mais surtout à
partir du xvie siècle dans la noblesse, cette aristocratie laïque, capricieuse, frondeuse, amie du loisir, qui
jusqu'à la Révolution (mais l'empreinte est demeu-

rée très forte bien après la Nuit du 4 août) a représenté avec éclat sur la scène européenne les traits caractéristiques et les mœurs propres à la Nation française. L'ampleur et la profondeur de cette socialisation de la littérature en France vont à l'encontre du déterminisme qui, en France même et dans les autres nations européennes, travaille à marginaliser et tend parfois à étouffer la littérature. Mais il est bien entendu que, conçus dans un cadre historiographique, ces trois essais ne prétendent ni à proposer une sociologie de la littérature, ni à plus forte raison une littérature qui s'expliquerait par une sociologie.

L'esprit que Pierre Nora a donné à l'enquête des « Lieux de mémoire » s'inspire de l'exemple d'Alphonse Dupront. Il porte l'analyse historique dans un domaine où les historiens ont longtemps hésité à se risquer : celui du langage, des signes, des symboles, des édifices symboliques, bref de ces « constantes » assez étranges qui résistent, comme la géographie et le climat, au flux du fleuve d'Héraclite. Ces « constantes » se prêtent moins à la narration qu'à l'essai et au montage de ces essais. Ayant proposé cette ambition à de nombreux collaborateurs de sa propre discipline, Pierre Nora a eu la générosité de faire appel aussi à des historiens des lettres. Même s'il veut l'ignorer ou s'il s'en défend, par superstition positiviste, l'historien des lettres est, comme l'historien des religions ou l'ethnologue, accoutumé à étudier ces constantes symboliques, transcendant les générations. Curtius est l'un des premiers d'entre eux, sinon le premier, à avoir tra-

vaillé en pleine conscience de la singularité extrême
de son objet. Mots, formes, figures, genres, lieux
communs, styles évoluent dans le temps, mais avec
une rare disposition à lui résister et même à ruser
avec lui dans un « éternel retour » dont l'inspiration
semble puisée chez ces « Mères » dont parle Goethe
dans le *Second Faust* (Hadès est un dieu associé à
Dionysos) : elles demeurent invisibles dans leur en
deçà ou dans leur au-delà du cours changeant de
l'histoire, apparemment indifférentes au progrès des
Lumières. Les œuvres littéraires ne se contentent pas
de résister curieusement au temps qui démode tout :
la genèse, le mode d'être et le mode d'action de ces
formes symboliques sont d'une tout autre nature que
les faits, les choses, les personnes dont l'historien est
accoutumé à retracer la caducité et les éphémères
conflits. Elles relèvent d'une autre temporalité, que
résume assez bien le mythe de Mnémosyne, mère des
Muses, une déesse plus ancienne et plus profonde
même qu'Apollon et Dionysos. C'est une expérience
extrêmement féconde, pour un historien des lettres
de la famille de Curtius, que d'arriver à observer,
cette fois du point de vue du temps historique et de
son extériorité, ces constellations symboliques qui
ont leur durée propre, qui relèvent d'une astrono-
mie encore à inventer peut-être, mais qui, œuvres de
l'art humain et apparues sur la terre des hommes,
doivent à leur essence amphibie d'y exercer une
influence étonnante et persistante. Il n'est pas exa-
géré de dire que cette influence a été particulièrement ressentie en France, au point d'y passer pour
dangereuse, et de s'y voir attribuer un pouvoir sur les

esprits échappant au contrôle des politiques et des ecclésiastiques.

Ce n'est pas seulement par rapport au temps historique que la « chose littéraire » jouit d'un statut paradoxal. Elle fait coïncider, comme les deux fragments réunis du même symbole, deux ordres apparemment divisés et incompatibles : l'être singulier dans ce qu'il a de moins social, et l'être collectif dans ce qu'il a de plus profondément social. Quelle étrange boucle peut bien relier les sources obscures de l'impulsion poétique et l'espèce de révélation et de reconnaissance en pleine lumière dont bénéficie le grand poème, qui scelle parfois pour des siècles, tels l'*Iliade* ou la *Divine Comédie*, un puissant sentiment d'appartenance collective ? Si de rares poètes, de la stature de Rimbaud, ont pu demeurer une saison au faîte de cette contradiction entre une arrière-conscience sauvage et la vision utopique d'une communauté entière coagulée par la poésie, ce n'a pu être que dans la foudre. L'homme Rimbaud en a été consumé. Les religions elles-mêmes, parentes et rivales de la poésie, ne peuvent rendre étale l'instant fondateur de leur révélation : elles doivent domestiquer cette lumière ou ce feu divins, et en faire le carburant, plus ou moins pur, de ces véhicules qui ont à voyager dans le temps, les Églises.

La littérature a elle aussi besoin d'institutions ecclésiales, édifices symboliques où le feu reste allumé dans l'orage du temps, et qui assurent une médiation entre cette essence originelle et inquiétante et la société. Ces temples protecteurs ont des façades qui servent de décor à des cérémonies de célébration et de consécration qui voilent et qui rendent familier le mystère. Cette théâtralisation, pour les initiés, est à prendre *cum grano salis*. Elle n'en fait pas moins partie du phénomène littéraire, comme Pisistrate, le tyran d'Athènes qui fit « publier » le texte écrit des épopées homériques, fait partie du phénomène Homère. À se faire spectateur-ethnologue de ce théâtre, de sa dramaturgie, de son imaginaire, et de ses adaptations aux temps, on n'épuise pas sans doute le mystère des Lettres. On prend du moins la mesure de l'ancrage social que la littérature a réussi, ou non, à se donner sous différents climats. Les analyses que je propose ici pour la France peuvent être faites, et elles l'ont été, pour l'Italie, pour l'Angleterre et pour l'Allemagne, les trois nations qui, avec l'Espagne, disputent traditionnellement le titre de « nation littéraire » à la France.

J'ai cité deux fois Joubert. Il appartient à une génération qui a connu l'Ancien Régime français et la situation confortable dont la littérature y avait joui en dépit des condamnations de l'Église et de la censure libérale de l'État royal. Cette génération a traversé la tourmente révolutionnaire. Joubert est de ceux qui, après Thermidor, se posent la question de la survie de la littérature, maintenant que les anciennes habitudes sont perdues. Joubert qui, entre-temps, a retrouvé la foi chrétienne, cherche le principe de cette survie (à l'exemple de Montaigne, au cœur des guerres civiles du XVIe siècle) dans le for intérieur, dans ce « sens intime » oraculaire qui éclaire mieux les êtres, les choses et soi-même que la raison orgueilleuse ; il le cherche aussi dans un dialogue au-dessus du temps avec ceux que Barrès nommera « les intercesseurs ». La littérature, pour un

Joubert, même si elle a une façade sociale, qui s'est
avérée fragile, est d'abord une société secrète, dont
la survie en définitive dépend de ses propres
membres, et du don de vision dont ils sont pourvus.
Il proteste donc contre la sociologie du comte de
Bonald, qui fait dépendre la littérature d'un ordre
politique et social extérieur à elle-même, qu'il faudrait restaurer, à en croire ce doctrinaire de l'émigration, sur les trois fondements du trône, de l'autel et
de la noblesse héréditaire.

Trois ans plus tôt, Chateaubriand son ami, et que
Joubert a lui-même présenté à Pauline de Beaumont,
a publié le *Génie du christianisme*, dont le succès universel a été amplifié par la signature du Concordat
entre le fils de la Révolution, Bonaparte, et le pape
Pie VII Chiaramonti. On peut lire le *Génie* selon plusieurs entrées. Mais on doit convenir qu'il est
d'abord une réponse apportée par le jeune émigré
rentré à Paris à la question qui hante sa génération
littéraire : que va-t-il maintenant advenir des Lettres ?
Puisque la monarchie a disparu, et ne sera jamais la
même au cas où elle serait rétablie (on imaginait
encore, alors, en Bonaparte un possible Monk), le
Génie ne voit d'avenir et d'hospitalité pour la littérature que dans le sillage de la dernière Mnémosyne,
plus ancienne que la monarchie et destinée à lui
survivre : l'Église romaine. Chateaubriand n'en préserve pas moins les droits de la poésie. La poétique
chrétienne, mais profane, qu'il propose, et qui est
capable de réveiller la foi catholique endormie par
les « philosophes », demande à la religion une
alliance équitable, une sorte de Concordat en
échange des services que les Lettres peuvent lui

rendre. Le principe de transcendance au temps, que la société politique française a perdu ou renié, ne subsiste plus que dans l'Église. Poésie et religion doivent donc faire maintenant, plus étroitement qu'elles ne l'ont fait depuis les origines chrétiennes et en dépit des « révolutions » successives sur lesquelles Chateaubriand a sombrement médité dans son exil anglais, une alliance, mais qui ne doit pas prêter à confusion. Littérature et religion échappent dans leur essence et dans leur principe à l'histoire, elles en sont l'une et l'autre l'élément contemplatif et régulateur ; ensemble elles sont même le vecteur de la seule « perfectibilité » dont l'humanité est capable, celle de l'âme et des mœurs. Mais l'auteur du *Génie* — ami des « sauvages » et grand amoureux, cela est visible dans les couleurs trop vives de son style — ne pose pas au Père de l'Église. Il ne demande pas même à la foi religieuse, comme le fait Bonald, une refondation politique de l'éternelle monarchie, il ne fait pas de cette refondation le préalable à une littérature qui serait de nouveau, comme au Grand Siècle, l'« expression de la société » revenue à son ordre naturel et providentiel. Sa propre inspiration, il la sait jaillie de sources qui ne sont pas toutes chrétiennes. La Sylphide ne l'est pas ! Il souhaite néanmoins, dans une société politique qu'il sait nouvelle et vouée à d'autres révolutions, que religion et littérature reconnaissent leur parenté et constituent ensemble, dans le respect mutuel de leurs sources propres, le pouvoir spirituel de contrepoids dont ce monde nouveau, oublieux et instable, a besoin. On a pu parler de « sacre de l'écrivain ». Acceptons la formule, à condition de ne pas mettre l'accent sur le contenu sacramentel et sacerdotal du

premier mot. « Converti » sans doute, Chateaubriand, écrivain et poète n'en reste pas moins *un laïc,*
selon un partage des rôles qui est lui-même essentiellement catholique : l'inspiration du laïc n'est pas
et ne peut pas être celle du sacerdoce, son autorité
n'est pas et ne peut pas être celle du prêtre ou du
pontife. Ces deux mystères peuvent bien être asymp-
totiques, ils ne se confondront qu'à l'infini, à la fin
du décours des deux Cités sur la terre. Claudel lui-
même ne pensera pas autrement.

Deux ans avant le *Génie,* Mme de Staël avait fait
paraître *De la littérature considérée dans ses rapports avec
les institutions sociales.* Commencée sous le Directoire,
poursuivie sous le Consulat, cette œuvre avait primi-
tivement en vue une France républicaine, stabilisée
sur les principes de 1789, et délivrée des excès et
désordres de la Terreur. Mais entre-temps, à la
consternation de la fille de Necker, le coup d'État du
18 Brumaire a renvoyé à plus tard les espérances du
juste milieu. La Révolution toujours féconde avait
mis au monde un nouvel excès : la dictature d'un
Premier Consul à vie. Sainte-Beuve l'a fait justement
remarquer : en 1800, *De la littérature* est une œuvre
dépassée par l'événement. Mme de Staël y propose
une définition de la littérature accordée à un régime
politique qui a déjà disparu.

Chateaubriand, plus sceptique sur le progrès politique, proposait une poétique de rupture avec les
Lumières, une poétique « romantique » avant la
lettre qui soutînt le sentiment religieux, mais en
contrepoint avec celui-ci. *René* et *Atala* sont les premiers échantillons de cette nouvelle littérature des
passions humaines hantées de Dieu et ne trouvant

d'apaisement tardif que dans la confession *in articulo mortis*. Mme de Staël, qui croit au progrès des Lumières, est paradoxalement très conservatrice dans l'ordre poétique : elle reste fidèle à la doctrine classique et rationaliste du XVIIIe siècle, dont elle nomme elle-même les professeurs : Voltaire, Marmontel, La Harpe. Elle prend même acte de traits sociaux permanents de la littérature française, du « caractère national » dont cette littérature a été l'expression, du « bon goût » régulier, délicat qui a été sa règle, et qui ne doit pas, maintenant moins que jamais, céder d'un pouce à la « vulgarité » (elle a inventé ce mot). Elle a des pages admirables sur la conversation française, sur l'empire des femmes dans la société mondaine d'Ancien Régime. Elle juge que ces habitudes aristocratiques contractées par la nation, et très favorables à la socialisation du « bon goût » littéraire, doivent réapparaître sous le nouveau régime.

Il est frappant d'observer que cette Genevoise, admiratrice de Rousseau, ne souffle mot de ce for intérieur, plus intime chez Joubert, plus lyrique et pathétique chez Chateaubriand, auquel ces deux « conservateurs » demandent, comme le Rousseau des *Rêveries*, le réenracinement de la littérature aux confins de la foi religieuse. Sociologue de la littérature, Mme de Staël se borne à souhaiter l'infléchissement des traits classiques et français des Belles-Lettres pour les mettre en harmonie avec les besoins des institutions politiques et de la société nouvelles. Le « sérieux » du Nord protestant et commerçant doit désormais quelque peu refroidir le feu grégeois qui monte du Midi catholique ; l'éloquence civique doit devenir le genre central et responsable des Lettres françaises ; il doit se faire l'instituteur des mœurs et de l'opinion dans un régime de liberté politique. Enfin le rôle des femmes, si brillant mais si vain dans la France d'Ancien Régime, doit s'élever à une véritable magistrature, à égalité avec les hommes, dans la nouvelle économie de la parole littéraire.

Dans ce débat, il est curieux de voir la pensée « réactionnaire » d'un comte de Bonald rejoindre celle de la libérale Germaine de Staël sur un point essentiel : l'un et l'autre, dans des perspectives il est vrai exactement opposées, font de la littérature l'« expression de la société », l'un pour l'arrimer à un ordre hiérarchique fondé en Dieu, l'autre pour l'associer à une « perfectibilité » morale et politique qui est de nouveau à l'œuvre dans la France thermidorienne. Ce sont deux déterminismes sociologiques. Joubert et Chateaubriand, fidèles à l'*Ion* de Platon, attribuent à l'« esprit qui souffle où il veut » l'origine transhistorique de la parole poétique et littéraire, même s'ils sont très attentifs à son déploiement social, politique, historique.

La conception des deux amis de Pauline de Beaumont est corroborée par toute la tradition rhétorique et poétique, antique et chrétienne. La *natura* des rhéteurs (le talent), le *furor* des poéticiens (l'inspiration) sont des préalables de toute éducation littéraire. Cette inconnue étant admise (sans elle, comment hiérarchiser Racine et Pradon, Hugo et Soumet, Rimbaud et Sully Prudhomme ?) il va de soi que la parole poétique, pas plus que la révélation religieuse et à plus forte raison que le chef-d'œuvre littéraire, ne peuvent se passer, dans la société où ils apparaissent, de principes réceptifs et hospitaliers. Ils varient selon les temps, les lieux, l'état des mœurs et les constitutions politiques.

De quelle nature sont ces principes réceptifs ? À quelles conditions donnent-ils lieu à des institutions qui préparent, accueillent et médiatisent ces œuvres étranges et qui sont nées d'une vocation après tout si singulière ? La première d'entre elles, qu'on serait tenté un peu trop vite de qualifier d'institution littéraire, c'est l'école. Pour qu'une vocation littéraire s'éveille, pour qu'un public plus ou moins préparé ait de l'appétit pour les œuvres qui en seront un jour le fruit, il faut, même si cela ne suffit pas, que dans l'éducation des enfants, comme ce fut le cas en Europe depuis l'Antiquité grecque et romaine, avec un vif regain depuis la Renaissance, l'apprentissage des lettres, lecture et écriture, passe par l'imitation et l'étude d'un ensemble canonique de chefs-d'œuvre reconnus. Un écrivain est aussi d'abord quelqu'un qui a beaucoup lu d'écrivains, et qui a très tôt mémorisé les textes qu'il a le plus admirés. À l'école, la littérature, quand elle y est enseignée, peut engendrer de la littérature. Mais ce n'est pas la finalité de l'école, même lorsque ses programmes sont littéraires. Même les « académies » de composition poétique, que les jésuites réservaient dans leurs collèges à leurs élèves les plus doués, ne préparaient pas ceux-ci à une vie de poète. Bien au contraire : ces exercices étaient destinés à raffermir les deux vocations que ces ecclésiastiques s'employaient à développer, la « piété lettrée » et la compétence oratoire, donc sociale, la plus virtuose. L'école ne saurait être une institution littéraire que par surcroît et comme à son corps défendant. Il a fallu attendre le XXe siècle et l'enseignement de *creative writing* dans des départements spécialisés des universités anglaises et américaines pour que l'on songe à faire de la littérature un métier parmi d'autres et qui s'apprend selon un programme approprié. Le collège de Bordeaux où Montaigne a été élève, les collèges de l'Oratoire et de la Compagnie de Jésus d'où sortirent au XVIIe et au XVIIIe siècle la plupart de nos grands écrivains, le lycée Condorcet où Proust fut élève, bien qu'ils aient accordé aux études littéraires une place surprenante (elle n'a eu d'équivalent que dans les écoles de rhéteurs grecques et romaines) tenaient ces exercices, qui nous semblent du luxe, pour la culture générale souhaitable dans les divers offices de la vie active, et indispensable dans plusieurs professions de la société contemporaine. La vocation de poète et d'écrivain, s'il est bien vrai qu'elle naissait souvent dans ces écoles saturées de littérature, ne naissait pas de l'école : elle représentait une sorte de *dérive*, souvent réprouvée, par rapport à ses intentions institutionnelles.

Pour autant, si l'on compare ces viviers à ce que furent les Écoles centrales qui obligèrent Stendhal à refaire longuement, en autodidacte, son éducation littéraire, ou à d'autres systèmes d'éducation plus récents ou plus lointains, les « geôles de jeunesse captive » de nos contrées ont le plus souvent donné l'éveil, fût-ce malgré elles, à de jeunes poètes. Si l'on croit que la littérature et la poésie (les *litterae humaniores*, les « lettres qui rendent plus humains ») donnent accès à l'une des formes les plus civilisées de

la conscience et du dialogue, on est en droit de
regretter partout l'absence ou la régression de l'éducation littéraire. Pas plus que l'école, la rhétorique
ne peut être rangée parmi les institutions proprement littéraires. Quintilien voulait former des avocats. On doit reconnaître pourtant dans cette discipline de la parole une des souches-mères de la
littérature : dans les programmes scolaires du *trivium*,
à mi-chemin entre grammaire et logique, elle introduisait à la connaissance des classiques, elle appre-
nait à les traduire, à les imiter, à se pénétrer de leurs
techniques et de leur esprit. Elle réussissait même,
lorsqu'elle était enseignée avec goût, à donner à de
jeunes talents les moyens de transformer en art
l'appel mystérieux des dieux cachés au fond de la
parole.

   On ne peut vraiment parler d'« institutions littéraires » qu'au moment où, leurs vocations déclarées,
leurs affinités reconnues, les « maniaques » de l'art
d'écrire se réunissent entre eux, et font de la singularité même qui devrait les isoler le principe d'une
société dans la société. Dans les limites nationales
que m'imposaient les « Lieux de mémoire » de
Pierre Nora, j'ai dû repousser dans les lointains l'histoire des « académies » européennes sur laquelle se
détache, avec un éclat et une continuité sans
exemple, sur près de quatre siècles, l'Académie française. C'est pourtant là une histoire saisissante, et
dans cette préface, je me dois de l'évoquer de façon
même allusive, serait-ce pour donner une saveur et
un prix plus profonds à ce que Paul Valéry nommait
le « mystère de l'Académie ». Même si l'on peut soutenir à bon droit que les « cours d'amour » ou des

« puys de Nostre Dame » du Moyen Âge français furent les premières « institutions littéraires » de l'Europe moderne, tout commence en Italie avec Pétrarque. Si Pétrarque est la figure fondatrice de l'écrivain européen moderne, c'est que chez lui, en lui se fait le partage entre le clerc et le poète, le moine lettré et l'écrivain laïc.

Partagé entre deux vocations, celle du moine et celle du mondain, entre deux langues, le latin des clercs et le vulgaire des laïcs, l'auteur du *Canzoniere*, le solitaire de Fontaine-de-Vaucluse, invente une voie moyenne, celle du lettré laïc (l'« humaniste »), libre des vœux ecclésiastiques, voyageur, quelque peu errant, mais qui fait de sa vie et de ses écrits une sorte de boussole pour la liberté anxieuse propre à la condition laïque. Pétrarque sera de plus en plus fasciné par les Anciens, les Latins et même les Grecs (dont il ne sait pas la langue), dans les écrits desquels il découvre un miroir pour sa propre condition : un état de nature éclairée par d'intimes lumières, avant la grâce chrétienne. C'est son propre état de chrétien *laïc*. Les Anciens pour Pétrarque sont des étrangers proches et des prédécesseurs. Ce poète collectionneur de manuscrits est aussi à l'origine de la philologie humaniste, qui s'attache à restituer et reconstituer la lettre et le sens du legs littéraire de l'Antiquité. Poète et philologue, Pétrarque ne demande pas seulement aux textes antiques, retrouvés et restitués, des modèles formels, mais une nourriture morale appropriée à des chrétiens laïcs qui vivent dans le monde, qui éprouvent ses passions, subissent sa fortune, et qui ne peuvent s'en remettre pour trouver leur chemin à la règle du sacerdoce et du monachisme. L'« homme de lettres » européen naît avec Pétrarque, dans toute sa liberté inquiète et sa singularité courageusement acceptée. Cet « homme de lettres » prototype n'en a pas moins été soucieux de se faire reconnaître dans la société contemporaine, et de trouver des pairs avec lesquels il fasse corps. Ce souci est visible dans deux traits de la biographie du poète. En 1341, il organise de longue main, sur le Capitole, à Rome, une cérémonie publique au cours de laquelle il est couronné de lauriers et reçoit, des mains officielles d'un représentant du roi de Naples, le diplôme de poète lauréat qui l'autorise à enseigner librement, où il le souhaitera, les arts libéraux et la philosophie. Il prononce à cette occasion le premier « Discours de réception » académique de l'histoire européenne. On y trouve la première définition de la « vie contemplative » propre au lettré laïc. Il regrettera plus tard, dans sa correspondance, cette « vanité ». Elle n'en consacra pas moins l'« état de vie » nouveau dont il voulait être l'exemple.

Changeant souvent de résidence, en Italie, il réunit chaque fois autour de lui des amis, des disciples (le plus célèbre et le plus fidèle fut Boccace), et il maintient avec ceux dont il est séparé une active correspondance. Le premier des « hommes de lettres » ne s'est donc pas contenté d'inventer le « théâtre académique » qui, lié au mythe du mont Parnasse, confère une légitimité sociale à un genre de vie en porte à faux. Il a sans cesse constitué et reconstitué autour de lui une communauté fondée sur les affinités de vocation et de goûts, et sur l'amitié : l'exemple de cette « académie », prolongée et élargie après la mort de Pétrarque par Boccace, sera largement imité. Les cercles littéraires qui se réu-

nissent à Florence autour de Coluccio Salutati puis
de Marsile Ficin, à Rome autour de Pomponio Leto,
à Naples autour de Pontano, à Venise autour de
Francesco Barbaro, poursuivent l'exemple de
Pétrarque. Leurs études communes et la douce sociabilité dont elles sont le principe sont autant d'« îles
fortunées » dans une Italie fort troublée. Elles sont
reliées entre elles par la correspondance et, au
XVe siècle, cet archipel forme une première République des Lettres. Ces confraternités de lettrés laïcs
ont leurs mythes et leurs rites propres, qui les
séparent du monde vulgaire, mais qui en imposent à
son imagination. Le mythe le plus évident est celui
de l'Arcadie, utopie, de couleur virgilienne, du loisir
lettré. Les rites les plus importants sont ceux de
passage (ils impliquent souvent l'adoption d'un nouveau nom, un pseudonyme « littéraire » tiré du
répertoire de la bucolique ou de l'idylle antiques) et
ceux de consécration : ces derniers s'articulent au
mythe apollinien du Parnasse.

Ces « académies » spontanées, dont le lien social
est l'amitié, et qui vivent d'une vie intense et féconde
autour d'un maître et modèle admiré, sont aussi
éphémères. Il faut attendre le 11 février 1541, et la
transformation par le Grand Duc Cosme Ier de Médicis d'une petite société de lettrés toscans, les *Umidi*,
en *Académie florentine*, dotée d'un règlement officiel
et investie de responsabilité dans l'organisation des
fêtes, des spectacles et des cérémonies de cour, pour
que la notion d'« académie » arrimée à la continuité
et la publicité de l'État, se charge pour la première
fois du sens que nous donnons aujourd'hui à ce mot.
L'Académie florentine a pour première tâche d'illus-

trer la langue de l'État toscan, notamment sous forme de prose et de poésie à la louange de son prince et de la famille de celui-ci. Florence a ouvert la voie à Paris. La création par les fils de Catherine de Médicis, Charles IX et Henri III, d'une *Académie de poésie et de musique*, puis d'une *Académie du palais*, s'inscrit dans le même fil d'une reconnaissance d'utilité publique par l'État *laïc* des poètes et lettrés *laïcs*. Pour créer l'Académie française, Richelieu tiendra compte de ces précédents italiens et français. Il aura aussi à l'esprit l'exemple de l'*Accademia della Crusca*, créée à la fin du XVIᵉ siècle par un groupe de lettrés florentins à la gloire des études proprement toscanes, et qui, dès 1606, avait été en mesure de publier le premier *Vocabulario* d'une langue vulgaire qui ait été conçu et mené à bien en Europe.

Les origines de l'Académie française résument, et pas seulement dans l'esprit du cardinal de Richelieu, l'expérience des académies depuis Pétrarque. Jean Chapelain, grand italianiste et grand connaisseur de notre propre passé littéraire, a suppléé dès l'origine les éventuelles et peu probables lacunes du cardinal-fondateur. Comme le Grand Duc Cosme Iᵉʳ, Richelieu a jeté son dévolu sur l'une de ces confraternités de lettrés qui, de son propre mouvement, et pour le plaisir de se retrouver ensemble entre pairs, s'était formée en 1629 autour de Valentin Conrart. Ces hommes de lettres se réunissaient une fois la semaine chez celui-ci, « au cœur de Paris ». Le premier historien de l'Académie, Paul Pellisson, rapporte en termes nostalgiques cet âge d'or d'une académie privée, tout inspirée par l'idéal arcadique du loisir lettré :

« Que si quelqu'un, de la Compagnie, écrit-il, avait fait un ouvrage, comme il arrivait souvent, il le communiquait volontiers à tous les autres qui lui en disaient librement leur avis ; et leurs conférences étaient suivies, tantôt d'une promenade, tantôt d'une collation qu'ils faisaient ensemble. Ils continuèrent ainsi trois ou quatre ans, et comme j'ai ouï dire à plusieurs d'entre eux, c'était avec un plaisir extrême, et un profit incroyable. De sorte que, quand ils en parlent encore comme d'un âge d'or, durant lequel avec toute l'innocence et toute la liberté des premiers siècles, sans bruit, et sans pompe, et sans autres lois que celles de l'amitié, ils goûtaient ensemble ce que la société des esprits et la vie raisonnable ont de plus doux et de plus charmant. »

La transformation, par la volonté du principal ministre de Louis XIII, et avec l'apport des publicistes de sa propre « académie de campagne », d'une telle confraternité de jeunes lettrés en un corps officiel, doté d'un règlement, et attaché à la fois à la vie publique de la cour et à la politique générale de l'État, avait certainement des avantages qui faisaient contrepoids à leur innocence perdue. La France est désormais pourvue d'un Parnasse où le couronnement de Pétrarque sur le Capitole peut devenir un rite national. Ce Parnasse a puissamment contribué à anoblir en France la profession d'homme de lettres. Le patronage que lui accorde l'État lui confère une permanence objective et un caractère institutionnel

dont les « académies » privées étaient par nature
dépourvues. Entrer à l'Académie, dès la Régence
d'Anne d'Autriche et les premières années du règne
personnel de Louis XIV, devient pour les écrivains
français un privilège et une consécration enviés et
disputés. Le mythe apollinien de Louis XIV, Roi-
Soleil, dont Colbert a fait en 1672 le Protecteur de
l'Académie, donne aux réunions et aux cérémonies
de la Compagnie, pour l'imagination lettrée européenne, le prestige de la Fable : le dieu de Delphes et
les neuf Muses accueillant sur la sainte montagne les
poètes laurés. Les papes de la Renaissance avaient
joué eux-mêmes à Apollon, sur la colline du Vatican,
pour leurs poètes néo-latins. Le roi de France prend
leur succession pour les poètes en sa langue. Le
grand Nicolas Poussin, devenu le maître de l'École
française de peinture, avait par trois fois représenté à
Rome ce mythe humaniste, construit par les lettrés
pour symboliser la dignité sociale, toute laïque, de
leur vocation particulière. Ce mythe est en France
devenu une institution d'État.

Cette immortalité accordée par la monarchie aux
Quarante, et qui avait valu aux premiers académiciens les cruels quolibets de Saint-Evremond, n'aurait
pas suffi à elle seule à conférer aux poètes et écrivains en langue vulgaire une noblesse (*nobilitas* =
reconnaissance sociale) que ne leur reconnaissait ni
l'Église, ni l'Université, ni même la République
latine des Lettres européennes. Il leur fallait sur un
terrain moins exposé au soupçon de domesticité
aulique, trouver des interlocuteurs et des alliés dans
la noblesse d'épée. Or les lettrés français, qui por-
taient avec eux un modèle de sociabilité « douce »,
« plaisante » et « profitable », selon les mots de Pellis-

son, reçurent bon accueil dans l'aristocratie laïque
du royaume. Sous Louis XIII, l'ancien ordre militaire
était déjà en train de devenir une « classe de loisir ».
Il ne pouvait plus se contenter des exercices virils, la
chasse, le duel, l'équitation, le jeu de paume, qui
occupèrent longtemps encore les gentilshommes en
marge de la vie des camps. Introduits et secondés par
les dames dans les hôtels parisiens de l'aristocratie
d'épée, les gens de lettres la remercièrent en l'intro-
duisant, elle qui ignorait le latin et redoutait le
pédantisme, aux plaisirs de la conversation française,
tels qu'ils avaient été expérimentés, entre poètes,
entrecoupés de « collations » et agrémentés de « promenades ». Le loisir des uns initia le loisir des autres
à une manière nouvelle et stimulante de tuer le
temps. Malherbe devint le grammairien de ces oisifs
titrés, et Voiture l'arbitre de leurs passes d'armes
orales. De cette osmose Joubert, qui a connu les
derniers salons d'Ancien Régime, donne une définition qui résume deux siècles de littérature française :

> « Ces conversations où les gens du monde
> viennent exercer leur talent et où les gens de
> lettres viennent délasser le leur. »

C'était bien en effet la plus grande victoire sociale
que pût remporter une littérature *en langue vulgaire*
que de devenir l'un des divertissements les plus pri-
sés de l'aristocratie militaire la plus prestigieuse de
l'Europe. Cette victoire était encore plus grande et
plus déterminante que sa consécration officielle par
l'État royal. Elle reflua sur le ton et le style écrits des
hommes de lettres introduits dans des cercles
enchantés :

« Lorsque dans la conversation, écrit encore Joubert, les hommes sont accoutumés à s'entendre à demi-mot, ils s'accoutument aussi à écrire à demi-mot. »

La conversation française est bien une institution littéraire au sens plénier du terme. Elle offre aux écrivains en langue vulgaire à la fois une source d'invention, un terrain d'expérience humaine, un milieu social anoblissant et une sommation de style. À tel point qu'à ce jeu, la noblesse d'épée surclassera quelquefois les lettrés professionnels qu'elle s'est mise à fréquenter. Un La Rochefoucauld, un Bussy-Rabutin, un Saint-Simon, avec une négligence supérieure et comme en se jouant, font oublier « l'huile et la lampe » des gens de métier. Dans ce creuset, sans précédent à cette échelle et à ce degré de continuité, entre une noblesse de naissance et une noblesse de l'esprit, entre la science des formes sociales de l'une et la science des formes du discours de l'autre, la littérature française n'a pas seulement trouvé une légitimité, mais une liberté et un ton. À quelque domestication en effet que l'on veuille réduire l'aristocratie d'épée rassemblée à Paris depuis le règne d'Henri IV, elle n'en jouit pas moins d'une indépendance de manières, de mœurs et même d'esprit très supérieure à celle de la noblesse de robe, à plus forte raison du clergé et de la bourgeoisie. Elle se pare, dans sa vie de loisir et dans les modes qu'elle seule peut répandre, d'une autorité bien supérieure à celle des serviteurs professionnels de l'État. En passant alliance avec elle, les gens de lettres d'expression française (beaucoup écrivent encore en latin) lui ont sans doute appris un des modes de la « douceur de vivre », ils ont en échange conquis auprès d'elle une hardiesse de ton tout laïque. Voltaire, au XVIIIe siècle, ami et admirateur du maréchal de Richelieu, poussera cette hardiesse et cette gaieté insolente jusqu'à la témérité. Mais elle est déjà sensible au XVIIe siècle, chez un Corneille, chez un Molière, chez un La Bruyère. C'est cette certitude d'avoir d'avance la faveur d'une aristocratie frondeuse et lettrée, détestant la pédanterie et la cagoterie, qui a donné au « roi Voltaire » l'audace de rompre ouvertement et avec scandale l'ancienne alliance humaniste entre littérature et cléricature, entre poésie et religion.

Il serait injuste de dissimuler, dans le cas de la conversation comme dans celui de l'académie, les précédents italiens qui ont favorisé et préparé l'essor de ces institutions littéraires françaises. Au XVIIe et au XVIIIe siècle, l'« honnête homme » et l'« honnête femme » français, ignorant le latin et le grec, savent l'italien, et connaissent par cœur la *Jérusalem délivrée*. C'est d'abord à Ferrare, autour de l'Arioste et du Tasse, à Venise, autour de Pietro Bembo et de l'Arétin, à Urbin, autour de Castiglione, à Casale, autour de Stefano Guazzo, qu'a été élargie au « monde » aristocratique l'expérience des cénacles lettrés. C'est d'Italie que sont venus en France, dans le texte ou en traduction, les « manuels » d'art de vivre civilement : ils étendaient à la vie sociale de loisir les règles harmoniques présidant à la composition littéraire et aux conversations entre lettrés qui la précèdent et qui d'abord la « reçoivent ». Le *Courtisan* de Castiglione (1538), le *Galatée* de Della Casa (1551), la

Conversation civile de Guazzo (1574), mais aussi les
Asolani de Bembo (1505), les *Dialogues* du Tasse
(notamment celui *Sur la noblesse*), les *Lettres* de l'Arétin (1538), ont été les généreux initiateurs de la
symbiose entre aristocratie et gens de lettres qui va
durablement et à grande échelle à Paris devenir au
XVIIᵉ siècle un phénomène français contagieux pour
toute l'Europe. L'Italie a été la mère de cette révolution civilisée et civilisatrice qu'à tort nous ignorons et
que nous tiendrions volontiers pour scandaleux de
mettre en parallèle avec la plus glorieuse, mais guerrière, Révolution française. En Italie, ce ne fut pas
une révolution politique, mais une révolution des
mœurs. Son principe est la littérature. Stefano
Guazzo célèbre les Lettres en ces termes :

> « Elles libèrent l'homme de l'ignorance, elles
> le pourvoient d'une boussole dans la vie, elles le
> rendent doux, bienveillant, gracieux et aimable,
> elles lui donnent un merveilleux éclat dans la
> prospérité, et dans les adversités, elles lui
> apportent un unique et incroyable réconfort ;
> l'élevant au-dessus de la fange et de la lie vul-
> gaires, elles lui servent d'échelle aux honneurs,
> à la dignité et à la contemplation des choses
> célestes et divines. »

Si la conversation à l'italienne a bien été une
révolution sociale et morale, dont la France pendant
deux siècles adoptera les bénéfices, c'est qu'elle avait
la première modifié profondément et civilisé l'idée
même de noblesse. Dans la *Conversation civile*, ce ne
sont plus ni la naissance, ni les armes, ni les exploits
guerriers qui définissent la noblesse, c'est une trans-

formation intérieure dont les Lettres sont les initia-
trices : elles rendent les hommes et les femmes passés
par cette école plus mûrs pour la société, pour le
bonheur, pour le malheur et même pour la religion.
Le propre de la conversation est donc d'établir une
véritable « liberté, égalité, fraternité » entre anoblis
des lettres, les uns par leur talent naturel, les autres
par leur conversation : tous laissent à la porte du
banquet lettré leur rang, leurs titres, leur profession,
qui sont de trop dans cette société que la lecture ou
la contagion de la lecture a élevé jusqu'à un état de
« grâce distributive et commutative » selon une
expression que j'emprunte à Amedeo Quondam.
Une « amitié » supérieure annule la hiérarchie des
rangs et des fortunes. Les fondations antiques de cet
« état de grâce », de cette *scholê* civilisatrice, sont
évidentes en Italie. C'étaient celles-là mêmes que
cherchait à retrouver et à réinterpréter au XIVe siècle
l'humanisme naissant de Pétrarque. La *Politique* et les
Éthiques d'Aristote, le *Banquet* et le *Timée* de Platon, le
De Oratore et les *Tusculanes* de Cicéron, les *Épîtres*
d'Horace et surtout peut-être, les *Bucoliques* de Virgile, qui opposent aux horreurs de la guerre la douceur des chants échangés entre bergers-poètes, tels
sont les grands classiques de ce programme révolutionnaire. Les « honnêtes gens » mondains et
modernes de Paris peuvent bien ignorer au
XVIIIe siècle ces classiques de leur propre « douceur
de vivre » : les gens de lettres avec lesquels ils
conversent, les Fontenelle, les Montesquieu et les
Voltaire savent parfaitement, par-devers eux, à quoi
s'en tenir.

C'est en France, sur le Parnasse de l'Académie
française, aux yeux attentifs de l'Europe, qu'est

déclenchée en 1687 la *Querelle des Anciens et des Modernes*. C'est à Paris, où la mode et le monde sont d'avance gagnés aux Modernes, que la France du XVIIIe siècle va donner l'exemple à l'Europe d'une frivole amnésie. L'oubli de cette boussole que, de Pétrarque à Montaigne, l'humanisme laïc italien et européen avait demandée à la poésie et à la sagesse antiques, est alors d'autant plus saisissant qu'il précède de peu la mode « néo-classique » qui pousse soudain les Modernes à se déguiser en toge, et leur fait prendre les postures et la déclamation des héros de Tite-Live.

La Querelle des Anciens et des Modernes n'aurait pu cependant prendre à Paris un tour aussi décisif si elle n'avait fait que flatter la vanité mondaine. En réalité, un de ses enjeux essentiels, sinon même son enjeu majeur, était l'institution littéraire par excellence, la langue de l'État. C'était bien la norme de cette langue, transcendant les dialectes professionnels et locaux du royaume, que Richelieu avait chargé l'Académie française de stabiliser d'après l'usage de la « plus saine part de la cour », en la dotant enfin d'une grammaire, d'une rhétorique et d'un dictionnaire. La conversation mondaine pouvait bien se montrer libertine et frondeuse, l'Académie française pouvait bien tarder à remplir le programme que lui avait fixé Richelieu, le fait était depuis Malherbe, sujet d'orgueil pour tous les régnicoles, attesté par une série de chefs-d'œuvre presque aussitôt tenus pour classiques : la langue française n'était plus une langue vulgaire parmi d'autres, elle était devenue le latin des Modernes, langue internationale de la diplomatie, des élégances de cour, et de plus en plus souvent de la République des Lettres savantes elle-même. Une linguistique cartésienne, établie par les solitaires de Port-Royal, s'attache même à montrer dans cette langue, dès les années 1660, la « peinture » la plus fidèle de la raison humaine.

Ce sentiment de triomphe, qui semblait corroboré par l'opinion européenne, est d'autant plus vif sous Louis XIV qu'il succède à une ancienne humiliation. L'Édit de Villers-Cotterêts, qui faisait de la langue du roi celle de l'État dans toute l'étendue du royaume, n'avait pas suffi à l'arracher à la condition de langue vulgaire parmi d'autres. Le latin de l'Église et de la République européenne des Lettres, l'italien véhicule de la civilisation de la Renaissance, l'espagnol de Charles Quint, de Philippe II et de Cervantès, restaient encore au début du XVIIe siècle des langues littéraires rivales du français royal. Entre 1615 et 1623, c'est un poète napolitain, Giambattista Marino, qui, comme c'était déjà le cas sous François Ier avec le poète florentin Luigi Alamanni, tenait le rang officiel de poète lauréat de la cour de France.

En l'espace de deux générations, la leçon de Malherbe, l'essor de la « conversation » parisienne, la création hautement symbolique de l'Académie, l'apparition, dans ce cadre en voie de stabilisation décrit par Vaugelas en 1648, de nos premiers « auteurs » classiques, se conjuguent avec l'affirmation militaire et diplomatique du royaume pour donner aux Français et d'abord à leurs écrivains, la certitude que la langue du roi est en train de devenir, héritière du latin, une institution littéraire de plein exercice. Cette fierté est d'autant plus militante

qu'elle est combattue en France même par tous
ceux, et ils sont nombreux, dans l'Église, l'Université,
la République des Lettres, qui continuent de voir
dans le latin, médiateur entre les nations, véhicule de
la tradition religieuse et littéraire, la langue-mère de
la civilisation européenne. Même institutionnalisée
et grammaticalisée, la langue du roi, sous Louis XIV,
n'est pas sereine. Elle doit encore plaider pour sa
légitimité et sa primauté. La tentation est vive — sur
le fond du vieux thème de la *translatio studii ad
Francos* — d'affirmer hyperboliquement cette primauté par un coup de théâtre : le français du roi
n'est pas un point d'arrivée, mais un nouveau point
de départ, un printemps du monde et de l'esprit.
Perrault, un ancien collaborateur de Colbert, fit
l'éclat attendu.

Dès 1637 Descartes ouvrait la voie à la langue
française dans le *Discours de la méthode*, en invitant à
rejeter, comme autant de préjugés paralysant la
droite raison, ou d'échafaudages devenus inutiles, les
autorités antiques et humanistes. Ce qu'on a pu
appeler la « linguistique de Port-Royal », dans le sillage de Descartes, fait de la langue (et implicitement
de la langue française) la « peinture de la pensée ».
Moins philosophique, l'apologétique de la langue
par un Bouhours, et surtout celle des lettres françaises du « Siècle de Louis-le-Grand » par Perrault,
frappent davantage l'imagination : nouvelle Athènes,
nouvelle Alexandrie, nouvelle Rome, mais singulière
et sans précédent pour son génie moderne, la France
avec sa langue a inauguré un nouveau régime de la
parole et donc de la civilisation. Louis XIV-Apollon
en est à la fois le mécène et le symbole. Voltaire en

1750, dans son *Siècle de Louis XIV*, donnera l'autorité de l'historiographie à cet édifice élevé depuis plusieurs générations à la gloire d'une langue et d'une littérature qui longtemps avaient été « vulgaires ».

S'il est vrai que la pensée des Lumières est hardie et brillante, que la conversation du siècle est spirituelle, et qu'elle donne le ton au théâtre, au roman et même à l'*Esprit des lois*, c'est tout de même une époque de sécheresse extrême pour la poésie française. Ni Voltaire, ni Alexandre Piron, ni l'abbé Delille ne songent même à l'élever au-dessus de la prose dense et rimée. Les institutions littéraires, qui ont trouvé en France une sécurité et une régularité exceptionnelles, et qui ont donné à l'homme de lettres français des chances de légitimité et de notoriété incomparables, dont Voltaire a su tirer le plus éblouissant parti, y ont socialisé à tel point la littérature qu'on en a oublié aussi son mystère originel. Il faut avoir dans l'oreille le merveilleux cliquetis qui, d'un bout à l'autre de l'Europe, toujours rapide, toujours à l'heure, souvent supérieurement ingénieux, trouve son ressort dans le Paris des Lumières pour ressentir l'extraordinaire rupture à proprement parler musicale introduite par les *Rêveries du promeneur solitaire* de Rousseau (1776-1778) :

> « Me voici donc seul sur la terre, n'ayant plus de frère, de prochain, d'ami, de société que moi-même... Je suis sur la terre comme dans une planète étrangère où je serais tombé de celle que j'habitais. »

L'île de Saint-Pierre où « rêve » Rousseau, c'est le

retour du « je » de Descartes à cette Fontaine-de-Vaucluse où Pétrarque avait trouvé un ermitage et où il avait écrit en anachorète laïc sous la dictée de sa Muse. Maintenant, ce n'est plus Laure ni la sagesse des Anciens que Rousseau demande à la solitude. C'est l'affranchissement du « moi » raisonneur, sociable et raisonnable des Lumières, dans la contemplation des « spectacles de la Nature », dans l'extase quiétiste, dans la réminiscence du bonheur de l'enfance et de l'innocence perdues. Quelques années plus tard, Friedrich Hölderlin pourra écrire, dans son *Ode au Rhin* :

> *Mais c'est aux demi-dieux maintenant que je pense,*
> *Et il me faut les reconnaître, les bien-aimés*
> *Puisque souvent leur vie, ainsi, par son exemple,*
> *Vient apaiser l'angoisse émue de ma poitrine*
> *Et mon désir. Ô qui donc mieux que toi, Rousseau,*
> *A possédé cette invincibilité d'âme,*
> *Cette force de la patience,*
> *Et un plus sûr esprit*
> *Avec le don suave d'écouter*
> *Et de dire ? Comme le dieu du vin*
> *Dans l'ivresse sacrée, parlant en un divin délire,*
> *Et sans loi, la langue des plus purs*
> *Ouverte aux bons et refermée comme il se doit*
> *Devant les irrespectueux, les esclaves profanateurs,*
> *Cet étranger, comment le nommerais-je ?*

Rousseau-Dionysos en exil dans une France apollinienne ! Quelle meilleure définition du romantisme ? Une autre époque, pour notre littérature aussi, commençait. Le changement de régime poé-

tique et de clef musicale introduit par Rousseau dès
la fin du règne de Louis XV est plus déterminant que
la Révolution politique elle-même, néo-classique en
littérature. Les Lettres françaises sous le Directoire
ont beau renouer avec leurs institutions traditionnelles, et prendre leur parti du journalisme : le défi
de Rousseau, sommant le poète solitaire de refuser le
compromis avec les institutions et la société, est
devenu un oracle pour la jeunesse. Il a rouvert la
faille par où jaillit la parole inspirée dont parlait
Platon et que le philosophe redoutait pour sa *République*. Dionysos a réveillé même par contiguïté la soif
chrétienne de Jésus.

Le jeune Chateaubriand, le voyageur en Amérique, l'auteur pré-rimbaldien de l'*Essai sur les révolutions*, est comme Hölderlin, son contemporain, un
initié du Dionysos des Lumières. Toute l'ambiguïté,
mais aussi la séduction profonde non seulement du
Génie du christianisme, mais encore de ce chef-d'œuvre
méconnu, les *Martyrs*, tiennent à l'infusion du vin de
Rousseau dans l'édifice catholique et dans les formes
apparemment classiques d'une tradition nationale
renouée. Mais, et c'est sa grandeur, Chateaubriand a
réconcilié Dionysos et Mnémosyne. Cette mémoire
tout autobiographique où Rousseau cherchait la gué-
rison du « je » raisonneur, Chateaubriand l'amplifie,
l'approfondit, la multiplie, selon un art symphonique
qu'on est tenté de dire pré-wagnérien, en la faisant
résonner avec la mémoire du royaume de France et
de la civilisation européenne. Celui que Pauline de
Beaumont appelait le « Sauvage » est descendu chez
les Mères y chercher un rameau d'or qui n'est pas
incompatible, mais qu'il ne faut pas confondre, avec
les lauriers.

Cet approfondissement et cette synthèse ont rendu possible notre admirable littérature du XIXe siècle, fidèle à la tradition nationale et l'enrichissant de « frissons nouveaux ». Dans son *Discours de réception à l'Académie française*, en avril 1879, Ernest Renan, résumant par avance tout mon propos, pouvait déclarer sous la Coupole :

> « La plupart des pays civilisés, depuis le XVIe siècle, ont eu des académies, et la science a tiré le plus grand profit de ces associations, où de la discussion et de la confrontation des idées, naît parfois la vérité. Votre principe va plus loin et plonge plus profondément dans l'intime de l'esprit humain. Vous trouvez que le poète, l'orateur, le philosophe, le savant, le politique, l'homme qui représente éminemment la civilité d'une nation, celui qui porte dignement un de ces noms qui sont synonymes d'honneur et de patrie, que tous ces hommes-là, dis-je, sont confrères, qu'ils travaillent à une œuvre commune, à constituer une société grande et libérale. Rien ne vous est indifférent : le charme mondain, le goût, le tact, sont pour vous de la bonne littérature. Ceux qui parlent bien, ceux qui pensent bien, ceux qui sentent bien, le savant qui a fait de profondes découvertes, l'homme éloquent qui a dirigé sa patrie dans la glorieuse voie du gouvernement libre, le méditatif solitaire qui a consacré sa vie à la vérité, tout ce qui a de l'éclat, tout ce qui produit de la lumière et de la chaleur, tout ce dont l'opinion éclairée s'occupe et s'entretient, tout cela vous

appartient ; car vous repoussez également et l'étroite conception de la vie qui renferme chaque homme dans sa spécialité comme dans une espèce de besogne obscure dont il ne doit pas sortir et le pédantisme qui confine l'art de bien dire dans les écoles, séparé du monde et de la vie. »

MARC FUMAROLI

La Coupole

1.

Moi, bonheur ou fortune, après avoir campé sur la butte des Iroquois, et sous la tente de l'Arabe, après avoir revêtu la casaque du sauvage et le cafetan du Mameluck, je me suis assis à la table des rois, pour retomber dans l'indigence. Je me suis mêlé de la paix et de la guerre, j'ai signé des traités et des protocoles, j'ai assisté à des sièges, à des conclaves, à la réédification et à la démolition des trônes, j'ai fait de l'histoire, et je la pouvais écrire ; et ma vie silencieuse et solitaire marchait au milieu du tumulte et du bruit avec les filles de mon imagination, Atala, Amélie, Blanca, Velléda, sans parler de ce que je pourrais appeler les réalités de mes jours, si elles n'avaient elles-mêmes la séduction des chimères. J'ai peur d'avoir eu une âme de l'espèce de celles qu'un philosophe ancien appelait une maladie sacrée[1].

Dans cette page de péroraison des *Mémoires d'outre-tombe*, Chateaubriand énonce, en résumant l'ensemble de l'œuvre, le *curriculum vitae* qu'il souhaite voir inscrit à jamais dans le marbre du panthéon idéal de la France. De précises préséances, respectées avec toute la minutie d'un homme de cour d'Ancien Régime, règlent cette inscription funéraire. En tête, la carrière de l'homme public, tour à tour exilé politique, conseiller du Prince, homme d'État, diplomate. Puis, à plusieurs lignes en retrait, les différents moments d'une carrière d'homme de lettres. Encore celle-ci est-elle soigneusement établie dans une dépendance étroite de la première, qui garantit l'œuvre de plume contre tout soupçon de sophistique vulgaire ou vénale. Acteur de l'Histoire de France, c'est à ce titre qu'il a pu en être l'aède, et, ajoutant aux faits leur récit, contribuer pleinement à parachever l'épopée française. Acteur de l'Histoire et historien, il a aussi pratiqué un sous-genre de l'historiographie, fondé comme celle-ci sur l'expérience directe : le récit de voyage, variante du récit historique, à laquelle s'est livré le grand témoin dans ses exils. À cet étage noble, il s'est donc illustré dans les genres suprêmes : l'Histoire-*Iliade* et l'Histoire-*Odyssée*. On descend encore de quelques degrés, et Chateaubriand cite son œuvre de poète lyrique, auteur d'idylles en prose : *Atala, Les Martyrs*. Éloquence, Histoire, Poésie : Homère, Bossuet, Fénelon. La musique de l'élégie se fait alors entendre, avec l'allusion à la fuyante Daphné qui, sous tant de visages aimés, s'est toujours dérobée, avec l'aveu de

ce tempérament mélancolique qu'Aristote réservait
aux héros et aux génies. Et l'on comprend que les
Mémoires d'outre-tombe eux-mêmes sont *L'Énéide* d'un
Énée qui aurait été son propre Virgile.

En quelques lignes, Chateaubriand a dessiné autour de lui-même la mise en scène sur le Parnasse de
l'*Inspiration du poète* de son cher Nicolas Poussin. Il a
résumé du même coup tout l'idéal académique
d'Ancien Régime, et il l'a transporté, en le revivifiant
à la première personne, pour le XIXᵉ siècle romantique français. Cette traduction moderne n'eût pas
été possible sans le « je » des *Confessions* de Rousseau.
Mais à quelle métamorphose ce « je » sauvage n'a-t-il
pas été soumis ! D'insondable et indomptable, il est
devenu le ressort d'une triple carrière publique, qu'il
a parée de son mystère : une carrière d'État, une
carrière de Lettres, et une carrière que l'on n'ose
dire privée, tant sa légende est depuis longtemps
publique, et trouve justement son expression officielle dans les *Mémoires* : ce qu'il appelle « les réalités
de mes jours », et qui, de liaison célèbre en liaison
célèbre, donnent aussi à son œuvre idyllique et élé-
giaque la garantie de l'autobiographie. C'est Rousseau revu et corrigé par la *Lettre à l'Académie* de
Fénelon. Et par un jeu de miroirs prodigieux, cette
péroraison du plus vaste et magnifique éloge funèbre
d'académicien de toute notre histoire littéraire est
prononcée par celui-là même qui en est le sujet.

Mais pour réussir un tel tour de force, et seulement pour s'y risquer, encore faut-il être intimement
et calmement assuré qu'il sera compris et même
avidement goûté. À créer cette attente, ni la vie ni

l'œuvre antérieure de Chateaubriand n'auraient
suffi. Il fallait se savoir porté par une hiérarchie de
valeurs et par un univers canonique de formes béné-
ficiant d'une adhésion générale, et dont la maîtrise
valût à leur « Enchanteur » une reconnaissance
immanquable : le grand style, les grands genres, les
grands modèles, Homère et Virgile, le Tasse et Fénelon, Poussin, et tout cela orchestré par un personnage qui alliât les dignités d'État, incontestables, aux
séductions des Lettres, qui à elles seules eussent pu
passer pour suspectes. Toutes ces conditions implicites du succès ne pouvaient être créées par un seul
homme, par une seule œuvre : Chateaubriand se sait
soutenu par une majestueuse tradition nationale que
révère son public ; bien antérieure à lui-même, elle
lui survivra. Cette tradition, qui n'est pas sans analogie avec celle qui porte l'Ingres de l'*Apothéose
d'Homère*, c'est celle qui s'articule en France, pour les
gens de lettres, à l'Académie française, à ses normes
sociales et esthétiques, à l'ordre de civilisation qu'elle
autorise comme le *lieu commun* de la grandeur et de
la gloire nationales. Et cette tradition, ravivée plutôt
qu'ébranlée par la Révolution et par l'Empire, Chateaubriand, au centre et au sommet du XIXe siècle
français, en a perçu et réinterprété les nervures
essentielles, comme Ingres le fit pour celles dont
l'Académie des beaux-arts, héritière de l'Académie
royale de Peinture et Sculpture, avait maintenant le
dépôt. Rien ne témoigne mieux de sa vitalité que la
virtuosité avec laquelle, du moi singulier et séparé de
Rousseau, Chateaubriand réussit à faire, pour son
propre compte et pour celui des lettres françaises, un

cas classique de mélancolique inspiré, ayant vocation naturelle, depuis Aristote, aux *grands* rôles tragiques, sur un théâtre qu'abominait Rousseau, mais qui, dans les *Mémoires d'outre-tombe*, est bien la *scène tragique* de l'Antiquité et de la Renaissance, au centre de la Cité ou de la Cour : un théâtre où l'admiration l'emporte sur la terreur et la pitié, et dont les emplois relativement peu nombreux et récurrents s'exercent selon les règles de la dramaturgie classique, contemporaine de la fondation de l'Académie : unité de lieu (Paris, où tous les chemins ramènent), unité de temps (un « siècle »), unité d'action (une carrière d'État et de Lettres). L'amour — mais l'amour selon Pétrarque, cet ingrédient moderne et chrétien que notre tragédie classique a ajouté à ses modèles gréco-latins —, Chateaubriand lui donne rang à son tour, explicitant la tradition, dans les normes héritées de la biographie littéraire d'Ancien Régime : après lui, académicien de droit ou de fait, le « grand écrivain » à la française reçoit le droit d'incarner publiquement sa Muse dans « les réalités de ses jours » : Hugo et Juliette, bien sûr, mais, avant Hugo, Lamartine et Elvire, et, après Lamartine, Barrès et la comtesse de Noailles, Lemaître et la comtesse de Loynes, France et Mme Arman de Caillavet, et, plus récemment encore, Malraux et Louise de Vilmorin, Aragon et Elsa, Sartre et Simone de Beauvoir. Homme public, le « grand écrivain » à la française l'est encore, comme le furent nos rois, avec leurs maîtresses officielles, jusque dans sa vie privée, qui se stylise en légende selon des modèles consacrés.

2.

La postérité de Rousseau — il est vrai, fascinée entre-temps par la carrière héroïque de Napoléon — a eu beau se proclamer étrangère au « monde » et à ses voies philistines, elle a fait ou laissé se jouer, avec une intensité inconnue de l'Ancien Régime, les mécanismes de reconnaissance publique et d'anoblissement que celui-ci, avec modération, avait mis à la disposition de l'homme de lettres. Racine, Boileau et La Fontaine ne sont que des « hommes illustres » parmi beaucoup d'autres, de professions diverses, dans l'académie idéale de « Modernes » réunie par Perrault. Sur les traces de Chateaubriand, les « génies » du romantisme ont voulu conquérir une tout autre grandeur, un magistère spirituel que Malraux a traduit sur le tard en langage technocratique en se faisant nommer ministre des Affaires culturelles, et en dédaignant l'Académie.

Il est probable que la première apparition d'un magistère de ce type date en France de la cour des Valois. Déjà l'académie du Palais patronnée en personne par Henri III, et dont les secrétaires perpétuels avant la lettre furent Guy Du Faur Pibrac, puis Jacques Davy Du Perron, avait joué un rôle déterminant dans la reconnaissance officielle de Ronsard comme poète-orateur du royaume ; elle avait bien servi Du Perron lui-même dans sa brillante carrière littéraire puis ecclésiastique. Le premier *Discours de réception* de l'histoire littéraire française est à coup sûr l'*Oraison funèbre* de Ronsard prononcée au collège de

Boncourt par Du Perron, en 1585[2]. Mais c'est évidemment la fondation de l'Académie française par Richelieu qui fixa définitivement les rites de passage de la vocation littéraire à la reconnaissance d'utilité publique et à l'entrée dans une sorte de Parnasse national. Sur le théâtre de la cour, et selon une étiquette qui se précisera peu à peu, un mont Hélicon est ménagé où les gens de lettres ont leur place marquée et qui leur donne le droit, avec les honneurs de la cour, de participer à l'immortalité et à l'autorité de la monarchie. Si ce n'est pas encore le magistère du génie, c'est du moins, pour la réputation littéraire, en elle-même fuyante et suspecte, un statut légitime, qui lui donne rang aux côtés des offices et des charges dispensés par l'État. Elle est arrachée au caprice des mécènes, à la faveur changeante du public, au préjugé qui frappe les professionnels de la plume, et qui n'est guère moins humiliant que la malédiction dont sont affligés les saltimbanques.

Cette légitimation est en son principe fort modeste. Appartenir à l'Académie française sous l'Ancien Régime ne préserve un homme de lettres de la condition commune que dans la mesure où là, et là seulement, il peut frayer de confrère à confrère avec des ministres d'État, de grands seigneurs, de hauts dignitaires de la cour qui donnent son véritable éclat à la Compagnie. Mais c'est une compagnie royale, et les gens de lettres vont retirer de leurs rares représentants en son sein assez d'éclat pour conférer à leur profession l'autorité dont elle va jouir sous Louis XV et Louis XVI, et qui rivalisera en effet avec celle des autorités traditionnelles : magistrature,

clergé, noblesse, cour. Cette espèce de « royauté »
des gens de lettres au temps des Lumières prépare le
terrain à ce que Paul Bénichou a nommé le « sacre
de l'écrivain » romantique[3] : sacre « napoléonien »,
où l'écrivain, acclamé par la *vox populi*, n'entend bien
recevoir sa couronne que de sa propre main, et non
pas d'une quelconque autorité établie. Mais le sacre
de Napoléon n'en a pas moins eu lieu à Notre-Dame,
et en présence du pontife romain. Chateaubriand
lui-même, si soucieux par ailleurs de remplir de
grands emplois diplomatiques et politiques, consi-
déra comme allant de soi d'occuper un siège académique, qui traduisît en langage officiel la gloire littéraire que lui avait valu en 1802 *Le Génie du
christianisme.* Et de fait, réapparue par étapes, après sa
suppression en 1793, l'Académie postrévolutionnaire
est plus que jamais une institution d'État, un grand
corps qui atteste et assure que la littérature, en
France, est d'utilité publique. Tous les grands romantiques, de Lamartine à Musset, finiront par y entrer,
et Baudelaire lui-même considérera comme naturel
d'y être candidat. Cela n'ira pas, nous le verrons, sans
une tension croissante entre la notabilité littéraire de
type académique et le subjectivisme centrifuge des
poétiques romantiques et postromantiques. Reste
que même le subjectivisme ou le gnosticisme littéraires, à Paris, ne résistent pas à la tentation de se
forger un personnage public et d'exercer une forme
de magistrature. Le lien établi par l'Académie française entre le magistère éloquent et la participation
de plain-pied à la vie publique est devenu une postu-
lation native de l'écrivain français, même révolté. Si
bien que lorsque l'Académie elle-même a été repous-

sée, dénigrée, combattue, ses adversaires avaient assez intériorisé son principe pour le transporter dans leur camp. Les cénacles regroupés autour d'une revue, d'une maison d'édition, d'un manifeste, d'un grand homme ne sont pas seulement tentés de reconstituer dans leurs rangs quelque chose des rites académiques : ils aspirent à occuper une place centrale, légitime, universelle dans la vie de l'esprit, et bientôt dans la vie publique. Ce que nous appelons aujourd'hui la vie littéraire a beau s'être considérablement rétréci, avec ses prix et ses jurys saisonniers, elle est toujours l'image multipliée et éphémère du modèle solennel imprimé dans la mémoire nationale depuis 1671, date à laquelle fut décerné pour la première fois un prix d'éloquence par l'Académie française[4]. Le roi et sa cour, dont l'Académie française reflétait et réfractait le prestige sur les gens de lettres, ont depuis longtemps disparu : l'État et le Tout-Paris n'en trouvent pas moins dans l'Académie et ses nombreux satellites des médiateurs et échangeurs par où l'art de bien écrire fait accéder à la notoriété, à la visibilité, sinon à un magistère national.

3.

Dans les fragments publiés sous le titre *Contre Sainte-Beuve*[5], on voit Proust dissocier ce que Chateaubriand, dans notre citation liminaire, saisissait d'un seul mouvement de synthèse : le « génie » et les diverses carrières hiérarchisées qui projettent ce génie sur la scène publique et collective. Selon

Proust, c'est l'œuvre littéraire de génie, et cette
œuvre seule, qui doit nous importer : elle a son
secret en elle-même, et l'homme social, public et
privé, que Chateaubriand lui-même prenait grand
soin de donner pour garantie à ses écrits, ne nous
aide en rien au déchiffrement de ce secret. Le génie
littéraire ne renvoie qu'à l'œuvre qui le manifeste,
l'Art ne renvoie qu'à la transcendance de l'Art. Le
monde historique et social ? Autant d'obstacles que
le génie a dû surmonter, autant de poncifs et d'illu-
sions qu'il a dû dissiper. Dès lors, la méthode critique
de Sainte-Beuve, à tant d'égards l'émanation de
l'esprit académique du XIXe siècle, est entièrement
récusée : elle va systématiquement de l'homme
social, de l'homme public à l'œuvre, ce qui la
condamne à manquer la rencontre avec le génie que
l'œuvre seule recèle. En revanche, cette critique peut
s'attarder irrésistiblement à une foule de médiocrités
qui ont rang et figure dans le monde et pour qui la
littérature n'est qu'un ornement, même s'il est le
plus précieux, de leur « distinction ». Dans les *Lundis*, Vicq d'Azyr recueille autant d'attention que
Hugo, Daru que Stendhal, Molé que Baudelaire,
Mérimée que Balzac, et beaucoup plus de sympathie.
Les *Lundis* sont pour Marcel Proust ce que l'Académie était pour Arsène Houssaye : il leur manque
toujours un « quarante et unième fauteuil[6] », le seul
qui compte. Il n'empêche que le fils d'Arsène Houssaye, Henry, sera des Quarante. Et Maurice Martin
du Gard, dans ses *Mémorables*[7], rapportant un récit
que lui fit Barrès, nous montre Proust en visite chez
l'auteur de *Colette Baudoche*, vers minuit, et sollicitant
son avis pour une éventuelle candidature acadé-

mique. Une telle élection eût été sans doute la revanche, en la personne d'un de ses admirateurs les plus fervents, de l'échec de la candidature de Baudelaire, à qui « l'oncle Beuve » avait adressé ce féroce *satisfecit* :

> Quand on a lu [à la séance de l'Académie] votre dernière phrase de remerciement, conçue en termes si modestes et si polis, on a dit tout haut : Très bien. Ainsi vous avez laissé de vous une bonne impression. N'est-ce donc rien[8] ?

Proust n'avait pas tort de voir en Sainte-Beuve l'ennemi capital de la gnose de l'Art élaborée tout au long du XIXe siècle, en dissidence contre les conventions académiques. Mais pour avoir refusé de s'enfermer dans la littérature au sens gnostique, Sainte-Beuve avait-il trahi les Lettres ? Inlassablement, contre la pente qui emportait son siècle et ses amis, il a rappelé que les Lettres n'étaient pas une secte séparée, même de rares génies, mais un Port-Royal national où ont accès toutes sortes de talents, pourvu qu'ils fassent preuve, dans leur ordre propre, de l'amour de la langue et de la sagesse « classiques », en quoi il voyait le lieu commun français. Aussi les *Lundis*, au grand dépit de Proust, sont-ils un vaste supplément de l'Académie française du XIXe siècle, accueillante aux « génies » consacrés par la postérité, mais difficile d'accès aux « génies » contemporains et controversés, plus accueillante encore aux seconds rôles, à ceux dont le talent probe fait la force et la durée des institutions. Proust n'a pas voulu voir que, pour Sainte-Beuve, la littérature française est une mnémotechnique nationale, et sa chronique régulière du *Constitutionnel* une contribution vigilante à la santé de cette institution[9]. Celle-ci doit être, entre autres, protégée contre les caprices et improvisations irresponsables des « génies » singuliers. Et si la France, pour Sainte-Beuve, est et doit rester la nation littéraire par excellence — comme elle était, pour Diderot, ou pour Delécluze, la nation par excellence de la peinture — elle le devra moins aux éclats d'exception qu'à l'abondance de ses talents réguliers, à leur variété, à leur solidité de bon aloi, et à l'appétit de bonne qualité littéraire que cette abondance même fait naître hors des rangs des écrivains professionnels. La doctrine de Proust — en germe chez Flaubert et les Goncourt — fait en somme le désespoir du laïcat. Et dans la mesure où la tête et la couronne de la nation littéraire est l'Académie française, il est naturel que celle-ci soit constituée en troupe — au sens où l'est la Comédie-Française —, c'est-à-dire non pas une addition d'étoiles, mais la réunion d'une gamme étendue d'emplois, y compris les seconds rôles. La Société des gens de lettres créée par Balzac peut bien défendre les intérêts corporatifs et les droits d'auteur des clercs de métier. C'est encore autre chose. Sainte-Beuve avait une conception plus « noble » et moins pure que celle de Proust de son propre magistère critique et de celui de l'Académie française : l'un et l'autre préservent le caractère de lieu commun national de la littérature, où les talents de divers ordres, et pas seulement les écrivains, même géniaux, qui ne sont que *cela*, puissent venir se faire reconnaître et consacrer publiquement.

Les historiens de l'art ont étudié, et cela en se

libérant des préjugés du modernisme, le rôle central de l'Académie royale de peinture, de ses prix de Rome, de son Salon, dans l'extraordinaire développement de l'art de peindre en France, du XVIIe au XIXe siècle[10]. Le privilège que cette Académie a durablement imposé, même et surtout après la Révolution, de la « peinture d'histoire », et les édifices institutionnels et théoriques qui ont été bâtis sur ce privilège ont suscité par réaction une série innombrable d'hérésies heureuses qui ont fait la fortune de la peinture française. Il en allait déjà ainsi dans l'Italie du XVIIe siècle, où les divers modèles monumentaux et canonisés de la haute Renaissance suscitèrent autant de réactions de refus que d'émulation. Il y a moins d'évidence à établir le rôle analogue qu'a pu jouer l'Académie française dans l'histoire littéraire. Pourtant, dès que la question est posée, on entrevoit que cette Académie a occupé une position ininterrompue et centrale dans l'économie symbolique qui régit le sort des Lettres en France, aussi bien dans l'imaginaire national que dans les rangs et les motifs de la société française. Les anecdotes, les chapelets biographiques, les narrations « événementielles » à quoi se réduisent trop souvent les *Histoires* de l'Académie, voilent ce que Paul Valéry a nommé le « mystère » de l'Académie française. Ce « mystère », que d'autres pourraient appeler l'« esprit de corps » de l'institution, n'a rien à faire avec le « génie » ou avec la « création » proprement littéraires : il est conscience collégiale de veiller à ce que Paul Valéry appelle encore la « fonction » de l'Académie, qui est de résumer l'inscription des Lettres dans la fabrique de l'État et de la société française. Inscription si

profonde, si coutumière, qu'elle échappe à l'attention, sauf aux yeux du « corps » qui en détient
l'arcane. La France est le premier — et, en défini-tive,
le seul — pays qui s'est vu doté d'un « corps littéraire » d'État, et qui ait fait de l'adoption par ce
« corps littéraire » l'honneur suprême qui puisse être
réservé à une carrière, et pas seulement à une carrière littéraire, puisque l'Armée, l'Église, l'Administration, la Magistrature, la Diplomatie, le Barreau,
l'Université, mais aussi les Sciences, le « Monde » et,
plus récemment, le Cinéma et la Télévision ont vocation à ce corps singulier, qui, après avoir déversé sur
les gens de lettres le prestige des « grandeurs d'établissement », a fini par donner à celles-ci pour idéal
la gloire littéraire. Toute analyse un peu sérieuse
de la situation de la littérature dans l'État-nation,
à ses différentes époques, ne peut sans dommage
faire l'économie du « mystère » et de la « fonction »
académiques.

4.

Or, l'histoire littéraire universitaire, oscillant entre
le positivisme des méthodes et le romantisme des
idéaux, s'est désintéressée des institutions : très attachée à établir la biographie des écrivains, elle
n'accorde qu'une attention distraite à leur éventuelle
ambition académique, ou à leur position vis-à-vis de
la norme académique. Elle a abandonné l'histoire de
l'Académie française à un genre spécialisé, l'histoire
de l'Institut. Et celle-ci, à l'exception d'un intéressant
essai de Paul Mesnard (1857)[11], de remarques « de

l'intérieur » formulées par Sainte-Beuve[12] ou de la belle thèse prélansonienne de Lucien Brunel[13], s'est trop enfermée dans son sujet pour entrevoir seulement le rôle qu'a pu jouer l'Académie dans l'invisible conjoncture française entre littérature, État et société, dans les avatars de la *persona* publique de l'écrivain, ou dans l'histoire des genres littéraires. Les quelques remarques liminaires auxquelles je me suis livré suffisent-elles à laisser entrevoir le bénéfice que peut trouver l'historien à adopter le point de vue central et panoramique qu'offre l'Académie française ? Loin de borner le regard à la microsociété académique et à sa frange immédiate, qui en elles-mêmes, d'ailleurs, méritent plus d'attention, ce point de vue révèle que le paradigme littéraire académique et même sa négation sont constitutifs de l'idée de littérature qui prévaut en France. Dans *Les Mandarins* de Simone de Beauvoir, où les seuls noms d'Académie et d'académicien sont des injures[14], la coterie de journalistes et de romanciers « engagés » qui est le sujet du roman vit d'une idée française de la littérature, implicite pour eux-mêmes et évidente pour leur public, et cette idée qui fait leur force est au fond une rente tacitement perçue sur le capital de prestige dont l'Académie est la Banque de France. Spontanément et sans résistance de la part de leur public, ils se comportent comme si leurs titres d'écrivains français leur conféraient non seulement une autorité nationale mais un magistère moral et politique universel qui les porte d'emblée à égalité d'audience avec les chefs politiques ou les représentants de l'État. Il se passe ici ce qui a été observé par les historiens de l'art chez les peintres qui ont construit leur œuvre et

leur carrière au rebours du circuit plus ou moins
contrôlé par l'Académie des beaux-arts : ils se hissent
spontanément dans la niche du « grand peintre »
que l'Académie depuis sa fondation a patiemment
imposée à l'imaginaire national ; ils élèvent invinciblement leurs œuvres au rang des « grands genres »
dont l'Académie a établi pour des siècles la suprématie, et l'on voit Picasso devenu peintre français
composer avec *Guernica*, de loin son tableau le plus
célèbre, une grande « peinture d'histoire » qui en
d'autres temps lui eût permis de concourir à l'Académie royale de peinture, aussi bien que Watteau avec
l'*Embarquement pour Cythère* et Greuze avec *Severus et
Caracalla*. Il n'est pas, d'ailleurs, jusqu'au genre de
l'éloge académique, clef de voûte de tout l'édifice,
qui ne se réfléchisse dans le miroir déformant
opposé par les cénacles rebelles à l'autorité littéraire
officielle : l'idée d'Académie repousse en France partout, et peut-être surtout là où l'on s'emploie à sup-
planter son incarnation traditionnelle. Pour les habitués du cénacle de la rue de Rome[15], les « éloges » de
Mallarmé (modèles pour la future éloquence proprement académique de ses disciples, Valéry et Claudel)
revivifient, aux dimensions d'une chapelle littéraire,
les rites de la cathédrale du quai Conti. Et pour la
coterie surréaliste, comme plus tard pour la coterie
existentialiste, l'éloge (privilège souvent réservé au
chef de file) se lie spontanément au culte des
ancêtres, aux rites d'adoption du groupe. Les « discours de réception » du « secrétaire perpétuel »
André Breton sont aussi célèbres que ses anathèmes
contre les exclus. Et dans l'œuvre de Sartre, devenu
lui aussi secrétaire perpétuel de l'Académie des

Temps modernes, les gigantesques éloges consacrés à l'ancêtre ambigu, Flaubert, ou au marginal adopté, Genet, peuvent être considérés comme des excroissances un peu monstrueuses, mais tout aussi officielles, du genre national du panégyrique de séance solennelle, ou de séance de réception !

C'est que le genre panégyrique — si décrié par les demi-habiles — ne se contente pas de renouer constamment avec les origines mêmes de la littérature comme lien social, suture symbolique entre les vivants et les morts, entre les diverses classes d'âge et les diverses fonctions de la « tribu ». Miroir sorcière de tous les grands genres oraux — hymne, épopée, oraison funèbre —, il est au centre de toute fête qui rend une société présente à elle-même, et la rassemble autour d'une patrie et d'un patrimoine commun et sacré. Or, le panégyrique est le genre institutionnel de l'Académie française, il y joue un rôle public qui n'est pas de circonstance, mais de fondation, il y rythme depuis trois siècles l'année académique. Il ne se contente pas d'y être l'« ostensoir » de la langue nationale, dont l'Académie a le dépôt et dont elle vérifie le bon usage. Il réaffirme la prééminence du grand style et des grands genres de l'Éloquence, de l'Histoire et de la Poésie dont l'Académie depuis trois siècles garantit l'exemplarité dans nos Lettres, car il a vocation à la fois à l'éloquence, à l'histoire et à la poésie épique-lyrique-élégiaque. L'effet de ce genre central sur notre littérature, serait-ce par réaction ironique ou furieuse, est immense. On en a eu un aperçu avec la citation liminaire des *Mémoires d'outre-tombe*. On aurait aussi bien pu en saisir la réfraction lointaine et satirique dans le discours des comices agricoles de *Madame Bovary*, dans les parodies pataphysiques de Jarry ou canularesques de Jules Romains.

5.

Ainsi, à double titre, sociopolitique et littéraire, la considération de l'Académie française devrait être un préalable à toute histoire de la culture littéraire française moderne et contemporaine. Impossible ici de faire mieux que de poser quelques jalons en ce sens, de proposer quelques suggestions d'analyse. Mais même dans ces limites nécessairement très modestes, comment éviter une réflexion sur la fondation de l'Académie, contemporaine du premier essor et de l'État et de la littérature modernes en France ?

La première remarque qu'il convient de faire, c'est que, cardinal de la Sainte Église romaine, Richelieu devait tenir pour convenable à son état d'avoir auprès de lui une académie privée. Cela faisait partie, au même titre que l'édifice de palais et châteaux, de la constitution de bibliothèques et de collections, de l'exercice d'une vertu propre à un prince qui était en même temps un clerc : la magnificence[16]. Les cardinaux romains et français, et, entre autres, le cardinal Du Perron, à tant d'égards son modèle, l'avaient précédé sur cette voie. Aussi, dès 1624, voit-on Richelieu grouper autour de lui des lettrés qui, jusqu'à sa mort, avec des disgrâces et des adoptions nouvelles, forment autour de lui une « académie de campagne ». Celle-ci a les deux finalités propres à toutes les académies privées : plaire et instruire. Ce qui suppose l'art de louer le maître et éventuellement de polémiquer en sa faveur. Mais le fait qu'un fort contingent de cette académie privée soit entré, du vivant du cardinal, à l'Académie française (Sirmond, Silhon, Boisrobert, Hay du Chastelet, Desmarets, La Mothe le Vayer, Chapelain) ne peut masquer le fait essentiel : l'Académie, établie en 1635, par lettres patentes signées de Louis XIII, est une fondation royale, instituant un corps de l'État, dont le statut est radicalement distinct de celui d'une académie privée : les membres de celle-ci sont des individus isolés, liés à leur maître par une domesticité toute personnelle et qui peut à tout instant être révoquée. Les membres de l'Académie appartiennent à un « corps », et même si leur élection est soumise à l'approbation du cardinal, voire à sa suggestion préalable, une fois élus, ils participent comme dans les autres corps analogues, de la pérennité de la monarchie, et ils échappent à la volonté éphémère d'un ministre, même lorsque ce ministre s'appelle Richelieu. Boisrobert, disgracié, fut exclu en 1641 de l'académie « de campagne » du cardinal : il n'en demeura pas moins membre de l'Académie française jusqu'à sa mort en 1661. La devise adoptée par l'Académie, *À l'immortalité*, se réfère, autant qu'à la gloire littéraire, à cette transcendance des corporations par rapport à toute vie individuelle, transcendance qui a été conceptualisée par les juristes médiévaux sur le modèle du corps mystique de l'Église[17]. En dépit de son étatisme, dérivé de celui de Jean Bodin, et en dépit des allures cavalières qu'il adopta envers l'Académie, Richelieu respecta autant qu'il était en lui l'autonomie du corps qu'il avait suscité. On peut

interpréter ainsi le soin qu'il prit de ne jamais apparaître dans les séances académiques, marquant de la
sorte tout ce qui séparait un établissement royal de sa
propre académie privée.

Mais pourquoi prendre le risque, à long terme, et
c'est ce qui advint, de doter les gens de lettres d'une
compagnie autonome, et de donner ainsi à la littérature française à la fois la dignité d'une institution, et
l'indépendance, sur le modèle de cette institution,
d'un véritable « corps mystique » ? La philosophie
des Lumières, le sacre romantique de l'écrivain, phé-
nomènes spécifiquement français, sont inconce-
vables ailleurs que dans un pays où, *par principe*, au
sens de Montesquieu, la littérature a été pourvue
d'un « corps » transcendant et immortel. À quoi l'on
peut répondre de deux façons. Pour rattacher les
gens de lettres à l'État, Richelieu ne disposait pas
d'autre instrument juridique que l'ancien concept de
corporation, que Jean Bodin avait tenté de limiter,
mais qu'il n'avait pu remplacer[18]. Pour le remplacer,
il fallait anéantir le concept corporatif de la monarchie elle-même. Et, d'autre part, même si, comme on
peut le croire, le cardinal a perçu la difficulté, les
gens de lettres qu'il avait sous les yeux pouvaient
bien éveiller sa suspicion : ils ne suscitaient pas son
inquiétude immédiate. Il s'agissait en effet de gens
de lettres en langue vulgaire, dont le prestige et
l'influence étaient encore très vacillants, et dont il
savait s'attacher la reconnaissance en faisant le geste
qui leur attribuait un statut d'utilité publique. Un
geste qui, dans les termes de la culture européenne à
cette époque, n'était pas sans analogie avec l'ordonnance de 1641 accordant un statut civil d'honorabi-

lité aux comédiens, jusque-là marginaux, tantôt fêtés, tantôt traités en vils histrions[19]. La soif d'honorabilité des lettrés en langue vulgaire, regardés de haut par les magistrats humanistes et les clercs latinistes, et souvent suspendus aux caprices d'un grand seigneur, était trop vive alors pour que l'esprit de corps, à peine naissant, ne jouât pas en faveur de son fondateur et de l'État royal.

Au surplus, les lettrés en langue vulgaire que Richelieu juge bon d'attacher à l'État en les dotant d'un collège honorable et durable avaient en commun avec les lettrés de son propre entourage l'adhésion à la doctrine de Malherbe[20]. Et cette doctrine, que Richelieu avait connue de première main, de Malherbe lui-même, qui fréquenta avec lui chez le cardinal Du Perron, avait de quoi rassurer le principal ministre du roi de France. La « doctrine de Malherbe » n'a pas bonne presse aujourd'hui. On a beaucoup daubé sur l'étroitesse de son purisme, et à plus forte raison sur l'« Enfin Malherbe vint » de Boileau. En fait, il n'est pas un écrivain français, après 1630, qui ne soit rallié à cette doctrine, qui se prêtait d'ailleurs à une gamme d'interprétations variées. Tous ont admis la justesse stratégique des vues du poète : pour « défendre et illustrer » efficacement la langue vulgaire, il fallait moins se soucier d'*inventer*, comme les érudits de la Pléiade, que de se préoccuper de stabiliser l'*élocution* de la langue, en la pliant à des conventions admises par tous. La méthode de la Pléiade pour « illustrer » le français n'avait pas réussi, bien au contraire, à déloger le grec et, à plus forte raison, le latin humanistes de leur majesté de langues savantes et de langues de l'immortalité. La méthode de Malherbe, plus modeste, méthode de grammairien, de métricien, de gourmet des mots, réussit à mettre le français littéraire sur la voie qui allait faire de lui un latin moderne et vivant. Cela n'allait pas sans sacrifice : à se concentrer sur le travail sur la langue, l'écrivain malherbien est porté à se contenter de lieux communs, les mieux propres à faire valoir l'élégance et la sonorité du style. Il y est d'autant mieux porté que le référent vivant du « bon usage » selon lequel il travaille à *fixer* la langue est la conversation des gens de cour et du « grand monde », dont le « naturel » oral s'accommode mal de l'*invention* érudite ou d'une singularité trop marquée. Sur ces deux points, un grand politique tel que Richelieu ne pouvait que sympathiser avec la méthode nouvelle pour « illustrer » la langue nationale. Cette méthode, et l'ascèse proprement grammaticale qu'elle impliquait, éloignait les gens de lettres de cet enthousiasme inventif et inquiet qui va souvent de pair avec l'hérésie ou avec le non-conformisme politique. Et l'arrimage de la langue littéraire à la parole vive de la Cour contemporaine garantissait à celle-ci une prépondérance de principe sur les gens de lettres.

Enfin, l'exemple de Malherbe lui-même établissait que sa méthode se prêtait admirablement à l'éloge officiel, justement parce que celui-ci aspirait, plus que tout autre genre littéraire, à cette « immortalité », à cette « éternité » royales que la langue malherbienne prétendait avoir conquises. Le poète qui pouvait écrire :

Ce que Malherbe écrit dure éternellement,

avait vocation à célébrer de préférence les rois, les ministres, dont la gloire souhaitait ne point être éphémère. Richelieu avait été lui-même, en 1624-1628, l'objet de trois poèmes panégyriques de Malherbe[21] : et les poètes malherbiens, avant même la fondation de l'Académie, n'avaient pas été avares à son égard d'odes lyriques[22]. La prose « malherbienne » avait, par ailleurs, fait ses preuves, sous la plume de Silhon, Sirmond ou Faret, dans la polémique ou l'apologétique au service du cardinal[23]. La fondation de l'Académie honore et officialise non seulement un type bien précis de lettrés, mais une idée historiquement très datée de la littérature, en langue vulgaire, l'un et l'autre semblant offrir toutes sortes de garanties de loyalisme à l'État.

Le projet soumis au cardinal le 22 mars 1634 tendait à faire de l'Académie la dépositaire officielle de la doctrine de Malherbe : on pouvait en effet y lire que les « conférences » de la future compagnie devaient faire en sorte que la langue française succédât à la latine, et cela en prenant « plus de soin que l'on n'avait fait jusqu'ici de l'élocution, qui n'était pas à la vérité toute l'éloquence, mais qui en faisait une fort bonne et fort considérable partie[24]. » On comprend mieux pourquoi l'Académie, qui songea un instant à se nommer Académie d'Éloquence, préféra le titre d'Académie française : comme le poète selon Malherbe, spécialiste du meilleur style en français, la Compagnie est spécialisée dans cette partie de l'éloquence qui regarde les mots, et leur confère le poids de choses.

6.

On peut se demander pourquoi Richelieu n'a pas confié cette tâche de vérification des mots français à un corps de spécialistes, grammairiens et professionnels de la prose et de la poésie. Dès les premières années de l'Académie, on voit siéger dans ses rangs, avec évidemment l'approbation du cardinal, un mathématicien, Claude Bachet de Méziriac, un médecin, Marin Cureau de la Chambre, des diplomates, Bautru et Servien, un magistrat homme d'État, Séguier : les prélats, les grands seigneurs, les chefs militaires prendront place au cours du règne de Louis XIV, et cela ne surprendra alors plus personne. La coexistence dans un même corps de gens de lettres et de dignitaires de l'État, de l'Église, de l'Armée, de l'Université est demeurée la singularité la plus constante et frappante de l'Académie française : elle honorait les Lettres, et à long terme les Lettres purent prendre appui sur cet honneur pour regarder de haut la Cour. Ce refus de la spécialisation, dès l'origine, peut paraître contradictoire avec la finalité apparemment très spécialisée que Richelieu avait fait reconnaître à son Académie. En réalité, cette spécialité n'en était une qu'au regard de l'idéal humaniste d'*Eloquentia* pour lequel les « choses », entendues dans un sens encyclopédique et érudit, prévalaient sur les « mots », sur l'art de faire goûter les « choses ». La distinction toute tactique proposée par Malherbe entre les « choses » (laissées en suspens, et comme entre parenthèses) et les « mots » français qu'il s'agissait, prioritairement, de rendre aussi stables, clairs et élégants que ceux du latin, avait un sens proprement *universel*, mais cette fois au regard du « royaume des lys » et de son unité autour de la cour royale. La langue réformée selon la « doctrine de Malherbe », puis selon les principes de Vaugelas, se proposait d'être le *dénominateur commun* du royaume, sa place Royale où les divers ordres, professions, corps, provinces et disciplines de l'esprit pourraient s'entendre et dialoguer dans la conscience d'une patrie commune, et cela grâce au lieu et lien commun d'une convention grammaticale admise par tous. Et ces « mots », cette *élocution* artiste, ayant pour référent naturel le langage tel qu'il est parlé autour du roi dans la « plus saine partie » de la Cour, rendait indispensable, à l'Académie française, la présence de *locuteurs* de Cour, témoins vivants du *bon usage* de la langue royale, aux côtés des lettrés professionnels. Cette présence garantissait la dépendance des gens de lettres, dans leur art même, vis-à-vis de la Cour, dépositaire en dernière analyse de la nature langagière du royaume. Vaugelas, grammairien amateur, est avant tout un interprète attentif et méthodique du « bon usage » qui fait foi à la Cour[25]. En revanche, un grammairien professionnel, tel Ménage, un lexicologue de trop vaste savoir, tel Furetière, auront maille à partir avec l'Académie. La langue de l'Académie n'exclut pas que savants, philosophes, théologiens puissent accorder leurs « choses » savantes à ses « mots ». Mais à condition, justement, de plier leur science spécialisée aux exigences d'un style que l'honnête homme de cour puisse d'abord entendre sans effort, et, après lui,

tous les spécialistes, l'Académie est apparue
d'emblée comme un corps intermédiaire entre les
lettrés et la Cour, chargé d'établir avec celle-ci le
moyen terme langagier acceptable dans toute la
France, puisque la Cour était devenue depuis les
Valois le résumé et le carrefour de tout le royaume.

Le dialogue, à l'intérieur de ce corps intermédiaire, entre gens de cour et gens de lettres, n'a pas
pour seul objet d'honorer ceux-ci. Il institutionnalise
un autre des traits essentiels de la doctrine de Malherbe, qui est de voiler l'écart entre la langue littéraire _écrite_ et la langue que l'on parle dans le « meilleur monde » de la Cour. Cela suppose l'exclusion de
tout le lexique des mots techniques, mais surtout,
cela interdit aux gens de lettres de se constituer,
comme l'avaient fait les poètes du XVIe siècle, en caste
savante dont les œuvres, en définitive, ne peuvent
être pleinement comprises et goûtées que par des
pairs, détenteurs des arcanes de la mémoire grecque
et latine, virtuoses aussi des tours de force rhétoriques et poétiques. Les gens de cour sont à l'Académie pour vérifier que les gens de lettres ne suivent
pas abusivement leur pente professionnelle, et que
leur art demeure dans l'aire de clarté et d'élégance
qui le rend immédiatement accessible, dans la pensée comme dans l'expression, à l'ensemble des
« honnestes gens ». On a accusé la langue classique
d'être une langue d'élite. Elle l'est beaucoup moins
que celle de Scève ou même de Ronsard, filles des
langues savantes et écrites. Elle ne l'est même plus
du tout si l'on admet que les « honnestes gens »
nobles qui en sont la pierre de touche sont tenus
pour les représentants naturels de ce « bon sens »

qui, selon Descartes, est la chose du monde la mieux partagée. Malherbe ne disait pas autre chose quand il prétendait vouloir être entendu des « crocheteurs du Port-au-Foin ». La langue dont l'Académie a le dépôt et la vérification se veut la langue royale, commune à tout le royaume : sa principale supériorité sur les différents sociolectes — populaires ou nobiliaires, provinciaux ou professionnels —, c'est justement sa vocation à servir de lien social à tous les groupes qui composent, et qui doivent cesser d'émietter, le royaume. C'est le remède à Babel : une langue littéraire qui ne voudrait être que littéraire serait elle-même un des technolectes de Babel. Ce que le latin médiéval avait été pour les différents peuples de l'Europe romaine — chacun avec ses langues vernaculaires —, un lien de chrétienté, puis un lien de diplomatie et d'échanges savants, le français réformé selon la méthode de Malherbe devait l'être pour la mosaïque d'ordres, de provinces, de corporations et de professions dont le royaume était formé. Ce *logos* n'a rien de celui qui émane du Pantocrator des absides byzantines ou des portails de cathédrales, ni même du Vicaire du Christ qui siège à Rome et qui rend ses oracles en latin. C'est une langue « douce », « claire », « élégante » qui, filtrée par le goût de cour, vérifiée par l'Académie, se veut le carrefour et la norme de toute communication française ; elle véhicule, éventuellement avec grâce et esprit, le système des lieux communs acceptable par l'ensemble de la Cour, et donc par le royaume entier. Cette *doxa*, les « Anciens » de l'Académie voudront la maintenir arrimée à la *philosophia perennis* fixée par les *Adages* d'Érasme, les *Emblèmes* d'Alciat, les *Essais* de Mon-

taigne : les « mondains » de l'Académie l'attirent du
côté de l'opinion qui prévaut *aujourd'hui* ; l'éclat des
« Modernes » va y introduire un ferment de mode et
de « nouveauté » que la mondanité de la Cour, imitée par celle de la Ville, puis l'imitant à son tour, fera
lever abondamment dès la fin du règne de
Louis XIV.

La langue « malherbienne », accordée à une
culture mondaine, rejetait dans l'archaïsme l'héri-
tage poétique et érudit de la Pléiade. Mais ce n'était
pas tout. L'idéal que l'Académie française s'était fixé
portait directement atteinte à l'autorité plus
ancienne en ces matières d'une autre institution de
la monarchie : les parlements, et notamment le premier d'entre eux, celui de Paris[26]. Depuis la Renaissance, ce « corps » prestigieux, s'estimant le détenteur de la continuité monarchique, avait affirmé
hautement son magistère sur la culture savante française, comme sur la langue nationale. Guillaume Du
Vair, le premier théoricien de l'éloquence française
« à l'antique », avait légiféré en vue du « Sénat »
parisien. Longtemps encore, au XVIIᵉ siècle, les
recueils de *Remonstrances* des magistrats, de *Plaidoyers*
des avocats, rivaliseront avec les recueils de
Harangues de l'Académie. Le milieu robin est celui
où s'était recrutée l'élite de l'humanisme érudit français, philologues et antiquaires du calibre de J.-A. de
Thou, des frères Dupuy, de Peiresc, tous menacés de
l'opprobre de pédantisme par l'« honnêteté »
aulique et académique. Et, surtout, c'était du monde
du Palais qu'étaient issus les grands philologues de la
langue française, les Étienne Pasquier, les Claude
Fauchet, ancêtres directs des Gilles Ménage et des

Furetière. Articulé à la culture érudite néo-latine, le Parlement l'était aussi à une conception civique de l'éloquence, et à une conception de la langue vulgaire héritée de Varron et de Pline l'Ancien, curieuse d'archaïsmes, de lexiques professionnels, de tournures rares et savoureuses. Tout cet univers de juristes doctes et de bourgeois plus érudits que brillants était rejeté dans le ridicule, attaché désormais à toute pédanterie professionnelle par l'élégance de cour, son « honnêteté qui ne se pique de rien », son langage élevé au rang d'un art par l'Académie française. Richelieu n'avait sans doute pas été fâché de jouer ce tour cruel aux parlements, aux robins, qui furent, en France, avec les Grands, l'âme de la résistance à la Raison d'État. Mais les conséquences à longue portée du sceau royal apposé sur l'« usage de cour » de la langue française dépassaient malgré tout les capacités de prévision du cardinal.

7.

Ce qui est vrai pour la langue et le style l'est aussi pour les genres. Les statuts de l'Académie ne lui prescrivent pas seulement de mettre au point une grammaire et un dictionnaire, mais une rhétorique et une poétique. Sagement, elle n'a jamais poussé si loin un esprit doctrinaire qui était très éloigné et de Malherbe, en dépit des apparences cassantes du personnage, et, surtout, de l'académicien Vaugelas, ami de saint François de Sales. Toutefois, de son recrutement, de ses exclusions, on peut discerner un fil conducteur dans la conduite de l'Académie relative-

ment aux genres littéraires. Elle est née au moment
où s'établit la « doctrine classique », celle que Boileau résumera à sa manière en 1674, dans son *Art
poétique* — alors qu'il n'était pas encore académicien.
Il est clair que l'Académie a fait sienne la tripartition
que les rhéteurs antiques et humanistes faisaient de
la littérature : Éloquence, Histoire, Poésie. Les trois
genres classiques de l'éloquence profane : politique,
avec les polémistes au service de Richelieu ; judiciaire, avec un avocat mondain, tel qu'Olivier Patru ;
épidictique ou panégyrique, avec l'ensemble des académiciens, sont représentés dès la première génération. S'y ajoutera bientôt l'éloquence sacrée, avec
Bossuet et Fénelon. L'Histoire a sa place marquée à
l'Académie, dont feront partie presque automati-
quement les historiographes royaux, à commencer
par Eudes de Mézeray, bientôt suivi par Racine et
Boileau.

Mais cette éloquence, cette histoire sont infléchies
par le souci de les ajuster aux besoins de la Cour,
devenue la référence centrale, en lieu et place du
Parlement, du meilleur style à la française. La poésie
a elle aussi trouvé sa place à l'Académie : mais c'est
selon la tradition d'éloge aulique inaugurée par Malherbe. L'épopée, avec Chapelain, les genres lyriques
avec Saint-Amant et Malleville, le théâtre tragique et
comique avec Desmarets et Boisrobert, bientôt suivis
de Corneille, portent l'estampille de l'ordre et de la
doxa auliques. Les genres légers, eux-mêmes liés au
divertissement de cour, ne sont pas du tout ostracisés
par l'Académie naissante, qui redoute l'air
« gourmé » et « pédant », et qui se garde de s'enfermer dans la gravité du grand style. Voiture, Ben-

serade sont les premiers talents dans le genre galant, entendons spirituel et gai, et qui réussit auprès des femmes, à être reçus parmi les Quarante. Ce ne sont pas les derniers. Il est probable que si La Fontaine finit par entrer à l'Académie, c'est moins comme l'auteur génial des *Fables*, tel que nous le voyons, qu'au titre de virtuose du style galant et plaisant, et dans la « section » implicite qui a toujours depuis été réservée à ce genre dans les rangs de l'Académie. De Collin d'Harleville à Labiche, même au plus fort du moralisme victorien, l'Académie française a fait bon accueil au rire et au sourire, lien social par excellence, et particulièrement prisé dans le meilleur monde de tous les temps.

En revanche, malgré sa popularité dès le XVIIe siècle, et malgré ses efforts pour s'aligner sur l'épopée et l'histoire, le roman n'est pas à sa place à l'Académie et cela dès l'origine. Des académiciens, comme ce sera encore le cas au XIXe siècle, peuvent avoir écrit des fictions en prose : ils ne doivent pas leur fauteuil à ce titre. Un Gomberville, romancier prolixe, est d'abord un moraliste et un historien[27]. Desmarets, auteur d'une *Ariane* qui se vendit bien, est d'abord le collaborateur de Richelieu pour le théâtre[28]. Tristan L'Hermite, auteur du *Page disgracié*, doit son honorabilité à son théâtre et à son œuvre lyrique. Et Georges de Scudéry, qui publie sous son nom des romans fleuves écrits par sa sœur ou en collaboration avec elle, entre à l'Académie comme dramaturge[29]. Il écrira par la suite une épopée, *Alaric*[30]. Le destin du roman à l'Académie est scellé dès le XVIIe siècle, cette situation ne changera pas jusqu'à la fin du XIXe siècle. En revanche, les moralistes, les

Prévost-Paradol du classicisme, sont d'entrée chez
eux à l'Académie : un Nicolas Faret, un Jacques
Esprit inaugurent une durable lignée. Et les traducteurs, qui depuis ont vu leur statut tomber si bas,
furent d'abord honorés en la personne de Jean Baudoin et de Nicolas Perrot d'Ablancourt[31]. Il est vrai
qu'ils traduisaient les chefs-d'œuvre latins et grecs, et
qu'ils coopéraient par là éminemment aux tâches
académiques, celle de « perfectionner » la langue en
la portant à égalité des langues classiques, celle aussi
d'opérer une médiation entre lettrés et gens du
monde.

Imprécise et informulée, l'attitude de l'Académie
envers les genres n'en a pas moins marqué définitivement la perception nationale moyenne de la littérature jusqu'à la fin du XIXe siècle, jusqu'au triomphe
insolent du genre romanesque et à la défaite de
l'alexandrin. Cette doctrine tacite privilégie, au fond,
les genres d'intérêt général pour la formation d'un
« bon goût », d'une solide culture moyenne et d'un
fonds moral de bonne qualité. Elle fait sa place au
trait du « caractère national » le plus unanimement
reconnu aux Français dans l'Europe d'Ancien
Régime : la gaieté. C'est le levain qui, jeté à dose
raisonnable dans l'honnête froment, a fait le bon
pain de la France traditionnelle et littéraire. Dans
son *Discours de réception*, Paul Valéry persiflera en
l'œuvre d'Anatole France l'« émanation très composée », produit d'une civilisation « à l'extrême de son
âge », de cette « culture prolongée » dont l'Académie avait été pendant trois siècles le tenace vecteur.
« Nos grands écrivains, ajoutait-il, ne sont pas chez
nous de grands isolés, comme il arrive en d'autres

contrées ; mais il existe en France une sorte d'atmosphère pour les Lettres qui ne se trouve pas ailleurs
et qui fut toute favorable à votre confrère[32]. » Le
disciple de Mallarmé, une fois à l'Académie, y ven-
geait rétrospectivement son maître. Mais, avec les
yeux sévères de l'ironie, il voyait juste.

8.

Cette « atmosphère » pour les Lettres, le règne
archétype de Louis XIV acheva d'y accoutumer la
France, et de lui faire voir définitivement le mont
Parnasse sous l'aspect de « coteaux modérés ». L'Académie française avait fait la preuve de sa solidité de
corps en traversant sans encombre la régence
d'Anne d'Autriche et la Fronde. Elle eût pu souffrir
de la victoire du surintendant Foucquet, dont le
mécénat s'accommodait mal de la régularité académique. Elle bénéficia pleinement de la sympathie de
Colbert[33]. En 1672, celui-ci persuade le roi de se
proclamer en personne le Protecteur de l'Académie.
Le Parnasse français a trouvé son Apollon. Celui-ci
lui accorde une hospitalité définitive au Louvre. En
échange d'un tribut abondant de louanges, l'Académie acquiert un supplément considérable d'autorité.
Ses séances deviennent publiques, et le rite du discours de réception se met en place. Elle distribue
désormais chaque année un prix d'éloquence et, à
partir de 1701, un prix de poésie dont le caractère de
« norme », sans atteindre les proportions des prix de
Rome, va avoir une puissante influence à la fois sur le
XVIIe siècle classique et le XVIIIe siècle néoclassique.

Colbert lui-même avait fait l'honneur à l'Académie de venir siéger dans ses rangs en 1667. Désormais, l'élection académique devient de règle pour les précepteurs des enfants de France, comme pour les historiographes royaux. Voltaire bénéficiera en 1746 de ce mécanisme. De très grands seigneurs, des prélats titrés aspirent à y entrer. La pompe académique s'accorde à la majesté de son Protecteur. Les séances de réception, les messes anniversaires de Saint Louis dans la chapelle du Louvre, les messes d'obsèques d'académiciens deviennent des événements de la vie de cour. Tous les grands écrivains du règne du Grand Roi — sauf Molière, comédien, et Saint-Évremond, exilé politique — furent de l'Académie, ce qui suppose un accord, étonnant pour nous, entre le « mérite personnel » et la consécration académique. Un fonds commun de modèles antiques, une poétique et une rhétorique implicites mais unanimement acceptées — d'autant qu'elles se prêtent à l'exégèse et à la jurisprudence —, un accord général sur la langue et le style « réformés » par Malherbe expliquent cette rencontre « providentielle » entre un règne, le génie, et le goût officiel. L'Académie, de Perrault à Voltaire, a bien rendu à Louis XIV ce qu'elle lui devait !

Corneille et Racine, Bossuet et Fénelon, La Fontaine et Boileau, La Bruyère et Fontenelle siégèrent alors aux côtés de hauts dignitaires de la noblesse et de l'État, mais aussi d'auteurs mondains pour fêtes de cour, Quinault et Benserade, ou encore d'abbés galants, Cassagne et Cotin. La scission de l'ancienne encyclopédie humaniste, encore à l'état d'esquisse sous Louis XIII, est consacrée officiellement sous

Louis XIV : l'Académie des sciences a été fondée par Colbert en 1666, et la Petite Académie, qui deviendra en 1701 l'Académie des inscriptions, a fait son apparition en 1663. Celle-ci regroupe d'abord au service de la gloire du monarque des académiciens français versés en grec et en latin. Cette spécialisation des *Litterae* traditionnelles dans une académie particulière, qui d'abord se consacrait à résumer dans un langage d'éternité les hauts faits du roi, donna lieu à un conflit de compétences avec l'Académie française. C'est la traduction en termes institutionnels du drame apparu avec la Renaissance et qui avait mis en rivalité langues savantes et langues vernaculaires. Il se consomme et il se résout sous Louis XIV, avec la Querelle dite des inscriptions, qui fait la preuve de la fonction centrale, et pas seulement idéale, qu'occupe désormais l'Académie française dans l'économie symbolique de l'Ancien Régime.

La première passe d'armes de cette querelle a lieu aux abords de l'Académie. Elle oppose au poète néo-latin Charles Du Périer le magistrat Louis Le Laboureur[34]. Mais celui-ci, répliquant à une ode de Du Périer au Dauphin, où celui-ci recommandait que l'éducation du futur roi commençât en latin, dédie son traité des *Avantages de la langue française* en 1667 à Habert de Montmor, membre de deux Académies, la française et celle des sciences. Alliant des arguments tirés de Vaugelas à d'autres qu'il emprunte au cartésien Cordemoy, Le Laboureur rassemble la première topique d'où va surgir une longue suite, jusqu'à Rivarol, d'apologies de la langue française et de son universalité[35]. Son enthousiasme pour la langue « malherbienne » se fonde avant tout sur le caractère qu'il lui attribue de pouvoir être partagée aussi bien par les enfants et les femmes que par les adultes et les doctes, par les hommes que par les anges. Elle est le lien et le lieu commun *vivant*, par opposition au latin, réservé à une secte de spécialistes et figé dans une funèbre immobilité. Ce bonheur d'avoir, avec le français, une place Royale où tous puissent se retrouver est inséparable du sentiment de sécurité et de paix civiles que le nouveau règne a fait éclore après la Fronde.

De 1667 à 1676, la querelle envahit les rangs académiques, opposant l'abbé de Bourzeis et François Charpentier, tous deux membres de l'Académie française et de la Petite Académie[36]. Charpentier attendit la mort de l'abbé de Bourzeis, en 1672, pour écrire et publier, en 1676, une *Défense de la langue française pour l'inscription de l'arc de triomphe, dédié au roi*[37] ; il l'amplifiera en un vaste ouvrage en deux volumes, *De l'excellence de la langue française*, publié en 1683, peu de temps avant l'offensive « moderne » de Perrault[38]. En 1676 encore, l'abbé Tallemant réplique publiquement au cours d'une séance de l'Académie à un discours latin du jésuite Lucas, prononcé au cours d'une fête du collège de Clermont, en présence du roi, de la Cour et d'une délégation de l'Académie. La thèse du R. P. Lucas était que « les monuments publics doivent avoir des inscriptions latines ». Elle était tout à fait dans les vues du roi, et à plus forte raison de Colbert, qui, académicien français lui-même, avait cependant créé la Petite Académie, entre autres pour rédiger de telles inscriptions latines. Le R. P. Lucas était au surplus en parfait accord sur ce point avec le défunt abbé de Bourzeis, fort docte, et qui avait été un des premiers académiciens français avant d'être appelé par Colbert à la Petite Académie. Le parti du latin était très fort. L'abbé Tallemant s'écrie devant ses confrères :

> D'où vient qu'une langue est plus universelle et plus commune qu'une autre ? C'est qu'elle a été dans un certain siècle la langue du plus florissant empire. D'où vient qu'on en fait plus de cas et qu'on y trouve des grâces qu'on ne rencontre point dans les autres ? C'est que la victoire, l'abondance, et la paix ont amené plus de politesse dans un royaume et ont donné aux Arts le moyen de s'accroître. D'où vient enfin qu'une langue demeure dans un certain degré de beauté et semble avoir atteint sa dernière perfection ? C'est que de grands génies l'ont consacrée par des ouvrages immortels, qui demeurent les modèles desquels sans faillir on ne peut s'écarter ; et quoi qu'elle ne laisse pas de changer par la suite, ce changement s'appelle corruption ; et on estime qu'elle a été parfaite dans le temps où elle a le plus fleuri [...] Il n'est pas malaisé, Messieurs, de tirer de tout ce que je viens de dire, une conséquence infaillible pour la beauté et la durée de notre langue[39]...

François Charpentier et l'abbé Tallemant, qui ont exercé les charges de directeur ou de secrétaire perpétuel, s'estiment tenus de défendre, avec l'acharnement des corps d'Ancien Régime, les intérêts de la Compagnie qu'ils représentent, aux dépens de ceux de la plus récente Petite Académie dont Charpentier n'est qu'un membre parmi d'autres. On voit ici poindre l'esprit de corps de l'Académie française, et, cela, au plus fort de l'absolutisme. La tactique, habile, est déjà celle que reprendra de façon impressionnante Charles Perrault, élargissant le débat sur la langue à un débat de civilisation. On combat vivement une thèse admise officiellement par le roi, mais on couvre cette attaque d'encens redoublé à l'adresse du roi. Celui-ci ne peut s'émouvoir, puisque l'idée mise en cause coexiste dans la pensée officielle avec l'idée contraire : Colbert, en créant la Petite Académie, a implicitement reconnu la vocation du latin à dire l'immortalité royale ; mais en faisant du roi le Protecteur de l'Académie française, en entrant lui-même à l'Académie, il a reconnu tout aussi bien l'excellence du français, et sa vocation particulière à célébrer la gloire du roi. Le roi ne peut même que se sentir flatté du zèle de l'Académie française qui réclame l'exclusivité, pour la langue nationale dont elle a le dépôt, de chanter ses louanges. Simple émulation entre gens de lettres sur un point politiquement indifférent. Mais sous cette apparence anodine, et même vaine, un enjeu autrement grave se dissimule. En renvoyant la langue latine — et la Petite Académie — au second rang, en identifiant l'honneur du roi à celui de la seule langue française et donc, à celui de l'Académie française, les porte-parole de ce corps littéraire travaillent à discréditer l'Antiquité. Et, avec l'Antiquité, tout l'ordre théologie-politique qui était fondé sur l'idée que les révélations, celle de la foi chrétienne et celle de la sagesse antique, avaient eu lieu *à l'origine*, et avaient pour canal privilégié la langue des doctes, le latin. L'esprit de corps académique, par cette apologétique ardente en faveur des privilèges du français, et donc des siens propres, compromet le prestige de l'humanisme érudit et même l'autorité de la théologie traditionnelle : elle fait un signe de connivence aux nouveaux maîtres de l'opinion : la société mondaine, de culture toute française et moderne, les femmes, les « honnestes gens ». L'autorité de l'Académie découlait de la mission qui lui avait été confiée par Richelieu, puis par Louis XIV relativement à la langue du royaume : au cours de cette querelle en faveur de la langue, l'Académie met en lumière que la logique de sa mission l'associe naturellement au public dont le « bien parler français » est l'une des raisons d'être et dont le « sens commun » sans mémoire tranche désormais souverainement dans tous les débats de l'esprit. Ainsi naît une alliance bien française qui, au XVIIIᵉ siècle, va rejeter dangereusement dans la périphérie l'ancienne magistrature modératrice de l'érudition littéraire.

9.

Lorsque Charles Perrault en 1687 lit à l'Académie, non sans scandale de la part de Boileau, son poème *Le Siècle de Louis de Grand* qui ouvre la querelle des Anciens et des Modernes, la cause est déjà entendue, car elle se confond avec l'esprit de corps de l'Académie.

Perrault se borne à porter à ses dernières conséquences logiques l'apologétique de la langue et de l'éloquence françaises esquissée par Le Laboureur, et reprise par Tallemant et par Charpentier. On a pu montrer sans peine que, depuis la Renaissance, la supériorité des Modernes sur les Anciens était un thème récurrent de dispute *in utramque partem* entre humanistes. Si Perrault, en ranimant cette vieille controverse, a rencontré un tel écho, ce n'est pas pour son audace philosophique. Pour la première fois la thèse polémique et scolaire des Modernes, sortant des collèges et des bibliothèques, se trouvait évoquée publiquement, sur le théâtre de l'Académie illuminé aux yeux de toute l'Europe par « le plus grand roi du monde », dans le paysage héroïque et monumental de la monarchie la plus peuplée et la plus puissante des Temps modernes. Formulée dans la langue royale, et à la gloire du roi vivant, cette thèse prenait le sens d'une véritable rédemption pour tout le public mondain et moderne qui, jusque-là, était encore intimidé par le sentiment de la propre « ignorance », et par le respect des clercs, seuls initiés aux arcanes de l'Antiquité. Perrault est allé au-devant d'un sentiment général déjà très répandu, parmi les mondains, mais à qui il manquait une formulation éloquente, du haut d'une tribune officielle, pour se transformer en certitude jubilatoire. L'Académie française elle-même, en dépit des résistances en sa propre enceinte, d'ailleurs remarquablement discrètes, d'un Boileau et d'un Huet, trouvait dans cette thèse sa plus profonde justification, face à des « corps » plus anciens et traditionnellement plus autorisés qu'elle-même, tels que le Parlement de Paris, qui, depuis la Renaissance, avait lié sa propre éloquence à l'érudition humaniste, à l'évocation des antiques précédents. La Sorbonne reste à l'écart de la querelle, qui semble circonscrite à l'ordre profane. À long terme, elle sera elle-même atteinte par le privilège accordé à l'actualité sur l'Antiquité. Les ouvrages par lesquels Perrault va amplifier sa thèse — les *Parallèles des Anciens et des Modernes*, les *Hommes illustres qui ont paru en France pendant ce siècle*[40], sont autant de prolongements du genre académique par excellence, le panégyrique et, cette fois, le panégyrique des illustres contemporains de la naissance et du développement de cette compagnie récente, moderne, qu'est l'Académie. De l'Académie française, et d'elle seule, pouvait jaillir une voix qui osât qualifier de « sans exemple », parce que « moderne », la réussite historique du royaume très chrétien, qui n'avait jamais jusqu'alors osé se situer « au centre des Temps ». Seule l'Académie avait intérêt, pour son propre prestige, à pousser jusque-là l'éloge hyperbolique de son Protecteur, de son règne tout entier, des hommes qui avaient le bonheur d'être ses sujets et ses contemporains, de parler sa langue, de participer de sa lumière. La galerie d'*Hommes illustres* rassemblée par Perrault est une étape décisive vers le panthéon des Grands Hommes modernes que le siècle des Lumières substituera ouvertement aux *Vies* de Plutarque et aux *Vies* des saints et des Docteurs. Désormais une langue vivante se sait capable de transformer sa propre actualité en immortalité glorieuse, sans recourir à la médiation d'une langue morte et de ses modèles littéraires et moraux. La « conscience française », et, bientôt, « européenne », n'a plus à faire un long voyage dans le temps : son actualité est le lieu même où peuvent et doivent éclore la vérité et la grandeur. Et cette coïncidence avec soi-même, qui semble d'abord bénéficier au seul Soleil royal, exalte d'un même mouvement l'Académie française, la société mondaine et les gens de lettres dont l'éloquence toute française est capable d'accorder à l'instant présent cette dimension d'épiphanie auparavant réservée à l'Origine[41].

Le prix à payer, à long terme, est l'évanouissement de la ténèbre sacrale qui voilait les mystères de la foi et de la sagesse, et où seuls pouvaient pénétrer les clercs initiés à la tradition savante. À court terme, et dès le règne pourtant dévot du Grand Roi, c'est la dévaluation de l'humanisme profane, des Lettres fondées sur la mémoire érudite, des lettrés qui dans la sphère du Parlement et de l'Université, cherchaient leurs modèles, leurs méthodes, la vérité, dans la leçon des Anciens.

10.

Une autre Querelle, dite des dictionnaires, va enregistrer publiquement la rupture entre l'ordre littéraire purement français, dont l'Académie est la clef de voûte, et l'ancien ordre littéraire érudit et européen fondé sur la double révélation de Platon et du Christ. Cette querelle, qui éclate en 1684, et dont Furetière, académicien depuis 1662, est la victime, éclaire remarquablement la manière dont l'institution académique, sous l'Ancien Régime, *traduit*, dramatise et tranche des disputes qui, sans elle, sans ce lieu allégorique du Parnasse royal français, seraient restées indécises.

Furetière est l'un des grands érudits du règne de Louis XIV, l'héritier d'Étienne Pasquier et de Claude Fauchet, l'ancêtre de Littré. Ce n'est pas à ce titre, cependant, qu'il avait été élu à l'Académie, mais pour son œuvre mineure de poète et de critique mondain. En 1684, au terme d'immenses recherches, il avait obtenu un privilège pour l'impression de l'œuvre de sa vie, le *Dictionnaire contenant tous les mots français tant vieux que modernes et les termes de toutes les sciences et de tous les arts*. C'était un monumental chef-d'œuvre, à la fine pointe de la recherche européenne lexicographique, linguistique et érudite. Un dangereux rival pour le *Dictionnaire de l'Académie* dont Furetière savait mieux que quiconque, pour avoir collaboré à ses travaux alors inachevés, qu'il répondait à d'autres desseins, selon d'autres principes. C'est justement sur cette différence radicale entre les deux ouvrages qu'il croyait pouvoir appuyer son droit à publier le sien. Malheureusement pour lui, le secrétaire perpétuel de l'Académie, Régnier-Desmarais, ne l'entendit pas de cette oreille, et, arguant d'un privilège exclusif obtenu par l'Académie en 1674 pour son *Dictionnaire* (Perrault s'était alors entremis), fit interdire la publication de l'ouvrage de Furetière, qui ne fut en effet publié à La Haye qu'en 1690, deux ans après la mort de l'auteur, aux acclamations unanimes de tout le monde savant de l'Europe. Bien mieux, Régnier-Desmarais fit voter par ses confrères l'exclusion de Furetière, qui, jusqu'à sa mort, se débattit à coups de factums et de pamphlets pour défendre sa cause. Avec la franchise amère de qui n'a plus rien à perdre, le grand philologue, pugnace jusqu'au bout, fit éclater un certain nombre de vérités qui, sans cet incident, seraient restées couvertes. Dépouillant les oripeaux de l'« auteur » français qu'il avait gardés sur lui jusque-là par égard pour l'Académie, il parle désormais en citoyen de la république des Lettres. Il souligne la distance incommensurable qui sépare son *Diction-naire*, véritable somme de la langue et de la culture françaises, et celui de l'Académie, qui se bornera, le jour où il sera achevé, à enregistrer le « bon usage » restreint et tout moderne de la langue des « hon-nestes gens », c'est-à-dire, selon ses propres termes, des « beaux esprits » et du « grand monde ». Un idiolecte, en somme, et même un « instantané » de celui-ci, au lieu d'un tableau exhaustif de la langue dans sa longue durée et dans toutes ses richesses, techniques et savantes autant que populaires. En dernière analyse, cette Querelle des dictionnaires rejoint celle des Anciens et des Modernes. Furetière prétend en effet que l'Académie, depuis la fin de la Fronde, s'est agrégé un grand nombre de ces « beaux esprits » superficiels et modernes que le « monde », à la mode et ignorant, aime à voir à ses pieds : l'abbé Cotin, Claude Boyer, Michel Le Clerc, l'abbé Cassagne, François et Paul Tallemant, Balles-dens, Quinault, Benserade, Charpentier, Barbier d'Aucour, et, *last but not least*, le secrétaire perpétuel, Régnier-Desmarais ! Aux yeux de Furetière, les Cor-neille, les Bossuet, les Racine, les Boileau (il exclut La Fontaine qu'il tient pour un traître) n'étaient pas à leur place dans une Compagnie dominée par les petits marquis des belles-lettres :

Enfin je puis dire hardiment que les ouvriers

qui travaillent à cet incomparable Dictionnaire savent faire des sonnets, des rondeaux, des bouts rimés, des madrigaux, et des vers de coquetterie, mais qu'ils n'ont aucune teinture des sciences et, au lieu d'y pénétrer fort avant, ils ne les ont pas seulement effleurées. Ils s'appellent gens de Belles Lettres quand ils ont lu quelques poètes français et par hasard quelques latins. Ils croient tout savoir quand ils savent les mots de leur langue nécessaires à leur vie et à leur entretien familier. Ils sont ennemis de toute érudition et donnent la chasse aux mots et aux phrases qui en contiennent quelque apparence[42].

Cette tyrannie exercée par les « beaux esprits de second ordre », portés par un « monde » étranger aux arcanes du véritable savoir, n'est pas seulement dommageable aux érudits : elle fait ombre aux « beaux esprits du premier ordre » dont le génie d'invention est à sa manière érudit, et suscite la jalousie de leurs pairs d'apparence à l'Académie : « Ce qui me fait le plus de peine, écrit Furetière au chancelier d'Aligre, c'est, Monseigneur, que je n'ai pu vous faire entendre que je n'ai point l'Académie entière pour partie, mais seulement une petite cabale de ses membres, qui sont envieux de la bonté de mon livre et confus des défectuosités du leur[43]. » Il rend en effet hommage à la « profonde érudition » de son ex-confrère Pierre-Daniel Huet, un des derniers « encyclopédistes » de la Renaissance, mais aussi à « M. Racine », qui, par contraste avec ses indignes rivaux Boyer et Le Clerc, « a honoré tant de

héros du caractère qu'il leur a donné », au grand
Bossuet, à Boileau. Le vrai savoir est fraternel du vrai
talent. L'un et l'autre, par des voies différentes et
incompréhensibles au vulgaire, se mesurent non au
succès de mode, mais en comparaison avec les
maîtres de l'Antiquité. Ce critère n'a évidemment
rien de national, ni de « moderne ». Et Furetière de
regretter que ces « esprits sublimes » eussent à l'Académie la compagnie de petits-maîtres, mais non pas
de « Du Cange, de Ménage, du Président Cousin, de
Thévenot, de Varillas, de Baillet, d'Amelot de la
Houssaye », bref des Varron et des Pline français
dont les ignorants de salon ne peuvent comprendre
la valeur. Le nom de Ménage, qui apparaît ici comme
candidat au « quarante et unième fauteuil », est particulièrement à propos. Auteur des *Origines de la langue
française* (1650), des *Observations sur la langue française*
(1675) et de tant d'autres chefs-d'œuvre qui font de
lui à la fois le Brunot et le Wartburg du XVIIe siècle, il
semblait avoir sa place désignée dans une compagnie
chargée de veiller sur la langue. De plus, il avait
réussi à rendre son immense savoir de romaniste
acceptable et souhaité, sinon compris, par la société
mondaine la plus choisie : il fut l'ami intime de Mme
de La Fayette, de Mme de Sévigné, de Mlle de Scudéry.
Évidemment, la satire intitulée *La requête des Dictionnaires à Messieurs de l'Académie pour la réformation de la
langue française* (mise en circulation, en dépit de son
auteur, en 1649) avait rendu son ironie de vrai savant
suspecte à la même « petite cabale » qui eut plus tard
raison de Furetière. Il avait osé rappeler que les
belles-lettres françaises n'étaient que des émanations
affadies des lettres antiques, dont seuls les érudits de
sa trempe détenaient les clefs :

Ils sont les Docteurs des docteurs,
Les Précepteurs des précepteurs,
Les Maîtres des maîtres de classe
Et tels, qu'on a cru savantasses
À la faveur de leurs bons mots,
Sans eux n'étaient que des sots,

. . . .

Mais sans parler ici des autres,
Vous savez que parmi les vôtres,
Les plus renommés traducteurs,
Et les plus célèbres auteurs,
Qui s'en font maintenant accroire,
Nous sont obligés de leur gloire.
Et cependant, ô temps, ô mœurs !
Ce sont eux qui, par leurs clameurs,
Aujourd'hui dans l'Académie,
Nous traitent avec infamie.
Il est pourtant véritable
Que ce qu'ils savent de la Fable
Ils l'ont appris des versions
Qu'à l'aide de nos dictions
Il fut autrefois nécessaire
De leur faire en langue vulgaire[44].

C'était impardonnable. Mais même si Ménage s'était mieux contrôlé, il n'aurait pas eu sa place dans une institution qui s'était édifiée en quelque sorte *contre* la république des Lettres savantes, et au service des seules lettres de la cour de France. L'évolution de la Petite Académie en Académie des inscriptions et belles-lettres fera au XVIIIe siècle ouvrir les portes de celle-ci à des hommes de sa trempe et de son

savoir. Sous Louis XIV, seul le titre d'évêque pouvait
faire pardonner à Bossuet, à Fénelon, à Huet leur
érudition supérieure. Au XVIIIᵉ siècle, ce sera leur
titre épiscopal que les prélats « philosophes » s'effor-
ceront de faire oublier pour pouvoir entrer à l'Académie. Il faut aussi admettre que seuls les genres
accessibles à tous les « honnestes gens », et où ils
excellèrent, firent excuser un Racine, un Boileau, un
La Fontaine, un La Bruyère, pour tout ce qu'ils
devaient à la méditation de la tradition littéraire
antique et européenne, à leur formation solide et
même savante.

Les protestations de Furetière ne changent rien —
et ne changeront rien, surtout lorsque l'Académie
des inscriptions aura pris sa physionomie définitive
— au fait que l'Académie française, injustement
peut-être, détient désormais les clefs de la littérature
nationale : le critère de ses choix relève d'une opinion à la fois officielle et mondaine ne coïncidant
plus avec le savoir spécialisé d'une infime minorité
d'érudits, de France ou d'Europe. Jamais sans doute
cette convention n'aura été plus scrupuleusement et
continûment illustrée que par la « petite cabale » qui,
sous Louis XIV, est chez elle à l'Académie, et qui en
nourrit la surabondante production de panégyriques
à la gloire du monarque. Dans son *Essai sur les éloges*
(1773), œuvre charnière sur laquelle nous allons
revenir, l'académicien Antoine-Léonard Thomas
écrira du « siècle de Louis le Grand » :

> On l'appellerait avec autant de vérité le siècle
> des éloges. Jamais on ne loua tant : ce fut pour
> ainsi dire la maladie de la nation. [...] Louis XIV

a été plus loué pendant son règne que tous les rois ensemble pendant douze siècles. [...] Ce fut une ivresse de quarante ans. Le style avait pris partout un je ne sais quel ton de panégyrique [Thomas montre que la satire, la tragédie, l'épopée, les comédies ballets, la fable elle-même se rattachent alors plus ou moins au genre central]. Enfin on peut y joindre cette foule de compliments et de panégyriques prononcés devant l'Académie française qui fut, pendant soixante ans, une espèce de temple consacré à ce culte[45].

Dans cet extraordinaire chœur d'éloges au Protecteur de la Compagnie, et dont les harmonieuses partitions dorment aujourd'hui dans les épais *Recueils de harangues* de l'Académie, même les « savants » et les « esprits sublimes », épargnés dans les pamphlets de Furetière, tiennent leur partie. Leurs lieux communs découlent de la nature de la langue telle que la conçoit, après Vaugelas, le *Dictionnaire de l'Académie*. Ils sont comme elle le commun dénominateur des sujets de Louis XIV, ils traduisent dans les mots français des « honnestes gens » et adaptent à la gloire contemporaine du roi de France les antiques poncifs du panégyrique princier : polis, et comme patinés par le temps, mais ravivés par la langue des Modernes, ils prennent dans l'éloquence académique l'éclat pompeux et apaisant des *Concerti grossi* de Haendel. Le *Siècle de Louis le Grand* de Perrault n'est qu'une version, plus *vivace*, de ce perpétuel *largo maestoso*. Ces éloges fixent un long moment d'unanimité nationale autour du roi et des notions communes qui se résument dans sa divine légitimité. L'Académie chante la louange du roi, mais c'est aussi elle-même qu'elle reconnaît en lui. En 1671, le jésuite Bouhours avait pu écrire de Louis XIV : « Enfin, pour tout dire en un mot, il parle si bien que son langage peut donner une véritable idée de la perfection de notre langue[46]. » Désormais, l'épiphanie de la parole royale va se multiplier dans les éloges académiques. Citons l'abbé Tallemant qui, en 1673, dira à ses confrères :

> Comme c'est principalement à la pureté de la langue que s'applique cette Compagnie, l'éloquence naturelle de Louis, l'heureuse facilité qu'il a à s'expliquer, le choix et la pureté des paroles dont il se sert, et ce charme inexplicable qu'il répand dans toutes les choses qu'il dit l'ont fait à juste titre Protecteur de l'Académie[47].

Sous la généralité incontestable du propos, perce l'esprit de corps : premier « honneste homme » de France, archétype de l'académicien, le roi apparaît ici également comme le représentant le plus éminent du public dont l'Académie a pris la tête, le public « central » du royaume, qui rejette les « pédants » dans sa périphérie : le « monde » des « honnestes gens ».

Les chefs-d'œuvre de Molière, Racine, Boileau, La Fontaine peuvent sembler à bon droit échapper à la généralité monotone de l'éloquence académique, et se rattacher à une vérité plus essentielle, plus universelle. Par une autre voie, ils participent de la même recherche de ce qui est unanimement acceptable par les « honnestes gens », de ce qui les réunit. Et Port-

Royal même, le bien nommé, est guidé, suivant
encore d'autres principes, par le même souci : nul ne
l'a mieux formulé que Pascal, dans un texte où pourtant il se sépare de l'enflure tout extérieure et de
l'unanimité pompeuse qui caractérisent l'encomias-
tique académique :

> Rien n'est plus commun que les bonnes
> choses : il n'est question que de les discerner, et
> il est certain qu'elles sont toutes naturelles et à
> notre portée, et même connues de tout le
> monde. Mais on ne sait pas les distinguer. Ceci
> est universel. Ce n'est pas dans les choses extra-
> ordinaires et bizarres que l'on trouve l'excel-
> lence en quelque genre que ce soit. On s'élève
> pour y arriver, et on s'en éloigne : il faut le plus
> souvent s'abaisser. Les meilleurs livres sont ceux
> que ceux qui les lisent croient qu'ils auraient pu
> faire. La nature seule est bonne, est toute fami-
> lière et commune. [...] Il ne faut pas se guinder
> l'esprit : les manières tendues et pénibles le
> remplissent d'une sotte présomption par une
> élévation étrangère et par une enflure vaine et
> ridicule, au lieu d'une nourriture solide et
> vigoureuse. Et l'une des raisons principales qui
> éloignent autant ceux qui entrent dans ces
> connaissances du véritable chemin qu'ils
> doivent suivre est l'imagination qu'on prend
> d'abord que les bonnes choses sont inacces-
> sibles, en leur donnant le nom de grandes, éle-
> vées, sublimes. Cela perd tout. Je voudrais les
> nommer basses, communes, familières, ces
> noms-là leur conviennent mieux. Je hais ces
> mots d'enflure[48].

Sainte-Beuve fera de cette sagesse de Port-Royal un des principes de sa critique d'académicien, une des fondations de son idée de la littérature : chemin ouvert à tous, mais caché aux chercheurs d'extra-ordinaire et de bizarre, vers la vérité morale qui est le bien commun de tous, sous une forme heureuse et pour cela même reconnue de tous. Sous l'encens de l'Académie classique, il faut savoir estimer ce goût invincible du sens commun, que le roi Louis XIV, dans son ordre, possédait lui-même au suprême degré.

11.

Le sens commun n'est pas la raison du métaphysi-cien. Il prend appui, avant de la vérifier, sur l'opi-nion moyenne généralement admise par une société, en vertu de ses traditions mais aussi des cir-constances, de la conjoncture des esprits. La fonction de la cour, de la société de cour au XVIIᵉ siècle, est régulatrice du sens commun du royaume, et des notions généralement partagées dont il se nourrit. Et l'Académie, dépositaire du sens commun de la langue du royaume, vérificatrice de l'usage de cour, le devient aussi de ces lieux communs qui font en principe l'unanimité du royaume. La Querelle des Anciens et des Modernes a fait apparaître cette fonc-tion non écrite de l'Académie. À la faveur de la Querelle dont l'Académie est le théâtre, l'opinion commune adopta et l'enthousiasme des Modernes et leur ironie à l'égard de l'autorité des Anciens. La victoire des Modernes crée les conditions d'une réception aisée pour la philosophie des Lumières : celle-ci suppose en effet que tout a commencé non dans l'Antiquité, ni à plus forte raison à la Renaissance, mais au siècle de Louis le Grand. Voltaire peut devenir « roi » là où Perrault et Fontenelle ont fait de Louis XIV et de son « siècle » l'origine du progrès des Arts et des Lettres. Ce glissement des présupposés généralement admis s'accélère et se répand au cours du XVIIIe siècle. Et là encore, c'est à l'Académie française qu'il va revenir de l'enregistrer, de le stabiliser, de lui donner le caractère canonique et respectable qu'elle était seule à pouvoir communiquer à ces nouveautés. Dans leur combat contre les vieilles certitudes véhiculées par l'Église, la Sorbonne, les collèges, les encyclopédistes ont très bien perçu cette fonction légitimatrice de l'Académie. Ils vont s'employer à faire d'elle dans la seconde moitié du siècle la traductrice officielle de leurs propres vues en notions communes généralement admises. La société mondaine, dont le centre de gravité est passé de la Cour à la Ville, accompagne volontiers ce déplacement du sens commun ; elle fera fête à une Académie transformée en Sacré Collège de l'*Encyclopédie*.

Ce déplacement sera d'autant plus insensible et irrésistible au XVIIIe siècle qu'il intervient dans un contexte de classicisme remarquablement unanime et paisible : de J.-B. Rousseau à Delille, de Fontenelle à Chamfort, l'art poétique profane fixé sous Louis XIV par Boileau demeure, avec des variantes modérées, la norme littéraire du siècle. C'est justement parce que cette norme *va de soi* que l'Académie qui en est la garante suprême, et qui a été assez

prudente pour ne jamais la formuler explicitement,
n'a pas besoin de la réaffirmer. On s'indigne de sa
paresse, de son inutilité. Elle se borne en effet, mais
c'est un effet massif, à garantir ce qui n'est pas remis
en question : la primauté des belles-lettres, en facteur
commun de tous les ordres spécialisés du savoir. Le
combat entre « philosophes » et « dévots » interdit à
ceux-ci de recourir à d'autres formes que celles
reconnues par l'Académie : le peu de théologie dont
les dévots peuvent faire état doit lui-même emprunter l'expression littéraire, et Montesquieu lui-même
doit faire « de l'esprit sur les lois ». La force des
philosophes, et la relative aisance avec laquelle ils
firent passer l'autorité académique de leur côté, est
due pour une bonne part à leur fidélité sincère —
Diderot et Rousseau exceptés — à la grammaire, à la
poétique et à la rhétorique nationales dont l'Académie détenait la loi non écrite. Cette loi, toute profane, ne les gênait pas. Elle jouait en revanche contre
la foi savante de l'Église, en conformité avec le principe même énoncé par Boileau, et dont il ne mesu-
rait pas toutes les conséquences :

> *De la foi du chrétien les mystères terribles*
> *D'ornements égayés ne sont pas susceptibles.*

Les règles du jeu sont donc admises par tous, mais
elles sont favorables aux gens de lettres et défavo-
rables à la Sorbonne, voire à l'Église en général dont
les meilleures têtes tournent aux belles-lettres et à la
mondanité « moderne ». L'enjeu est l'opinion française. La Cour arbitre et oscille. L'Académie est une
pièce maîtresse du jeu : elle détient la légitimité

royale des belles-lettres, elle est à même de consacrer une *doxa*, et elle constitue un corps qui, si lié soit-il par ses origines et sa tradition, à la Cour, jouit de l'indépendance réelle des corps d'Ancien Régime. Entre la Cour et la Ville, elle finit par rallier invinciblement la Ville, et fronder la Cour.

La géographie favorise cette évolution. L'Académie, installée commodément au Louvre par Colbert en 1672, a pu désormais ouvrir ses séances solennelles au public ; elle n'a pas suivi la Cour à Versailles, ni en 1682, lorsque Louis XIV s'y installe à demeure, ni à la fin de la Régence, quand Louis XV y revient. Elle a eu le temps de devenir un des « lieux » de rendez-vous de la Ville, un de ses pôles d'attraction les plus courus. Les salons et les cénacles parisiens, qui font et défont les réputations littéraires, pèsent d'un poids croissant sur les élections, objets inépuisables de la médisance et de la curiosité. Les grandes maîtresses de maison n'ont pas, d'ailleurs, faute d'anoblissement possible des gens de lettres — erreur majeure de la Cour —, d'autre moyen de faire consacrer leurs « vedettes ». Mme de Lambert, Mme de Tencin, Mme du Deffand, Mme Geoffrin, Mme Necker, Mlle de Lespinasse, efficaces « agents littéraires », sont tout naturellement « grandes électrices ». Elles jouent au plus fin avec la Cour où elles ont, d'ailleurs, leurs alliés, et qui s'incline, après parfois quelques manifestations d'humeur, devant leurs choix. Le succès même de l'osmose souhaitée par Richelieu et Louis XIV entre les mœurs, les manières, les goûts de la Cour et ceux de la Ville, osmose dont l'Académie a été l'un des canaux, a réussi au point que la Ville dicte sa loi à la Cour, et se fait l'interprète d'une opinion publique frondeuse dont l'Académie française, parisienne, doit tenir compte.

12.

Ce renversement de front prit du temps. Jusqu'à l'élection de Voltaire, et surtout celle de Duclos, l'année suivante, en 1747, l'Académie dans l'ensemble reste un organe de cour : prélats, grands seigneurs, grands commis de l'État s'y pressent, aux dépens des gens de lettres. Le cardinal Fleury veille jalousement à son orthodoxie religieuse, et l'abbé d'Olivet[49] interprète l'esprit de corps dans le sens d'une fidélité étroite au classicisme dévot à la Bossuet. Le culte de Louis XIV, célébré chaque année lors de la messe de Saint-Louis, et lors de la lecture du prix Clermont-Tonnerre de poésie fondé en 1701, porte la marque pieuse de la fin du grand règne. Le Régent lui-même ne put s'opposer à l'exclusion de l'abbé de Saint-Pierre, coupable dans sa *Polysynodie* de crime de lèse-majesté solaire[50]. Aussi Montesquieu (*Lettres persanes*, 1721) et Voltaire (*Lettres philosophiques*, 1734) persiflent-ils une institution qu'ils jugent figée, mais dont l'autorité latente vient justement de ce qu'elle perpétue la doctrine monarchique et catholique du règne de Louis le Grand. Chef-d'œuvre de Mme de Lambert, l'élection de Montesquieu en 1727, chef-d'œuvre de Mme de Tencin, celle de Marivaux en 1742 n'entamèrent guère la ligne de conduite de l'institution. Et pour être élu en 1746, après deux échecs en 1731 et 1743, Voltaire dut se livrer à des capucinades qui ne lui coûtèrent guère, qui ne trompèrent personne, mais sans lesquelles l'appui de Mme de Pompadour et du marquis d'Argenson serait demeuré sans effet. Cette fois, cependant, l'Académie du XVIIe siècle touchait à sa fin. Quand Duclos devint secrétaire perpétuel, en 1755, ce fut la confirmation d'un *aggiornamento* qui déjà s'accélérait. La Cour réagit, mais trop tard. L'esprit de corps joue désormais contre elle et contre l'Église. Le 10 mars 1760, Le Franc de Pompignan prononce son discours de réception. Il se livre à une violente mercuriale contre l'esprit philosophique et, à mots à peine couverts, contre Voltaire qui, entre-temps, est devenu l'auteur du *Siècle de Louis XIV*! Il somme l'Académie de rentrer dans le respect du trône et de l'autel. Aussitôt, une série de plaquettes meurtrières, émanant de Ferney, mais aussi de l'abbé Morellet, le « théologien de l'*Encyclopédie* », viennent jeter le ridicule et l'odieux sur l'agent de Versailles. Celui-ci crut pouvoir compter sur le succès du scandale remporté par la comédie de Palissot, *Les Philosophes*, opportunément représentée en mai au Théâtre-Français. Morellet déjoua le péril en publiant le pamphlet *La Vision de Palissot* qui le conduisit à la Bastille, mais qui mit les rieurs de la Ville, entraînant ceux de la Cour, du côté de l'*Encyclopédie*. Pompignan, fin mai, publie un *Mémoire justificatif* adressé au roi, et qui le sollicite d'épurer l'Académie. En juin, Voltaire monte en première ligne : il lance trois satires : *Le Pauvre Diable, Le Russe à Paris*, et *La Vanité*, qui écrasent Pompignan, réduit à se retirer dans son Sud-Ouest d'où il n'osa jamais revenir siéger à l'Académie. La partie avait été rude, mais la victoire cette fois fut complète. Duclos, dont l'influence à l'Académie était grande dès avant 1755, va contribuer avec l'aide des salons, à l'élection d'une majorité d'encyclopédistes.

Désormais, l'Académie heureuse en corps de se sentir portée par l'opinion, rajeunie par un afflux de talents incontestés, jouit de ce qu'elle nomme elle-même sa « liberté ».

Si bien que, après 1760, la nouvelle doctrine symbolisée et enregistrée par l'*Encyclopédie* devient, par la légitimation qu'elle reçoit de la majorité « philosophique » de l'Académie, l'axe même du sens commun français. Tout ce qui s'en écarte s'expose à être fustigé du même rire dont Molière avait frappé tout ce qui s'écartait de la doctrine généralement acceptée par les « honnestes gens » de la cour de Louis XIV. Et inversement, pour s'être mise, selon l'expression de Sainte-Beuve, « de niveau avec l'opinion littéraire extérieure », l'Académie avait cru gagner une vitalité et un éclat comparables à ceux dont elle avait joui aux moments les plus radieux du grand règne. C'était l'illusion de Pyrrhus.

13.

Telle est cette euphorie que les genres académiques eux-mêmes en paraissent rafraîchis. L'oreille enthousiaste du public leur est rendue, ou donnée. Maupeou sous Louis XV, Maurepas sous Louis XVI, irrités de cette indépendance imprévue par Richelieu, songeront à supprimer l'Académie, ou à la fondre avec l'Académie des inscriptions. Cette emprise sur le public parisien, qu'on lui reprochait, la protégea ; ainsi, d'ailleurs, que la prudence et le respect que l'Ancien Régime libéral garda toujours vis-à-vis de ses « corps » récalcitrants. Objet des intrigues de salons parisiens, récompense de leurs vedettes littéraires, l'Académie se découvre alors une vocation pour l'éloquence du forum, bannie de la monarchie comme contraire à son principe. À l'encens de cour et de chapelle royale qui avait été sa règle jusqu'en 1755, succède maintenant une éloquence civique, à parfum de fronde, qui fait des séances solennelles de l'Académie des événements politico-mondains. Les discours de réception, ranimés par l'enthousiasme philosophique, soulèvent à leur tour celui du public. Les éloges annuels pour la messe de Saint-Louis, dans la bouche d'abbés académiciens ralliés aux idées nouvelles, appellent eux-mêmes les sourires complices et les applaudissements du public déniaisé. Le prix d'éloquence, fondé par Guez de Balzac dans un esprit de contrition dévote, le prix Clermont-Tonnerre de poésie, fondé pour célébrer Louis XIV le Très Chrétien, sont refondus par Duclos en 1759, et font désormais porter le concours sur l'éloge tout profane et civique des « hommes célèbres de la nation[51] ». Antoine-Léonard Thomas, le premier à remporter le prix, fixa les règles et le style du genre nouveau qu'on peut qualifier d'homélie philosophique. Il fut le lauréat fort applaudi encore plusieurs années consécutives, et cela le conduisit comme de juste à l'Académie en 1767. La nouveauté du style déclamatoire de Thomas, qui enchanta d'abord Voltaire et tout le parti philosophique, était très relative. Elle répondait en fait à la nostalgie très ancienne de l'humanisme fran-

14.

Il n'est pas surprenant que l'Académie ait connu
une de ses périodes les plus fastes sous la conduite
d'un secrétaire perpétuel aussi ferme sur les intérêts
de son « corps » qu'averti des tendances les plus
vivaces de son temps et de son pays. Son successeur,
d'Alembert, était d'un tempérament moins heureux,
et avait un sens moins serein de ses fonctions. C'était
à prévoir à la seule lecture de son *Essai sur la Société
des gens de lettres et les Grands* (1751), où l'affectation
de brièveté stoïcienne à la Tacite exsude le fiel de
l'esprit de ressentiment et de parti. D'Alembert s'y
présente ambitieusement lui-même comme un « écrivain sans manège, sans intrigue, sans appui, et par
conséquent sans espérance, mais aussi sans soins et
sans désirs ». Cette figure de modestie excessive est
déjà alarmante. Les lieux communs tournés à l'aigre
que ce parangon de droiture dévide ensuite
confirment cette première impression néfaste. Pré-
tendant que le but de Richelieu, en fondant l'Académie, avait été d'établir un modèle d'*égalité*, l'Académicien appelle à la solidarité de parti ou de secte
entre « gens de lettres » : « Heureux au moins,
écrit-il, les gens de lettres s'ils reconnaissent enfin
que le moyen le plus sûr de se faire respecter est de
vivre unis et presque renfermés entre eux : que par
cette union ils parviendront sans peine à donner la
loi au reste de la nation sur les matières de goût et de
philosophie[55]. » En 1753, un an avant son élection à
l'Académie, il écrivait à Mme du Deffand, alors sa
fervente protectrice :

Voilà comme il faut traiter ces gens-là. On
n'est point de l'Académie mais on est quaker, et
on passe le chapeau sur la tête devant l'Académie et devant ceux qui en font être[56].

Il n'en fut pas moins élu, et même, en dépit d'une
résistance de pur principe de la part de la Cour, il
devint à son tour secrétaire perpétuel en succession
de Duclos, en 1771.

Avec de telles vues, il n'est pas surprenant que
d'Alembert ait tendu à faire de l'Académie brillante
et respectée, qu'il héritait de Duclos, la première des
« sociétés de pensée » dont Augustin Cochin a
dénoncé le rôle dans la préparation de la tragédie
révolutionnaire. Reniant la fonction de médiation
centrale que lui avait rendue Duclos, l'Académie selon
d'Alembert se « renferme » sur l'esprit encyclopé-
diste, desséché en esprit partisan. Sénac de Meilhan,
dans son essai *Du gouvernement des mœurs et des conditions en France avant la Révolution* (1814), a pu écrire
sans excès qu'après la mort de Voltaire d'Alembert
tint en France le « sceptre de la littérature », qu'il
devint « dictateur des Lettres » justement parce qu'il
« disposait de toutes les places à l'Académie ». Donnant le ton des séances publiques, il les transforme
par sa voix en tribune d'un nouveau Juvénal. Même
Voltaire, avant sa mort, s'inquiéta de ce tour agressif
donné à une conquête qu'il eût préférée plus paisible et plus magnanime. Pourtant, nul plus que
l'auteur du *Dictionnaire philosophique* n'avait travaillé à
assurer le triomphe définitif des « philosophes » à
l'Académie, et n'avait mieux veillé à ce que celle-ci,

fer de lance du combat contre l'Infâme, apparût sans
faille comme l'antithèse de la Sorbonne. Entre autres
témoignages de cette vigilance, on peut citer la lettre
que, de Ferney, il envoya à Palissot le 13 février 1767 :

> Quel dommage, ai-je dit, qu'un homme qui
> pense et qui écrit si bien se soit fait des ennemis
> irréconciliables de gens d'un extrême mérite,
> qui pensent et qui écrivent comme lui. Si vous
> aviez tourné vos talents d'un autre côté, j'aurais
> eu le plaisir de vous avoir avant ma mort pour
> confrère à l'Académie française[57].

Et Palissot de répondre, un peu plus tard :

> Je ne serai point de l'Académie française, je le
> crois, mais si je mérite d'en être, c'est tant pis
> pour elle ; et les regrets obligeants que vous
> voulez bien me témoigner pour cette petite dis-
> grâce sont plus que suffisants pour m'en conso-
> ler[58].

C'est donc à bon droit que l'Académie fit à Voltaire, le jour même de son apothéose à la Comédie-
Française, une réception de pontife. Mais, justement,
Voltaire se comporta alors en pontife, et non en chef
de parti. Héritier légitime de Boileau et de Racine —
d'Alembert, qui l'accueillait, le proclama supérieur à
ces deux maîtres d'autrefois —, il se révéla alors,
dans un ultime et admirable sursaut de vitalité, pour
ce qu'il était et avait au fond toujours été : l'incarnation de l'esprit académique français sous sa forme la
plus spirituelle, la plus entraînante, la plus rayon-

nante. Il voulut, quoique mourant, mettre à exé-
cution son vieux projet de refonte du *Dictionnaire de
l'Académie*, pressant ses confrères, distribuant des
lettres, n'hésitant pas à prendre pour lui la lettre *A* !
Il mourut le 30 mai, et son projet fut enterré avec lui.
Celui-ci était d'ailleurs contraire à la tradition de
Vaugelas : il établissait les écrivains en arbitres de la
langue, alors que, pour Vaugelas, l'usage oral du
grand monde était la règle d'or, corroborée par une
Académie où les « auteurs » n'avaient qu'une voix
consultative. Reste que, dans cet élan ultime et quasi
testamentaire d'amour pour la langue, Voltaire mani-
festait sa vocation pour ce qui réunit : à la catholicité
de l'Église, il n'avait cessé d'opposer une catholicité
des Lumières, et c'est à elle, autour d'elle, qu'il
appela l'Académie par un suprême *Sursum corda*.
C'était une belle utopie. Le siècle d'or de l'*Encyclopédie* s'éteignait avec lui. D'Alembert se chargea de
parachever la mutation de la mystique en politique.
L'élan retombé sous sa férule sectaire, seule la querelle musicale des gluckistes et des puccinistes sem-
bla amuser l'Académie dans les années qui précé-
dèrent la Révolution.

15.

Les Lumières avaient opposé leur Église philosophique à l'Église des ténèbres, et l'Académie française avait, soleil d'un réseau d'académies qui s'était
répandu en France et en Europe[59], fini par servir de
sacré collège à la Raison en marche. Que l'Ancien
Régime ait pu laisser une de ses institutions de cour

devenir l'autorité garantissant la métamorphose des
« gens de lettres » en militants de sa propre réforme
donne la mesure moins de son aveuglement que de
sa modération. Le décret de la Convention du 8 août
1793, qui fit disparaître d'un coup toute la constellation des académies d'Ancien Régime, fait mieux
comprendre rétrospectivement la nature de cette
modération. Richelieu avait pu nourrir l'intention
d'attacher par la vanité les gens de lettres à l'État : il
avait dû pour les honorer recourir au vieux moule
corporatif de l'ancienne France, que les critiques de
Jean Bodin, dès le XVIe siècle, n'avaient pas suffi à
périmer. Après la mort de son fondateur, le « corps
littéraire » de l'Académie développa un esprit
propre, que la collégialité et l'inamovibilité de ses
membres mettaient à l'abri des atteintes de la Cour.
L'Académie conquise peu à peu à l'éloquence des
Lumières devint ainsi une pièce de plus dans le
fragile et complexe « équilibre des pouvoirs » qui
limitait, et même ligotait, l'exercice de la puissance
publique dans la vieille monarchie. Et c'est justement
à ce genre de « corps » intermédiaires, respectés si
soigneusement par le gouvernement royal, que la
Révolution s'est attaquée sans retard. La Consti-
tuante abolit tous les grands corps qui détenaient
une parcelle de pouvoir politique : parlements, états
provinciaux, assemblées du clergé. La Convention
abolit le reste : congrégations ecclésiastiques, universités et collèges, corporations de métiers. Les académies subirent le même sort. Cette logique était celle
de la foi des Lumières dans un droit naturel qui, ne
connaissant que des individus « libres et égaux en
droit », et une volonté générale qui est leur seul lieu

commun, illégitimise les médiations qui s'inter-
posent entre la subjectivité des uns et l'objectivité de
l'autre. Les académies relevaient justement d'un
autre droit, médiéval, coutumier, catholique, qui
voyait dans la monarchie, à l'image de l'Église la
somme de « corps » particuliers dont l'identité collégiale, les privilèges, la finalité s'étaient peu à
peu révélés dans le temps, et dans chaque particulier
la somme de ses appartenances à ces « corps »,
« ordres », « collèges », « congrégations », « corporations » qui lui donnaient une forme et un « état »
dans l'État. En militant pour les réformes, en posant
à la Contre-Église, la philosophie des Lumières n'en
était pas moins entrée dans ce moule, et en conquérant l'Académie, elle avait par là même accepté la
règle du jeu. L'homme de lettres « philosophe » du
XVIIIe siècle, à commencer par Voltaire, tire de l'Académie la certitude qu'il a un « état » dans la société
réelle, ne serait-ce que par devoir de la réfléchir et
réformer. On ne le lui conteste pas. Si bien que, pour
avoir fait de l'Académie son Sacré Collège, l'Église
des Lumières reste en quelque manière « catholique » : elle est ancrée dans une cité terrestre, qui
porte la marque du péché des siècles obscurs, et elle
travaille à la transfigurer en cité céleste de la Raison.
Mais dans cet entre-deux, qu'aucune hâte apocalyp-
tique ne tourmente, ses clercs ont une fonction régénératrice à proprement parler universelle, et cela les
installe dans un vif sentiment d'appartenance, et
d'appartenance heureuse.

Rousseau introduit l'hérésie dans cette Contre-
Église qui, à tant d'égards, était fille de la Contre-
Réforme : pour ce piétiste, toute médiation entre le

cœur et son Dieu, tout compromis attentiste ou
diplomatique avec ce qui fait obstacle à la pureté du
droit naturel, toute limite qui retient l'expansion
infinie de son moi intime, témoin unique de l'état de
grâce originel, tous ces détours relèvent du Mal.
Seule aurait le droit de se faire obéir et respecter
perinde ac cadaver une utopique Volonté générale,
fruit d'un contrat entre cœurs révélés à eux-mêmes
tels que le sien. Tout le subjectivisme littéraire de
l'artiste du XIXe siècle, du René de Chateaubriand au
Ménalque de Gide, relève de l'hérésie rousseauiste,
que les héritiers des Lumières combattront souvent
avec plus de conviction que les héritiers du *Génie du
christianisme*. La ligne de partage se situe entre
migrants du réel, et tous ceux qui, réactionnaires ou
progressistes, travaillent d'abord à honorer le donné
historique, une société qui a sa réalité propre et
présente, perfectible tantôt sur d'anciens modèles,
tantôt sur des modèles meilleurs, mais où, en attendant, il est possible de prendre forme, figure, état.
L'hérésie romantique et ses innombrables sectes vont
s'efforcer de faire de la littérature — et des arts — le
« bateau ivre » où s'embarquent les purs, les exilés,
les maudits, coupant leurs amarres avec la société
établie. L'Académie française va retrouver, dans ce
contexte nouveau, une fonction symbolique plus
exposée, plus dramatique que sous l'Ancien Régime :
car, cette fois, c'est le principe même d'une place
naturelle de la littérature au centre de la société qui
est violemment mis en doute, et au nom même d'une
littérature plus pure, dégagée de sa gangue char-
nelle, initiatrice d'un autre royaume. Rétabli de fait
par le Consulat et l'Empire, rendu à sa prééminence

et à son titre ancien par la Restauration, le « corps littéraire » que la Convention avait aboli va demeurer jusqu'à nos jours tantôt le temple où se célèbre la grand-messe de la dernière religion nationale, tantôt le lieu spectral où les Lettres, asservies à leurs bourreaux, sacrifient au culte impie des honneurs, de la vanité, du mensonge. La haine pathologique que les frères Goncourt répandront sur le Vatican et Saint-Pierre de Rome, dans leur roman *Madame Gervaisais* (1869), est exactement du même ordre que celle qu'ils déversent, dans leur *Journal*, sur l'Académie française et sur son pape littéraire, Sainte-Beuve. Parallèle au drame politique du XIXᵉ siècle, et le réfléchissant en profondeur, le drame littéraire du siècle ne peut se comprendre sans cette figure du Père sourdement obsédante, l'Académie française. Barbey d'Aurevilly est l'interprète de toute la révolte romantique lorsqu'il écrit en 1863 :

> Il est bon que la jeunesse prenne le dégoût des Académies et de leur esprit ; en voyant comme elles ratatinent le talent des hommes de talent[60].

Il pensait aussi à l'Académie des beaux-arts, dont les historiens de l'art savent le rôle central qu'elle a joué à la fois dans le maintien d'une haute tradition de métier, et dans l'acharnement inspiré des « refusés » à inventer pour l'Art une autre légitimité. Le rôle de l'Académie française, moins visible, moins immédiatement saisissable, n'a pas été moindre dans la sociopsychologie littéraire de la France au XIXᵉ siècle.

16.

L'abolition des académies, le 8 août 1793, sur rapport de l'abbé Grégoire, avait été précédée par une polémique dont l'enjeu était principalement l'Académie française, la plus ancienne, la plus exposée par sa composition aux sophismes de l'esprit de géométrie et aux violences du ressentiment. Dès 1791, Chamfort, qui avait pourtant été lauréat, puis membre de l'Académie, publia une diatribe où il concluait à sa suppression pour inutilité. L'abbé Morellet, lui-même adepte des Lumières, mais très attaché à la compagnie qui l'avait élu, répliqua à son confrère, mais dans une plaquette quasi clandestine, distribuée parcimonieusement à quelques amis sûrs, ou vendue sous le manteau. C'est encore l'abbé Morellet, l'ex-« théologien de l'*Encyclopédie* », qui, sauvant les archives de l'Académie du vandalisme révolutionnaire, fut avec son confrère Suard l'artisan inlassable, une fois la Convention dissoute, de la lente et difficile réapparition de l'Académie française[61].

Celle-ci, par ses attaches d'origine avec la Cour, la haute noblesse et la haute Église, était la plus « ci-devant » de toutes. Mais la constellation d'académies créée peu à peu autour d'elle par l'Ancien Régime apparut intolérable à la raison encyclopédique sitôt qu'elle eut appris la hâte, à la faveur des premiers événements révolutionnaires. Pour remplacer cette famille guillotinée, Talleyrand et Condorcet conçurent de beaux programmes d'Instruction publique, dont l'édifice devait être couronné par un Institut national où toutes les recherches seraient coordonnées et progresseraient de concert[62]. Cet organe nouveau, dont la Convention avait entériné par deux fois le principe, fut enfin créé par un décret du Directoire le 25 octobre 1795[63]. Des trois classes de l'Institut — Sciences physiques et mathématiques, Sciences morales et politiques, Littérature et Beaux-Arts —, seule la première correspondait à l'une des anciennes Académies, celle des sciences. Les ci-devant « gens de lettres », qui avaient dû leur lustre d'Ancien Régime à l'Académie française, et qui avaient tant fait pour préparer les esprits au règne de la Raison, se retrouvaient dans l'institution nouvelle réduits à une portion très incongrue : seules deux sections de la « troisième classe », soit douze membres, sur les cent quarante que comptait l'Institut, étaient en mesure de recueillir, sous le nom de « grammaire et poésie », les restes des belles-lettres. Bien peu de chose, à vrai dire, puisque le mode de recrutement prévu était l'élection par l'assemblée générale, toutes « classes » et toutes « sections » confondues. Au lieu du « corps » illustre, où ils traitaient de confrère à confrère avec ducs, maréchaux et cardinaux, les gens de lettres survivants se voyaient, perdus dans la masse, traités comme les autres employés de l'État, à qui était alloué un traitement « qui puisse également convenir à la modestie du vrai savant et avec la sévère économie du gouvernement républicain ». C'en était bien fini des privilèges de cour dont avait joui l'Académie française. Rentrés dans le rang, les gens de lettres devaient eux aussi, selon l'expression de Daunou, s'avancer vers le

« centre commun » auquel devait conduire « par une pente naturelle et nécessaire tout ce que chaque année voit éclore de grand, de fertile et de beau sur le sol fertile de la France[64] ». Cette encyclopédie en marche fut néanmoins profondément remaniée en 1803 par le Consulat. La classe des Sciences morales et politiques, qui rassemblait tous ceux que Bonaparte appelait avec mépris les Idéologues, fut supprimée : deux classes nouvelles, Langue et Littérature françaises, Histoire et Littératures anciennes, reconstituèrent sans le dire l'Académie française et l'Académie des inscriptions. L'institution des secrétaires perpétuels réapparaissait. L'élection devait avoir lieu par classe, et non par tête. S'il est vrai que ces remaniements successifs et autoritaires pouvaient faire craindre pour l'Institut un avenir d'incessantes « réformes », au gré de régimes politiques successifs, cette restauration napoléonienne limitait d'avance le péril en créant les conditions de renaissance d'un « esprit de corps », capable à long terme de ne pas céder aux caprices administratifs et politiques. Par ailleurs, les belles-lettres et les hautes études érudites, qui avaient connu un âge d'or sous l'Ancien Régime et qui étaient liées à la politesse de ses mœurs, retrouvaient une place que le Directoire leur avait déniée. Une des sources de leur recrutement était néanmoins, et définitivement, tarie : les ecclésiastiques, privés désormais et de la formation qu'ils devaient à l'ancienne université et des bénéfices en tout genre qui leur avaient, sous l'Ancien Régime, garanti les loisirs et l'indépendance matérielle indispensable aux travaux de l'esprit.

Dès 1801, le Premier consul, très fier d'appartenir

à la première classe de l'Institut, avait fait pourvoir ses confrères d'un costume officiel dessiné par David, le fameux « habit vert » orné de feuillage d'olivier brodé : sauf modifications mineures, il n'a plus cessé depuis de manifester la magistrature académique. Devenu empereur, Napoléon Ier, par décret du 20 mars 1805, assignait pour demeure à l'Institut, à l'étroit dans un « Grand Louvre » où s'accumulaient les trésors d'art apportés de tous les cantons de l'Empire, l'édifice de l'ancien collège des Quatre-Nations. L'Institut s'y installa en août 1806.

17.

C'était beaucoup mieux, au moins en apparence, que n'avait fait l'Ancien Régime pour ses académies. En installant celles-ci au Louvre, Louis XIV les avait fait voisiner avec les artistes et artisans travaillant pour la Cour qui y logeaient depuis le règne d'Henri IV. En transportant l'Institut de l'autre côté de la Seine, et dans un édifice où il sera — au moins à la longue — chez lui, Napoléon avait voulu lui conférer un lustre digne de l'Empire. Son choix ne pouvait être plus approprié : le collège et la chapelle des Quatre-Nations, désaffectés par la Révolution, avaient été conçus par Colbert pour faire face dignement au Nouveau Louvre[65]. L'architecte Le Vau avait dessiné un édifice qui, soit hommage au cardinal Mazarin et à ses racines romaines, soit défi au Saint-Siège, peut passer pour une variation très élégante, à petite échelle, sur le thème de Saint-Pierre de Rome. La façade en demi-lune évoque, sur le mode mineur,

la colonnade du Bernin. Et la coupole — sur tambour elliptique — qui surmonte la croisée de la
chapelle s'élance au-dessus de la façade, comme eût
dû le faire celle de Michel-Ange si l'adjonction d'une
nef latine et du massif portique de Maderno ne
l'avait repoussée loin à l'arrière-plan. L'État impérial
établit ainsi son Sacré Collège de la Raison dans un
décor et sous une voûte qui rivalisent avec ceux de la
Basilique des pontifes romains. À l'inscription *Tu es
Petrus* qui court en majuscules d'or sur la face intérieure du tambour de la coupole de Michel-Ange,
répond sous la coupole de Le Vau une citation d'Ézé-
chiel (xxxi, 17) : *Sedebit sub umbraculo ejus in medio
nationum.*

La coupole des Quatre-Nations avait été, il est vrai,
masquée sous le Consulat par une autre, en trompe
l'œil, conçue par Vaudoyer. Mais l'inscription prophétique, longtemps masquée, brille de nouveau de
tous ses feux au-dessus de l'amphithéâtre académique depuis les travaux exécutés sous le ministère
d'André Malraux. Au modeste Parnasse du Louvre
d'Ancien Régime, Napoléon a ainsi substitué un
empyrée qui, avec la coupole de la chapelle, hérite
en les laïcisant des sacralités catholiques et de la
symbolique néo-platonicienne. Par les croisées
peintes de la fausse coupole de Vaudoyer, ou par les
hautes fenêtres et le lanternon aujourd'hui retrouvés
de Le Vau, tombe sur les assemblées académiques la
lumière d'un Logos français, dont elles sont seules
désormais dépositaires, depuis la mort du Roi-pon-
tife, la disparition du Parlement de Paris et de
l'ancienne Université.

Cette assomption architecturale ne va pas toutefois

sans contrepartie. L'État impérial, qui a recréé de toutes pièces l'Institut, qui lui a dispensé sa majesté officielle, et même, avec l'épée, quelque chose de sa pompe militaire, entend bien que son œuvre soit entièrement et étroitement à son service. C'est déjà le cas sous le Directoire, sous le Consulat, et plus encore, cela va sans dire, sous l'Empire, où l'Institut chaque année vient « au rapport » devant Napoléon Ier. Le 27 février 1808, une députation conduite par Marie-Joseph Chénier, président de la deuxième classe de l'Institut (Langue et Littérature françaises) présente à S. M. l'Empereur et Roi, en son Conseil d'État, un *Rapport historique sur l'état et les progrès de la littérature*. On y voit la revanche de la *Logique* d'Arnauld et Nicole sur les *Remarques* de Vaugelas, le triomphe de « cette école de Port-Royal, source iné-puisable autant qu'elle est pure, où vont remonter toute saine doctrine et toute littérature classique[66] », sur la tradition de l'ancienne Académie française. Voulant ignorer la méfiance de Napoléon envers les Idéologues, c'est à Condillac et à ses héritiers, Destutt de Tracy, Cabanis, que le rapport de la deuxième classe attribue l'honneur de continuer Port-Royal et de résumer l'éclat contemporain de la littérature française. Le néoclassicisme impérial se veut dans la continuité de la raison gallicane sous sa forme la plus cristalline, celle des Messieurs de Port-Royal ; il reconnaît en eux, non sans justesse historique, les instituteurs de la philosophie des Lumières française. Lorsque Sainte-Beuve érigera un monument de science et de piété à *Port-Royal*, il se révélera fidèle à l'inspiration première de l'Institut, et le plus profond interprète de cette création révolutionnaire[67].

En 1808, toutefois, le *Génie du christianisme* a paru
déjà depuis six ans. Il n'en est pas fait mention dans
le rapport, et il n'a reçu aucun prix de l'Institut.
Chateaubriand n'y sera élu que sur ordre, en 1809. Il
accepta, mais il ne siégera pas sous la coupole avant
la Restauration : son discours de réception contenait
un éloge de la liberté qu'il n'accepta pas de censu-
rer. Le plus grand écrivain du siècle dut, comme
Rousseau, sa gloire littéraire à son seul génie, et,
comme Napoléon lui-même, son sacre de héros à sa
seule volonté. C'était de mauvais augure pour les
rapports futurs de l'Académie et de la littérature.

La Restauration aura beau rétablir les académies
dans leurs titres d'autrefois, et rendre à l'Académie
française ses anciennes prérogatives, l'épuration
qu'elle décida en 1816 mettait une fois de plus en
évidence le peu d'indépendance de l'Institut vis-à-vis
du gouvernement de l'heure. Mais l'utopie d'un
corps encyclopédique dont tous les organes eussent
travaillé de concert, à un rythme incessant, comme
les Messieurs de Port-Royal ou les collaborateurs de
Diderot, s'était déjà évanouie sous l'Empire. Et le
péril de voir un corps de fonctionnaires aux ordres
changeant de couleur politique sous chaque ministère s'écarta bientôt. Stendhal pouvait écrire en
1825 :

> Au fait, dans un pays où il y a une opposition,
> il ne peut plus y avoir d'Académie française ;
> jamais le ministère ne souffrira qu'on y reçoive
> les grands talents de l'opposition et toujours le
> public s'obstinera à être injuste envers les

nobles écrivains payés par les ministres, et dont l'Académie sera les Invalides[68].

Le 19 avril 1827, l'Académie française élut Royer-Collard, l'orateur le plus écouté de l'opposition. L'esprit de corps l'emporte sur la tentation du fonctionnariat. Désormais, l'Académie ne se départira plus d'une couleur politique libérale qui l'accordera avec la monarchie de Juillet, la placera dans l'opposition sous le second Empire, et la maintiendra sous la IIIe République dans une sorte de juste milieu sénatorial. Elle ne représentait pas un enjeu politique assez grave pour que les gouvernements successifs eussent à se gendarmer pour s'assurer de son loyalisme. Mais, surtout, à la faveur de la réforme de l'Institut décidée sous le Consulat, elle va pouvoir se peupler de ces « notables » qui ont assuré la stabilité relative et l'équilibre de la société française au XIXe siècle[69]. Quelle que fût leur naissance, noble ou roturière, quelle que fût leur profession, les membres de cette nouvelle aristocratie dans laquelle l'Académie française va recruter — et à laquelle elle agrège ou achève d'agréger journalistes, orateurs politiques, dramaturges, poètes, historiens et critiques universitaires — ont hérité ou retrouvé quelque chose de la noblesse de robe d'Ancien Régime : la stabilité, la pondération, le sens dynastique, le goût de la propriété terrienne, et une idée des Lettres liée à une forte bibliothèque. Cette notabilité des Lettres, les « grands romantiques », un Lamartine, un Hugo, un Vigny, pourront d'autant plus aisément la revêtir qu'elle n'est pour eux qu'une facette de leur per-

sonnage public. Ils savent par ailleurs agrémenter
leur uniforme académique de drapés plus seyants à
l'imagination romantique. Mais le dénominateur
commun entre un Hugo et un Guizot, un Lamartine
et un Mignet, un Vigny et un Montalembert, suppose
chez les poètes un *habitus* social qui n'est pas à la
portée d'écrivains moins bien nés et qui ne sont
qu'écrivains. Entre notables ou sénateurs de la littérature, au XIXe siècle, et les fils nerveux de la bourgeoisie ayant vocation aux Lettres, l'écart néanmoins
se creuse au fur et à mesure que le siècle avance : le
modèle du notable, variante ennoblie du type bourgeois, suscite chez les « petits romantiques » et chez
leurs héritiers une allergie violente qui accroît les
rangs de l'hérésie littéraire. Cette allergie, qui joue
autant sur un style de vie que sur les idées esthétiques
ou politiques, est d'ailleurs réciproque : les notables
des Lettres méprisent la « Bohème » de tout poil qui
se multiplie à l'écart de l'Institut, et qui affecte ostensiblement d'ignorer jusqu'à son existence. Mieux
que ces « artistes », les universitaires se coulent dans
le moule du notable académique : ils feront une
entrée en nombre dans l'Académie française de la
IIIe République, mais leur place avait été marquée
par Victor Cousin dès la monarchie de Juillet. Gaston
Boissier (1876), Ernest Renan (1878), Hippolyte
Taine (1878), Ernest Lavisse (1892), Ferdinand Brunetière (1893), Émile Faguet (1899) parachèvent
avec leur science austère, mais éloquente, l'idée « victorienne » de l'académicien français, que les pairs de
la chambre haute, sous Louis-Philippe, avaient dessi-
née en ses traits essentiels.

18.

« Le havre de vieux hérons moroses », pour reprendre une formule de Barbey[70], le nid de Burgraves où le même Barbey s'indignait d'apercevoir un Hugo, un Musset (« sous le caparaçon académique : c'était un bât sur le dos d'Ariel »), est en effet marqué par l'âge moyen élevé de ses membres, qui « entrent » plus tard qu'il n'était souvent admis au XVIIIe siècle. Ce vieillissement relatif du « corps académique[71] » au XIXe siècle date du Directoire : l'Institut est alors composé de survivants. Il a persisté dans les générations suivantes. Cela, qui ne lui aurait pas nui dans une société traditionnelle, où le grand âge est respecté pour son expérience et sa sagesse, prend un sens nouveau dans une société où le conflit des générations est aigu, et où la jeunesse, avec le futur, est en train de devenir une des valeurs suprêmes. Les rites de passage de l'adolescence à l'âge adulte, surtout dans les milieux privilégiés et éduqués, sont beaucoup moins efficaces au XIXe siècle qu'ils ne l'étaient sous l'Ancien Régime. La jeunesse des écoles, formée à une rhétorique utilitaire et raisonneuse qui prépare aux diverses professions, s'enflamme volontiers pour une littérature qui, depuis Rousseau, se réclame de l'enthousiasme, du rêve, du désir contre le pédantisme scolaire. Or, Villemain et Saint-Marc Girardin associent l'Académie à l'université, Barbey traitera Sainte-Beuve de « professeur », et, sous la IIIe République, l'École normale entrera en nombre à l'Académie française.

L'Académie ne se contente pas d'être un sénat de vieillards, une assemblée de notables et le siège d'un rationalisme littéraire par principe odieux à la révolte des jeunes générations. Le prix Montyon et les nombreux prix de vertu et de bienfaisance que décerne l'Académie, tout en accordant celle-ci à l'esprit social et charitable qui est largement partagé au XIXe siècle, et dont *Les Misérables* de Hugo sont le durable monument, achèvent d'irriter les « artistes » et les étudiants. L'ironique « Assommons les pauvres » de Baudelaire, qu'un Manet, un Degas pouvaient reprendre à leur compte, prend à rebrousse-poil le sentimentalisme moral. La bohème, dans ses diverses versions plus ou moins démunies, a pour trait commun l'alliance des écrivains et des peintres pour mieux fronder leurs académies respectives. Ses mœurs, qui se ressentent de la vie d'atelier plutôt que de celle de salon, favorisent la promiscuité avec le demi-monde et le goût du plein air, dans une campagne qui n'est pas celle des châteaux. Les romans de Champfleury, ceux des Goncourt, surtout *Charles Demailly* (1864), font percevoir le décalage entre le style de vie de la bohème (entendue au sens large) et celui des notables.

Ces témoignages datent du second Empire : mais, depuis les « Jeune France », le Paris du XIXe siècle a vu se multiplier les groupes et les cénacles qui s'efforcent de tenir tête aux goûts officiels et d'inventer des « frissons nouveaux » qui puissent choquer ou ébranler les forteresses de la « société ».

Si cette polarisation de la vie des Arts et des Lettres — abusivement confondue avec le « front » du progrès dans les sciences et en politique — a pu prendre

en France un caractère aussi exemplaire, et devenir
aujourd'hui la légende dorée de la modernité officielle, c'est justement parce que l'existence de prestigieuses institutions académiques y porte le débat
jusqu'à l'épure, et l'attise jusqu'à la névrose créa-
trice. Les académies tiennent-elles lieu de père ter-
rible ou de mère castratrice ? Elles introduisent en
tout cas dans ce « roman familial » qu'est devenue la
vie des Arts et des Lettres au XIXe siècle une instance
œdipienne si forte que la fratrie des fils doit déployer
des trésors de talent, d'imagination, de séduction,
d'ironie pour la défier et même, éventuellement,
pour l'intérioriser.

La querelle entre « classiques » et « romantiques »
dessine dès la Restauration certains traits récurrents
de la dramaturgie littéraire du XIXe siècle français, et
place d'emblée l'Académie dans la position difficile,
mais centrale, celle du « père noble ». À bien des
égards, par les deux versions successives de son pamphlet *Racine et Shakespeare*, Stendhal fixe dès lors les
linéaments de l'intrigue.

Il anticipe même sur le ton violent que prendra le
conflit sous le second Empire. C'est que sa propre
position littéraire est par excellence en porte à faux,
ce qui à long terme fait de lui le précurseur de tous
les malaises et de toutes les insolences. Stendhal,
héritier des Lumières, admirateur de Bonaparte, est
un ironiste que la mélodie infinie de Chateaubriand
n'émeut pas ; mais il est aussi le lecteur de Rousseau,
l'admirateur de la peinture et de la musique italiennes, et le néoclassicisme de La Harpe l'ennuie.
Le premier *Racine et Shakespeare* (1823) oppose un
académicien et un romantique : le seul fait d'appar-

tenir à l'Académie suffit pour désigner le tenant d'un goût convenu et morne, qui survit machinalement à l'Ancien Régime. En avril 1824, Auger, alors directeur de l'Académie française, répond indirectement à ce pamphlet, en prononçant en séance plénière de l'Institut une attaque en règle contre le romantisme. Le débat porte essentiellement sur l'art dramatique. Piqué au jeu, Stendhal répond par le second *Racine et Shakespeare*, où l'ironie porte cette fois directement contre l'institution académique elle-même. Sur deux colonnes, H. B. énumère parallèlement les nullités qui, selon lui, siègent à l'Académie « réformée » par la Restauration, et les talents de l'époque, qui n'y siègent pas. La vivacité de la réplique ne sera pas immédiatement imitée, d'autant que les grands ténors du romantisme, à commencer par Lamartine en 1829, pratiqueront, oublieux du voltigeur qui leur avait ouvert la voie, l'entrisme académique, et feront tomber l'objection la plus sanglante de Stendhal. Mais, sous Napoléon III, le thème sera amplifié par Arsène Houssaye, et, après l'échec de Baudelaire, c'est toute une génération littéraire qui, redécouvrant peu à peu Stendhal, lui reprendra son mépris pour le conformisme stérile dont l'Académie française est à leurs yeux le symbole.

19.

Le malentendu entre l'Académie française du XIXe siècle et ce qui est devenu pour nous, de façon à la longue dérisoirement restrictive, la littérature, s'aggrave singulièrement à partir du second Empire.

Peuplée d'historiens, d'orateurs politiques, de poètes éloquents et de critiques, l'Académie en corps oppose un olympien mépris pour le genre romanesque. C'est le genre à grands tirages, le seul qui puisse faire vivre un homme de sa plume. C'est le genre populaire par excellence, et que la diffusion par « feuilleton » répand auprès d'un public qui en est affamé[72]. C'est enfin un genre où les femmes — ses lectrices de prédilection — excellent aussi comme auteurs. Mme de Staël, Mme de Krüdener, Mme de Duras, et surtout George Sand ont tenu et tiennent le haut du pavé. Cela achève de précipiter la fiction en prose, traditionnellement redoutée par le clergé, dans le mépris des notables. Si le romantisme s'est fait accepter à l'Académie dans les grands genres lyriques et même au théâtre, sa version romanesque — un dragon à mille têtes — inspire le mépris. Ce mépris, qui se condense et se manifeste de façon publique et officielle dans l'interdit académique, n'a pas été sans conséquences sur l'évolution du roman français. Le combat de Balzac pour accéder, avec le genre romanesque, à la notabilité académique, est un des plus puissants ressorts de sa biographie autant que de sa stratégie proprement littéraire.

La Comédie humaine, avec ses références à Dante et à Molière, cherche manifestement par tous les moyens à échapper à la malédiction du roman. Le mot même est soigneusement évité par Balzac, qui qualifie les divers segments de son épopée sociale « Études » ou « Scènes », et qui assaisonne ses narrations de digressions propres à lui conférer la stature d'historien, d'économiste, de philosophe, de théori-

cien des sciences morales et politiques. Cette aspira-
tion passionnée du romancier à la notabilité littéraire et savante n'est nullement contradictoire avec
le souci généreux qui lui avait fait publier en 1834,
dans la *Revue de Paris*, une « lettre aux écrivains du
XIXe siècle », où il appelait à la création d'une Société
des gens de lettres, qui fut légalement constituée en
1838 pour veiller à la situation matérielle et morale
des écrivains[73]. Balzac avait bien vu que la perception
des droits d'auteur, auxquels la Convention avait
donné une garantie juridique, pouvait devenir l'instrument d'émancipation économique des gens de
lettres, et fournir par ailleurs les ressources d'une
assistance mutuelle. Cela était sans doute profondément étranger à la tradition académique, qui tenait à
ignorer les préoccupations corporatives des écrivains,
et plus encore leurs soucis économiques. La Compagnie, il faut toujours le rappeler, n'est pas et n'a
jamais été un club de purs écrivains. Son honneur de
corps l'incite même à écarter de ses rangs, où
figurent tant de notables, des écrivains dont la position sociale et financière n'est pas fortement assurée
et attestée. Elle ne peut courir le risque de voir un de
ses membres aux abois ou en prison pour dettes.
Mais, justement, c'est à cette forme de notabilité sûre
et durable que visait Honoré de Balzac, pour elle-
même et comme préalable nécessaire, sinon suffi-
sant, à la consécration académique.

Dans l'admirable chapitre de *Choses vues* où il
raconte sa visite le 18 août 1850, avenue Fortunée, à
Balzac mourant, l'académicien Hugo observe un
désastre. Candidat malheureux par deux fois à l'Académie, Balzac vient de renforcer son statut de

notable en épousant Mme Hanska, et en s'installant dans un luxueux hôtel, meublé avec un goût d'antiquaire. Il meurt sans avoir eu le temps d'éprouver si cet ultime effort pouvait emporter les résistances de l'Académie. Au-dessus de son cercueil, dont Hugo et Dumas tiennent le cordon du poêle, Hugo entend le ministre Baroche rendre trop tard la sentence : « C'était un homme distingué. » Douze ans après, l'Académie élit Octave Feuillet, auteur à succès du *Roman d'un jeune homme pauvre* : c'est moins le romancier qui est reçu, et qui s'en excuse dans son discours de réception, que le rival de George Sand, le héraut de la morale victorienne dans l'arène où Sand prêche pour la bohème.

En 1844, Mérimée avait été élu à l'Académie : mais ce n'était pas pour *Clara Gazul* ni pour ses nouvelles. Membre des Inscriptions depuis 1843, il présentait toutes les garanties de l'historien érudit, et c'est d'ailleurs à son œuvre admirable d'inspecteur des Monuments historiques, à sa carrière d'homme politique et d'homme de cour sous le second Empire qu'il sacrifiera désormais ses dons pour la fiction. Après Octave Feuillet, il faudra attendre 1894 pour voir un romancier, Paul Bourget, accueilli à l'Académie. Cette impavidité académique — constatée non sans satisfaction par Sainte-Beuve dans un article de 1862[74] — n'a pas faibli, au contraire, tandis que les romanciers au défi recherchaient un autre anoblissement dans l'ironie esthétique : Flaubert se livre aux travaux forcés pour orner d'un style somptueux, aussi dense que la plus haute poésie, des sujets ostensiblement « vulgaires » et « scandaleux » ; Edmond de Goncourt se convaincra que son frère Jules est mort d'avoir porté à sa perfection le style de *Madame Gervaisais*, un roman anticlérical que Sainte-Beuve, impitoyable, quoique mourant lui-même, aura le temps encore de cribler de flèches atroces. La réhabilitation littéraire du roman, chez Flaubert, chez les Goncourt, puis chez les « naturalistes », fait appel à l'art de la description, et renonce à l'alibi de la digression d'idées, chère à Balzac. C'était indirectement resserrer la vieille alliance entre les écrivains et les peintres, alliance qui scelle depuis la monarchie de Juillet l'émigration intérieure de la « bohème », ennemie jurée des deux Académies, la française et celle des beaux-arts. Les romanciers « refusés » peuvent bien croître dans un art de plus en plus raffiné, à un même rythme que les peintres « refusés » qui eux aussi confèrent à des sujets dédaignés par les prix de Rome l'éclat des grands genres ; les uns et les autres ont beau appartenir à une excellente bourgeoisie et même, dans le cas de Flaubert et des Goncourt, fréquenter assidûment chez la princesse Mathilde et dans le meilleur monde : pour les notables des Lettres, celles-ci consistent toujours dans la traditionnelle trilogie : éloquence, histoire et poésie.

En réhabilitant les grands genres poétiques, épopée, lyrisme, idylle, les Lamartine, Hugo, Vigny, Musset s'étaient acquis le droit de siéger sous la Coupole. L'éloquence des libéraux, l'historiographie, le journalisme même, perçu comme l'un des genres de l'éloquence, tout cela était à sa place et dans son ordre à l'Académie. Mais le roman était une menace inacceptable pour l'équilibre des genres et, de fait, son appétit révélait clairement, dès lors, sa vocation à

occuper, ce qui est advenu depuis, une place centrale, envahissante et finalement sans partage dans la
littérature. Sainte-Beuve a parfaitement perçu le
péril. Et il ne raisonnait pas autrement en poésie : en
qualifiant *Les Fleurs du mal* de « Kamchatka » ou
encore de « Folie », il avait dans l'esprit une géographie et un jardin paysager qui ont un centre, un
point de vue privilégié, et le prix de ce *lieu commun*,
référence pour tous, était trop grand pour courir le
risque de la sacrifier ou de l'affaiblir en considération de mérites trop singuliers, trop périphériques.
En quoi il se montrait le sage Académicien du
XIXe siècle par excellence, dépositaire d'une tradition
sans laquelle il n'est pas d'Église. Il faut remarquer
que Paul Valéry, l'un de ceux qui ont plus tard le
mieux compris la « fonction » et le « mystère » de
l'Académie française, partagea même avant d'y siéger
la vieille aversion de l'Institut pour le roman, contre
lequel il décocha, devant André Breton ravi, la
fameuse épigramme : « La marquise sortit à cinq
heures... » Le roman a bien pris sa revanche depuis,
mais victime de son écrasante victoire, seul survivant
dans l'arène des genres, il s'émiette aujourd'hui, à
chaque saison des « Prix », devenus innombrables, en
milliers de « sonnets d'Oronte ».

20.

Cette revanche du roman était prévisible dès la fin
du XIXe siècle : il avait pour lui les tirages, le nombre[75]
et même des lettres de noblesse accumulées par des
martyrs du travail, Balzac et Flaubert, puis par le

désinvolte Stendhal, que l'on redécouvre opportunément dans les années 1880 comme le grand ancêtre
de la famille. Manifestes et débats littéraires, qui, au
temps du romantisme, tournaient autour du drame,
se concentrent de plus en plus autour du roman.
En 1888, Alphonse Daudet résuma tous les griefs de
trois générations de romanciers dédaignés par les
notables des Lettres : il publia *L'Immortel.* L'intrigue
de cette fiction-pamphlet est construite sur l'antithèse entre l'académicien type, Laurent Astier-Réhu,
et l'artiste, Védrine. Habilement, Daudet s'est gardé
d'introduire un romancier dans cette allégorie : il a
préféré donner le rôle positif à l'artiste, rebelle
d'une autre Académie, et plus pittoresque par définition. Ami du plein air, enthousiaste, généreux,
humoriste, et doté d'un génie protéique, Védrine est
aussi grand peintre que grand sculpteur et grand
architecte. Il est avec tout cela modeste, et heureux.
Quant au sinistre et pitoyable Astier-Réhu, il caricature la longue lignée d'historiens qui, de Guizot à
Taine, de Mignet à Sainte-Beuve, de Thiers à Montalembert, ont opposé impavidement l'éloquence des
faits à l'envahissement de la fiction, amie de la
bohème. Sa déroute et son suicide, qui s'inspirent
d'un fait divers célèbre, punissent justement sa
confiance naïve, fanatique, dans le document
d'archives : il s'avère que son œuvre était construite
sur de faux autographes payés à prix d'or, comme sa
vie était fondée sur l'ambition de faux honneurs. La
technique mélodramatique de Daudet ne prend
plus. Le roman n'en fait pas moins affleurer autre
chose qu'un pur et simple ressentiment social : un
vrai débat, ouvert dès le début du siècle avec la vogue

de Walter Scott, trouve ici sa conclusion vengeresse. Son enjeu est la valeur cognitive de la fiction, que conteste l'éloquence académique attachée à la probité raisonnable du Vrai, du Beau, du Bien.

Émile Zola aura beau se donner l'alibi scientifique de la méthode de Claude Bernard et des théories de Tarde sur l'hérédité, il pourra bien donner à ses *Rougon-Macquart*, sur le modèle de *La Comédie humaine*, l'allure d'une « Histoire sociale de second Empire », ses titres d'historien et de sociologue n'impressionnèrent pas l'Académie, devant laquelle il se présenta vingt-quatre fois, en vain. Il faudra que Paul Bourget fasse de ses *Essais de psychologie contemporaine* et de ses romans les véhicules d'une réflexion à la fois catholique, aristocratique et pathétique sur le monde moderne pour qu'un romancier puisse entrer à ce titre à l'Académie. Par la brèche s'engouffreront André Theuriet et Anatole France (1896), René Bazin (1903) et surtout Maurice Barrès (1906). La preuve, croyait-on, avait été faite enfin que le roman était entré dans le cercle de hautes préoccupations morales, politiques et spirituelles qui caractérisaient la magistrature académique.

En revanche, le théâtre, et surtout la comédie de boulevard, avait trouvé une hospitalité généreuse dans l'Académie du XIXe siècle, qui y vit un des « lieux communs » classiques de la société française, parfaitement à sa place dans le canon des genres littéraires. Tour à tour Scribe (1834), Émile Augier (1857), Alexandre Dumas fils (1874), Eugène Labiche (1880) siégèrent sous la Coupole. Il n'était que justice, pour les dramaturges de la gaieté parisienne, de laver l'offense de *L'Immortel* : *L'Habit vert*, de Robert de Flers et Gaston de Caillavet, procédera en 1912, sous couleur de « mise en boîte » spirituelle, à la purification par le rire des derniers miasmes de l'ire naturaliste. Caillavet était enfant de la balle, sa mère la célèbre Mme Arman, était à la tête d'un des plus influents salons académiques, égérie et imprésario d'Anatole France. Mais c'est le marquis Robert de Flers, survivant à son complice, qui fut élu à l'Académie, en 1920. Celle-ci pouvait lui être reconnaissante : *L'Habit vert* avait en effet annoncé une des périodes les plus brillantes et heureuses de l'Académie française. Entre 1918 et 1939, la gloire militaire, la gloire littéraire et la jeunesse relative des récipiendaires confèrent aux séances publiques de l'Académie un éclat comparable à celui qu'elle avait connu à la fin du règne de Louis XV. Le roi Valéry semblait pouvoir exercer un empire comparable à celui du roi Voltaire. Et Gide pouvait apparaître, en dissidence, comme une réincarnation, avec variantes, de Rousseau l'enchanteur !

Dans ces années heureuses, les disciples du cénacle de Mallarmé, les disciples de Barrès, les convertis même de Rimbaud vinrent rajeunir et vivifier l'image proprement littéraire de l'institution qui, par ailleurs, trouvait dans l'Église et l'Armée victorieuse d'incontestables et prestigieuses illustrations. L'Académie pouvait calmement tenir tête aux nombreuses chapelles hérétiques qui prétendaient, loin d'elle, explorer de nouveaux « Kamchatka » littéraires.

L'académie Goncourt, et le prix annuel, fondés par le testament d'Edmond, entrèrent dans les mœurs en 1903. Les membres désignés par Edmond de Goncourt étaient tous romanciers : Daudet, Huysmans, Hennique, Mirbeau, Rosny, aîné et cadet, Geffroy, Margueritte. C'était manifestement une entreprise à la fois vengeresse et promotionnelle du roman dans sa tradition naturaliste. Le succès du prix Goncourt incita l'Académie à fonder, en 1914, son propre grand prix du roman, destiné à couronner une « œuvre d'imagination d'inspiration élevée ». La querelle prenait fin, mais sur la victoire du genre si longtemps ostracisé. Le prix Nobel de littérature, décerné à Oslo depuis 1901, avait quelque chose d'un prix Montyon pour écrivains internationalement connus. Il lançait à long terme un défi dans la mesure où il opposait implicitement un « sens commun » international, défini à Oslo, au « sens commun » national représenté à Paris par l'Académie française. Mais celui-ci était depuis trop longtemps accoutumé à se donner une dimension universelle pour s'émouvoir d'une prétention qui, au surplus, se révéla à l'usage trop souvent marquée par un philistinisme provincial.

21.

En revanche, le phénomène des cénacles et des revues, qui avait au cours du XIXe siècle rivalisé avec la formule vénérable des salons, pour lancer et soutenir une « carrière », ou, tout simplement, pour offrir un « milieu vital » à l'écrivain, a fini par engendrer une véritable institution, dont l'ascendant n'a pas de précédent dans l'histoire littéraire française, même dans l'équipe de l'*Encyclopédie* rassemblée par d'Alembert et Diderot.

Genève contre Rome, c'est, au fond, une « Académie » réformée, se voulant d'abord pure de toute compromission avec les honneurs, la mondanité, les notables, qui se groupe dès 1904 autour d'André Gide, de Jean Schlumberger, et de Jacques Copeau, et qui agrège à la *NRF* une première génération d'écrivains : Jean Giraudoux, Valery Larbaud, Jacques Rivière, Alain-Fournier, Alexis Léger.

D'autres ont analysé ou analyseront les stades de développement de cette Genève toute « littéraire », que Claudel et Maritain, nouveaux François de Sales, tenteront, parfois avec succès, de convertir. À bon droit on s'efforcera de dissocier ce qui relève de l'inspiration initiale, toute « fervente », et ce qu'a fait apparaître après la guerre la puissante maison d'édition Gallimard, plus œcuménique, mais qui donna à la *NRF*, à ses livres à couverture blanche, les clefs d'un terrestre royaume. Qu'il nous suffise ici de faire remarquer le trait qui, de 1904 à nos jours, oppose la Genève *NRF* à la Rome académique : la littérature, à l'Académie, est le lieu commun de toute la société française, représentée non seulement par des écrivains professionnels, mais par des notables venus du grand monde, de l'Église, des grands corps de l'État ; le « mouvement *NRF* » obéit à un schéma exactement inverse : au départ et en principe, autour d'André Gide, comme chez les Goncourt, la littérature est une vocation de vie amphibie, entre passion et réflexion, art et amitié ; c'est cette vocation à part qui autorise à exercer sur l'ensemble du monde de l'esprit un magistère moral, et même politique, qui surclasse l'autorité des notables traditionnels. À la *NRF*, le type de l'écrivain forgé au cours des luttes antiacadémiques du XIXᵉ siècle est venu se fondre peu à peu avec le type de l'« intellectuel » apparu avec l'Affaire Dreyfus. Le roman, que l'Académie a si longtemps mis à l'écart, et que les Goncourt ont voulu, sous sa forme naturaliste, porter au rang de genre majeur, est à la *NRF* aussi le genre pivot : mais il y est conçu comme un exercice spirituel public, s'adressant à la conscience morale. L'exception poétique, c'est *Le Grand Meaulnes*. Gide, avec *Les Cahiers d'André Walter, L'Immoraliste, Si le grain ne meurt*, a fixé le canon que Roger Martin du Gard, Jacques Rivière, Marcel Jouhandeau, Albert Camus, Jean Genet et Jean-Paul Sartre, chacun à sa manière, ont respecté. Mais à partir de ces fictions-méditations, les écrivains-intellectuels de la *NRF* sont partis à la conquête du théâtre, de la critique d'art, de la philosophie, de la politique, sans que jamais le genre clef de la maison fût perdu de vue. De Gide à Sartre, l'autorité croissante de la « couverture blanche » s'est fondée sur l'alternance entre l'essai et le roman, les idées et la fiction, avec, dans les deux cas, une pente marquée pour l'oraison autobiographique, de saveur genevoise. L'œcuménisme qui caractérisa le « mécénat » éditorial de Gaston Gallimard a peut-être, moins qu'on a pu le croire, perdu de vue la logique initiale de la *NRF*.

Si différents que soient les témoignages de Jean Delay (*La Jeunesse d'André Gide*), d'Auguste Anglès (*André Gide et le premier groupe de la* NRF), de Simone de Beauvoir (*Les Mandarins*), il s'en dégage un « type » d'intellectuel « littéraire », anxieux de soi, et livrant au public les fruits d'une pensée pathétique mûrie dans une serre d'amitiés. Une touche de bohème s'est superposée, dans les années vingt et après la Seconde Guerre mondiale, au fond quelque peu austère que les fondateurs tenaient de leur milieu bourgeois et puritain. Surréalistes affranchis de la tutelle d'André Breton, puis normaliens défroqués affranchis de l'université, ont fait de la brasserie — Dôme ou Coupole de Montparnasse, Deux-Magots ou Flore de Saint-Germain-des-Prés — le tenant-lieu de la bibliothèque parisienne et du manoir de province, tandis que le guéridon de fonte à tablette de marbre, avec café-crème et cendrier, remplaçait la table de travail ancienne. Il ne faudrait pas négliger, pour interpréter les mœurs non conformistes que les existentialistes ont sur le tard rendues légendaires, l'exemple des romanciers américains qui, à Paris, vivaient de souvenirs de la bohème romantique : Hemingway, tel qu'il se raconte dans *A Moveable Feast*, était déjà lui-même une légende pour Sartre, Beauvoir et ses amis. Tous étaient d'ailleurs édités chez Gallimard.

La *NRF*, amplifiée par la Maison Gallimard, s'est donc constituée en Contre-Académie, bientôt conquérante et à visée universelle. Ses ambitions morales l'ont conduite, à partir des années trente, sur les voies de la politique, qu'elle fût d'extrême gauche avec un certain Gide, Aragon et Malraux, ou d'extrême droite avec Drieu la Rochelle, et, après 1945, Céline. Mais cette littérature « réformée » n'a cessé de s'interroger sur elle-même, et de tenter de ressaisir sa pure essence, perdue peut-être avec Alain-Fournier. La mondanité ne la menaçait pas trop, mais la prédication morale et politique était son démon tentateur. Il y eut donc des « réformes » dans la Réforme.

Avec Maurice Blanchot, la *NRF* fit retour aux sources mallarméennes, vite troublées, de Gide : l'« espace littéraire », remontant au-delà des méditations bibliques d'André Walter, enfermait l'écrivain dans un mélancolique et sublime cachot : l'écriture érigée en exercice d'athéologie. Ironistes, un Jean Paulhan[76], un Raymond Queneau se sont au contraire attachés à rappeler tout ce que l'« originalité » subjective de l'écrivain devait, quoi qu'elle en eût, et sitôt qu'elle voulait s'exprimer, aux lieux communs et cadres préétablis que la rhétorique ancienne s'était gardée d'occulter. Pour autant, la « couverture blanche » ne crut pas déchoir en prêtant son autorité au roman, au théâtre, à l'essai idéologiques, où la pensée et le pathos se mêlaient tumultueusement. Si l'Académie française est bien le paradigme sur lequel se sont déclinés, au XIXe siècle, les « cénacles » se constituant autour d'un « manifeste » littéraire, on peut suggérer que la réussite éclatante de la *NRF* a suscité, à son tour et dans son ordre, des projets analogues ou des imitateurs. Autour de la revue *Esprit*, les Éditions du Seuil ont joué elles aussi, depuis la Libération, de l'alternance gidienne entre le roman et l'essai doctrinal ; elles aussi ont fait naturellement accueil aux sciences humaines, dans la mesure où celles-ci ajoutaient aux genres littéraires connus toute une série d'hybrides entre l'autobiographie intellectuelle, le morceau de bravoure et le traité philosophique. Autre chapelle, imitant à moindre échelle Gallimard et le Seuil : les Éditions de Minuit, académie tout à la fois du nouveau roman et des « sciences humaines » dures.

22.

Dans un monde de spécialistes, où la littérature elle-même est devenue une spécialité, une compétence parmi tant d'autres, tellement plus importantes, ou convaincues de l'être, quel rôle, quel avenir peut-il être réservé à l'Académie française ? Dans un monde érodé par une langue d'usage et une sous-culture transnationales, dans une conjoncture où chaque groupe, fuyant cette universalité de pacotille, cherche une réalité, peut-être déjà un fantôme, dans ses propres « racines » singulières, quel avenir pour l'idée « française » elle-même trop difficile pour être traduite dans la langue de bois universelle, trop universelle pour devenir un patois parmi d'autres ? Ces questions doivent rester sans réponse. Mais le seul fait qu'elles puissent être posées éclaire rétrospectivement l'esprit sur la fonction de l'Académie française dans une tradition nationale qui s'est toujours voulue, *aussi*, exemplaire et universelle. C'est son inutilité apparente, sa faible fécondité en tant que « corps », sa monumentale et relative immobilité qui, en définitive, ont préservé la fonction centrale et vitale de l'Académie à la fois au plus visible et au plus enfoui de la conscience nationale.

Elle n'a pas inventé, mais elle a déployé le mythe fondateur de la France moderne, celui de Louis le Grand, qui, sans la Querelle des Anciens et des Modernes, sans le Voltaire académicien du *Siècle de Louis XIV*, n'aurait pas pu prendre, résumant Saint Louis, François Iᵉʳ, Henri IV, Richelieu et Colbert en un seul soleil, la place obsédante qu'il occupe dans l'imaginaire comme dans la réflexion français. Elle a contribué à un autre mythe national, qu'on a confondu trop souvent avec celui de la Révolution, le mythe de l'*Encyclopédie* ; sans la consécration officielle que l'Académie a conférée à ce manifeste des Modernes, sans la majesté institutionnelle que la Compagnie a communiquée à plusieurs de ses rédacteurs, le magnifique effort de la France d'Ancien Régime pour rester à la tête du mouvement des sciences, des arts et des techniques n'eût pas connu le rayonnement mondial qui, par la suite, a pu servir d'alibi intellectuel à la Révolution. Elle est inséparable du mythe français de la belle langue, des belles-lettres, et même de la littérature, au sens de magistère moral et spirituel que le romantisme a donné jusqu'à nos jours à ce mot. Et si l'Académie française a pu exercer par sa fécondité symbolique cette fonction véritablement et continûment royale, en dépit des changements de régime politique, en dépit même de la contestation croissante dont était l'objet son apparente fixité, elle ne l'a pas dû aux passions basses dont Daudet a fait d'elle le carrefour. Une idée forte et élémentaire s'est incarnée dans ce corps, assez profondément pour avoir jamais besoin d'être formulée. Cette idée est cicéronienne et romaine, et l'on comprend qu'elle ait rencontré une résistance croissante au fur et à mesure que triomphait la modernité à la fois subjectiviste et technicienne. Elle consiste à croire que la vérité du savant, du docteur, et du politique, bref du spécialiste, est incapable de devenir la vérité de tous si elle se contente de son exposé technique. Pour atteindre

le lieu où elle est unanimement perçue, la vérité doit
savoir renoncer à l'orgueil de sa spécialité pour se
faire *éloquence*. Ce qui suppose le choix de mots attes-
tés et trempés par un usage reconnu de tous, une
élégance et une clarté heureuses qui rendent la
vérité séduisante et transparente à tous, un pathétique et une force d'imagination qui sachent faire
aller la vérité jusqu'au cœur de tous.

C'est à ce prix que la vérité devient politiquement
religieuse, et en ce sens véritablement royale. L'histoire de l'Académie française, saisie par son grand
côté, le seul qui importe au contemplateur, est une
méditation continue, s'adaptant aux méandres de
l'histoire, sur ce *tao* de la parole dont elle a fait, à le
bien prendre, un arcane national, mais à vocation
universelle : la justification la plus haute de la littérature est dans cette fonction d'échangeur qui permet
à toutes les spécialités d'accéder à l'éloquence, de
s'élever depuis leurs laboratoires jusqu'au forum des
esprits. Mais cette justification politique que l'Académie n'a cessé de conférer à la littérature implique les
limites mêmes que celle-ci ne saurait transgresser
sans se perdre. Rien n'est plus significatif, lorsqu'on
étudie dans la longue durée l'esprit de corps de
l'Académie française, que la répulsion instinctive
qu'a exercée sur celui-ci toute tentation manifestée
par la littérature de se replier sur elle-même, de se
constituer en spécialité, en idéologie, en gnose. Si
cette ancienne exigence française de la parole élève
la littérature au point royal et central de la convergence des esprits, ce n'est pas seulement pour conju-
rer l'émiettement des particularités du social, du
politique, du savoir, c'est aussi pour la retenir elle-

même sur la pente où elle est tentée de suivre Narcisse, et où elle se perd dans l'admiration confidentielle de sa propre beauté, de sa propre séduction, de son propre pouvoir de se faire aimer. La norme académique ne se contente pas, pas plus que la norme rhétorique, de relier les vérités à la beauté et à l'élan vital du discours, elle prend soin de les rattacher à ces notions communes, à ce bon sens que les spécialistes dédaignent, et que les purs littérateurs perdent volontiers de vue. La mission de l'éloquence — et en ce sens la poésie des grands romantiques français est éloquence — est justement de se faire médiation entre la vérité et les notions communes, de les rapprocher dans la même lumière. Les maîtres du *tao* français peuvent sembler avoir été trop sévères, ou trop obstinément silencieux et cruellement étroits, comme peuvent l'être, jusqu'à l'apparente injustice, les maîtres spirituels orientaux qu'admirait Jean Paulhan : dans l'ensemble, et en tant que corps, ils n'ont jamais dévié de la tâche obstinée d'indiquer la juste mesure : ni art sans vérité ni vérité sans art. Les panégyristes de Louis XIV, les encyclopédistes, les notables irréconciliables avec le naturalisme et le symbolisme ont, continûment, en tenant compte des temps et des idéaux différents, maintenu l'*orientation* de la littérature nationale dans le sens qui lui assurait une vocation universelle de forum des esprits.

La conversation

« L'histoire de la conversation [...] me paraît impossible, comme celle de tout ce qui est essentiellement relatif et passager, de ce qui tient aux impressions mêmes. »

SAINTE-BEUVE[1].

Proposer, même à titre de causerie improvisée, une histoire de la conversation française peut sembler aussi peu raisonnable que de tenter celle des larmes, des adieux, des premiers rendez-vous. *Scripta manent, verba volant.* La conversation ne serait-elle qu'un jeu de paroles éphémères, futiles, pour tout dire bourgeoises et mondaines ? Un violent préjugé s'est abattu en France sur le mot et la chose. Une nuée de coléoptères métaphysiques les ont ruinés en peu d'années, avec un grondement d'élytres où l'on reconnaissait les syllabes d'incommunicabilité, d'absurde, de soupçon, de langage piège, écran et prison. La sociologie n'est pas demeurée en reste, soutenue par la linguistique : sur les ruines de la conversation, la communication a été par elle intronisée. Cette nouvelle plaie d'Égypte (que les écrivains, de *La Peste* à *La Jalousie*, ont prophétisée) n'a cependant aboli ni le goût naturel des Français pour la causerie ni le vieil article de foi de la religion nationale selon lequel « Il n'est bon bec que de Paris ». Cette ancienne fierté française, cette confiance heureuse dans le génie du lieu qui favoriserait le bonheur social, oral, mais aussi littéraire et philosophique, de la parole partagée, a d'illustres antécédents antiques et de solides témoins modernes. On parlait, on dialoguait déjà oralement et même par écrit, à Athènes et ailleurs avant Platon. Mais on n'a connu de conversation qu'à Athènes, où est né le théâtre, et on n'a su vraiment ce que c'était[2] que la conversation portée au rang d'un art — l'atticisme — que dans la mise en scène écrite de conversations athéniennes, dans les dialogues de Platon. Le mot français « conversation », d'origine latine, peut bien n'être entré dans l'usage qu'au XVIe siècle, ce qu'il désigne alors attendait pour ainsi dire depuis la fin de l'Antiquité dans ces textes grecs, il n'a repris vie dans l'Europe moderne, et d'abord en Italie, qu'après la redécouverte à Venise et à Florence des dialogues de Platon et de son émule latin Cicéron.

Comment définir en quelques mots la forme singulière de collaboration orale que les dialogues platoniciens stylisent et imitent par écrit ? Elle fait intervenir des interlocuteurs de condition libre, dans des lieux étrangers à la vie politique (demeures d'amis, le plus souvent, mais aussi le plein air de la campagne proche d'Athènes, ou de ses rues). Une pente naturelle à causer ensemble rapproche ces honnêtes gens, comme s'ils y trouvaient le jeu le plus passionnant qui soit, le jeu suprême, digne des dieux. Naturellement, la présence fréquente et l'intervention de Socrate, l'ironiste redouté, porte l'intensité de ce jeu d'hommes libres au plus haut degré de vivacité et de difficulté. Mais enfin, le propre de Socrate étant d'être chez lui et lui-même en toutes circonstances, les jeux dont il est l'arbitre diffèrent selon le caractère de chacun de ses interlocuteurs : le sujet de la conversation est chaque fois différent. Jamais ensuite aucun écrivain ne réussira à représenter avec le naturel de Platon, à la fois immédiat et délicat, les méandres, les transitions, les tonalités et, pour tout dire, la musique de la conversation. Il en est allé du dialogue littéraire en prose comme de l'imprimerie, de la photographie et du cinéma : aussitôt inventé, il a d'emblée atteint la perfection. Perfection d'autant plus miraculeuse que ces dialogues, destinés à la pédagogie philosophique de l'Académie, mettent leur lecteur en présence de conversations d'abord pédestres, enjouées, variées, mais qui s'élèvent sans crier gare aux questions les plus vertigineuses que puisse se poser l'esprit humain : le bonheur, la vérité, la vie bonne, la poésie, l'art, la musique, la théologie, la cosmologie. Dès son apparition, la conversation, délassement supérieur entre hommes libres, apparaît aussi comme la méthode pédagogique la plus subtile, et la forme d'encyclopédie la plus complète sous son apparence discontinue. Bien sûr, Socrate et son ironie sont le levain qui transforme un échange plaisant d'opinions en une lutte haletante à deux ou à plusieurs d'où jaillissent des éclairs, parfois aveuglants. Mais la pâte elle-même, la nature humaine, dans la diversité et la singularité de ses représentants, dans la réalité de ses types psychologiques et sociaux, se révèle bien faite pour ce délicieux et subtil festin de paroles, d'émotions, de pensées. Socrate — devenu par ces dialogues le maître immortel de l'Académie — est le révélateur de la vocation philosophique de la conversation, mais aussi de son enracinement dans la nature humaine, ignorante mais avide de savoir. À

lui seul, le bonheur naïf et élémentaire de ce jeu
réparateur de paroles entre hommes libres est déjà
un décollage de la pesanteur physique, sociale, politique, économique. Il ouvre une clairière. Il suffit
d'un maître pour que celle-ci devienne une piste
d'envol. De la multiplicité des interlocuteurs, de
leurs divergences, de leurs dissensions, l'esprit de
Socrate réussit à faire une rosace où quelque chose
de l'unité inaccessible du vrai se fait jour et, avec ce
jour, un bonheur d'une qualité qu'aucune jouissance
ou possession mondaines ne saurait égaler.

Aussi le dialogue platonicien (contemporain de la
comédie d'Aristophane, de la tragédie de Sophocle)
n'est-il pas l'origine de l'histoire de la conversation :
il en est le centre, la source. La conversation a lieu
quand se rapproche le groupe animé de Socrate et
de ses Athéniens, elle s'éteint quand il s'éloigne de
nouveau. On peut discuter, disputer, s'entretenir,
échanger, bavarder, colloquer, palabrer, à toutes
époques et en tous lieux : entrer en conversation,
c'est depuis Platon quitter ces modes barbares du
discours pour rentrer dans le naturel de la parole
humaine, et regagner la lumière attique. C'est alors
que sans effort réapparaît, même sous forme d'étincelles, un peu du grand feu de l'esprit socratique, un
peu de ce bonheur athénien qui est aisance et
liberté, un peu de cette ascension philosophique qui
est retour à la maison, chez soi, dans une contemplation à plusieurs, plus près de l'unité, de la vérité, du
bonheur.

La France, et plus précisément Paris, sont-ils
l'Athènes des Modernes, et donc parfois aussi leur
Académie ? C'est en tout cas ce que suggérait Emma-

nuel Kant, qui a pu écrire en 1798 dans son *Anthropologie* :

> La forme de bien-être qui paraît s'accorder le mieux avec l'humanité est un bon repas en bonne compagnie (et autant que possible variée). Chesterfield disait qu'elle ne devait pas être inférieure au nombre des Grâces et ne pas excéder celui des Muses [...] La nation française se caractérise entre toutes par son goût de la conversation ; elle est à ce point de vue un modèle pour les autres nations. Elle est courtoise surtout à l'égard de l'étranger qui la visite, bien qu'il soit passé de mode maintenant d'avoir des manières de cour. Le Français est communicatif, non par intérêt, mais par une exigence immédiate de son goût. Puisque le goût concerne le commerce avec les femmes du grand monde, la conversation des dames est devenue le langage commun des gens de ce milieu ; et une pareille tendance, il n'y a pas à le contester, doit avoir son effet sur la complaisance à rendre service, sur la bonne volonté à venir en aide, et peu à peu sur une philanthropie universelle fondée sur des principes : elle rend un tel peuple aimable dans son ensemble[3].

La France serait-elle élue pour cette forme suprême du bonheur pour les hommes libres, la conversation, le banquet en bonne compagnie ? Si elle est une autre Athènes, elle n'est tout de même pas l'Académie de Platon. Reprenant, contre les Français cette fois, le jugement moral que Thucydide portait sur les Athéniens, Kant ajoute :

L'envers de la médaille, c'est une vivacité que des principes réfléchis ne maîtrisent pas suffisamment, et à côté d'une raison clairvoyante, une frivolité qui ne conserve pas longtemps certaines formes, par la seule raison qu'elles sont vieilles ou simplement qu'on s'en est engoué outre mesure, même si elles ont donné toute satisfaction. De plus, un esprit de liberté est contagieux qui entraîne dans son jeu la raison elle-même, et provoque dans les rapports du peuple à l'État un enthousiasme capable de tout ébranler, et d'aller au-delà même des extrêmes. Les qualités de ce peuple poussées au noir, mais d'après la vivante réalité, peuvent être représentées au total et sans autre description par des fragments jetés dans le désordre, comme des matériaux pour une caractéristique[4].

L'ombre portée de la conversation, quand Socrate est absent et quand les sophistes mènent le jeu, c'est cette adolescence perpétuelle de l'esprit que Joubert reprochait à Voltaire : assez de détachement pour le jeu et le bonheur, pas assez de maturité spirituelle pour savoir le prix des institutions durables (l'Académie de Platon dura près de mille ans) qui transformeraient cette sociabilité de luxe en persévérance philosophique et en tradition de formes vivantes.

Moins profond, mais plus célèbre, le témoignage de Mme de Staël, Française du dehors, est aussi plus flatteur pour l'amour-propre national. Il n'a pas peu contribué, après la tragédie des années 1792-1794, à rassurer la France sur sa vocation sociable, et à la rengager sur la voie de la conversation : « Il me semble reconnu, écrit-elle, que Paris est la ville du monde où l'esprit et le goût de la conversation sont le plus généralement répandus ; et ce qu'on appelle le mal du pays, ce regret indéfinissable de la patrie, qui est indépendant des amis mêmes qu'on y a laissés, s'applique particulièrement au plaisir de causer, que les Français ne retrouvent nulle part au même degré que chez eux. Volney raconte que les Français émigrés voulaient, pendant la révolution, établir une colonie et défricher des terres en Amérique ; mais de temps en temps, ils quittaient toutes leurs occupations pour aller, disaient-ils, *causer à la ville*, et cette ville, La Nouvelle-Orléans, était à six cents lieues de leur demeure. Dans toutes les classes, en France, on sent le besoin de causer ; la parole n'y est pas seulement, comme ailleurs, un moyen de communiquer ses idées, ses sentiments, et ses affaires, mais c'est un instrument dont on aime à jouer, et qui ranime les esprits, comme la musique chez quelques peuples, les liqueurs fortes chez d'autres[5]. »

Après trente ans d'existentialisme, de nouveau roman, et de « lutte des classes », pendant lesquels la frivolité et la mode ont nourri la terreur, il nous vient de l'étranger des travaux sur « la civilisation des mœurs » (Elias), sur « la pragmatique du discours » (Goffman), sur « les conditions optimales de la coopération orale » (Grice). Sans liaison avec ces recherches savantes, un film danois, tiré d'une nouvelle de Karen Blixen, *Le Festin de Babette*, a été pour le public français actuel l'équivalent du chapitre « De l'esprit de la conversation » de Mme de Staël pour le

public du premier Empire : le rappel d'un vieux
bonheur. On y voit s'épanouir au bien-être de la
parole des convives danois, à la faveur d'un banquet
qu'une Parisienne leur a préparé avec amour. C'est
une communarde exilée : cette victime du tragique
politique français n'en est pas moins restée fidèle au
fonds d'humanité et de bienveillance que la bonne
table, les bons vins et la conversation entretiennent
malgré tout en France. Babette a été aussi une
grande cuisinière de la Fête du second Empire. Pour
remercier ses hôtes, elle a fait venir en secret de
Paris, et mis en œuvre avec son talent intact, tout ce
qui en France concourt à l'euphorie de la bouche, à
l'épanouissement des langues, à la suspension des
conflits d'opinions : l'art de la table, les grands crus,
la gastronomie. La conversation est inséparable de
ses commodités, elle aime le luxe. Pour une soirée de
grâce, la banquise du mutisme puritain se dégèle
sous l'effet de ce grand rite convivial : hommes et
femmes, villageois et dignitaires naissent à la volupté
gourmande et à la joie de la parole partagée.
L'humanité sérieuse et nouée que décrivent Dreyer
et Bergman, pour quelques heures pleines, adhère à
l'Évangile français de Brillat-Savarin et de Rabelais.

Par le seul exemple contagieux des salons parisiens
et de leurs festins, sans le moindre recours à l'intimi-
dation politique ou militaire, ni à une quelconque
politique culturelle, la France d'Ancien Régime avait
conquis pacifiquement l'Europe des cours et des
« bonnes compagnies », y créant une société par-delà
les frontières, où chaque citoyen, parlant notre
langue, trouvait une patrie supérieure. Dans le chapitre déjà cité de *De l'Allemagne*, Mme de Staël, tout en

amplifiant des thèmes venus de Rousseau, les conjuguait avec des souvenirs de Montesquieu, qui montrait dans la conversation française l'esprit sophistique l'emportant sur l'esprit socratique, mais sans la condamner pour autant : « L'esprit de conversation, écrivait Montesquieu dans ses *Pensées*, est ce que l'on appelle esprit parmi les Français. Il consiste dans un dialogue ordinairement gai, dans lequel chacun, sans s'écouter beaucoup, parle et répond, et tout se traite d'une manière coupée prompte et vive. Le style et le ton de la conversation s'apprennent, c'est-à-dire le style du dialogue. Il y a des nations où l'esprit de conversation est entièrement inconnu. Telles sont celles où l'on ne vit point ensemble, et celles dont la gravité fait le fondement des mœurs. Ce que l'on appelle esprit chez les Français n'est donc pas de l'esprit, mais un genre particulier d'esprit. L'esprit, en lui-même, est le bon sens joint à la lumière. Le bon sens est la juste comparaison des choses et la distinction même des choses dans leur état positif et dans leur état relatif [6]. »

Même s'il est spontanément répandu dans toute la société française, le goût naturel de la conversation ne va pas sans un certain « art », plus articulé et exemplaire au sommet de l'édifice social français, à Paris, dans la « bonne compagnie ». Mme de Staël, dans *Dix années d'exil*, la caractérise en France, *a contrario*, par deux traits essentiels à la conversation exemplaire : l'« instruction », d'une part, la « confiance » de l'autre, mère de la « gaieté » et de l'« intimité », sans lesquelles l'esprit, cette flamme que la conversation allume, ne saurait jaillir [7]. En concentrant l'attention sur une petite élite parisienne, mère et modèle à la fois pour les bourgeois, la province et les cours étrangères, ni Montesquieu ni Mme de Staël ne font preuve d'une partialité de privilégiés. Ils admettent un fait que Platon et Kant ont reconnu aussi : la conversation n'a lieu qu'entre un petit nombre, il est dans sa nature d'être choisie. Dans la « société » parisienne d'Ancien Régime, elle avait trouvé l'une de ses formes les plus accomplies : elle y était devenue un jeu supérieur dont le public européen était le spectateur et accessoirement l'émule. Il y était exercé par des « nobles » au surplus « instruits », et qui jouissent entre eux, dans leur loisir et leur liberté, de cette confiance contagieuse essentielle à l'esprit de conversation. Montesquieu et Mme de Staël suggèrent donc que le despotisme, l'arbitraire, si évidents par ailleurs en France, s'arrêtent au seuil de la vie privée des nobles, et là commencent d'élégantes saturnales de la parole. Montesquieu ne traite pas de la conversation dans *L'Esprit des lois*. Mme de Staël cherche le lien entre l'Ancien Régime politique et social et cet étrange trait de mœurs français :

> Les rapports des différentes classes entre elles étaient aussi très propres à développer en France la sagacité, la mesure et la convenance de l'esprit de la société. Les rangs n'y étaient point marqués d'une manière positive, et les prétentions qui s'agitaient sans cesse dans l'espace incertain que chacun pouvait tour à tour ou conquérir ou perdre. Les droits du tiers-état, des parlements, de la noblesse, la puissance même du roi, rien n'était déterminé de façon

invariable ; tout se passait, pour ainsi dire, en adresse de conversation : on esquivait les difficultés les plus graves par des nuances délicates des paroles et des manières, et l'on arrivait rarement à se heurter ou à se céder, tant on évitait avec soin l'un et l'autre. Les grandes familles avaient aussi entre elles des prétentions jamais déclarées et toujours sous-entendues et ce vague excitait beaucoup plus la vanité que des rangs marqués n'auraient pu le faire. Il fallait étudier tout ce dont se composait l'existence d'un homme ou d'une femme, pour savoir le genre d'égards qu'on lui devait ; l'arbitraire, sous toutes ses formes, a toujours été dans les mœurs et les lois de la France, de là vient que les Français ont eu, si l'on peut s'exprimer ainsi, une si grande pédanterie de frivolité ; les bases principales n'étant point affermies, on voulait donner de la consistance aux moindres détails. En Angleterre on permet l'originalité aux individus, tant la masse est bien réglée. En France, il semble que l'esprit d'imitation soit comme un lien social, et que tout serait en désordre si ce lien ne suppléait pas à l'instabilité des institutions[8].

Un art, une diplomatie de la parole privée compenserait en France le caractère instable, arbitraire, blessant, des institutions administratives et politiques. Celles-ci respectent implicitement le rôle correcteur et régulateur de cette liberté de parole qui s'exerce dans ses marges, et qui y prend sa revanche de l'arrogance et du conformisme des corps. Cette analyse permet de comprendre même l'exceptionnel : le « moment révolutionnaire » (Fronde, Convention) où cet équilibre infiniment délicat est rompu, et où les institutions basculent en même temps que la conversation s'interrompt pour faire place à la véhémence des orateurs. Mme de Rambouillet (épouse d'un des meilleurs diplomates de Louis XIII) fait place au tribunat de Retz, Mme du Deffand et Mlle de Lespinasse laissent la parole à Mirabeau et à Marat. Cette philosophie politique de la conversation vaut encore aujourd'hui, dans nos institutions néo-monarchiques, dont le poids, la rigidité, l'accablant étatisme ne se savent supportables que par la « médiation » infatigable, quoique trop souvent complaisante, des colloques, débats et dîners en ville parisiens. Sans occulter les racines *naturelles* de la conversation française, Mme de Staël fait comprendre pourquoi c'est en France que la conversation a pris un essor aussi exceptionnel, aussi complet : bonheur de la vie privée, elle y prend aussi une fonction d'adoucissement proprement politique, elle y est nécessaire à la bonne marche d'institutions emboîtées, par elles-mêmes irritantes et épineuses. Le cahin-caha de la vie publique française a ainsi, pour contrepartie et contrepoids, ce luxe des mœurs, cette musique vocale qui, tel Orphée, atténue la férocité des bêtes de proie, les égoïsmes de rang, de condition, de fortune, de corps. Mais la voix d'Orphée est le prix du deuil d'Eurydice. Le malheur des castrats fait la magie de leur voix. La douce conversation entre les hôtes de Clarens, dans *La Nouvelle Héloïse*, est une musique de chambre qui sublime leur privation de bonheur passionné. Mme de Staël peut écrire :

« Une femme d'esprit a dit que Paris était le lieu du monde où l'on pouvait le mieux se passer de bonheur. » Ce qui est vrai pour les personnes, l'est au suprême degré pour la nation. Ce sont les malheurs et les cahots de la vie publique française (particulièrement dramatique en son centre, à Paris), ce sont les froissements cruels de la vie de société française, familière en apparence, dure en réalité, qui rendent la conversation indispensable et brillante, comme une sublimation de l'échec et sa correction par des instants de grâce.

Faute de pouvoir évoquer toutes les conversations françaises, caquets de l'accouchée et propos de table d'hôte, veillées des chaumières et entretiens de bivouac, bureaux d'esprit et conciles de bistrot, il faut bien, après Montesquieu et M*me* de Staël, concentrer l'attention sur la conversation, parisienne et de bonne compagnie. C'est celle-ci en effet qui a donné lieu à une immense littérature normative, à la fois rhétorique et éthique, traités *De la conversation* proprement dits, traités de l'art de vivre en société, ou *De la société civile*, mais aussi dialogues et entretiens, pièces de théâtre et romans où dialogues et entretiens s'entrelacent à la narration : autant de genres écrits qui prétendent fixer des règles à la conversation, ou qui la mettent en scène dans la descendance prodigieusement fertile des dialogues de Platon et du théâtre grec. On a voulu étudier, à partir de la littérature normative (qui reste encore abondante au XIXe siècle), une « rhétorique de la conversation[9] ». Mais il faudrait d'abord dissocier « éloquence », pour laquelle la rhétorique a été inventée et où elle déploie ouvertement ses res-

sources, et « art de parler » entre pairs, dans le loisir,
où la rhétorique doit rester invisible et devenir
improvisation, trouvaille, charme. L'éloquence est
l'art prémédité de s'adresser *en public* à une assemblée, ou de s'adresser officiellement à des personnages publics. En démocratie, elle gouverne trois
genres : le délibératif, le judiciaire, l'épidictique
(l'éloge des grands hommes et de la vertu) ; en
monarchie, elle se renferme dans la délibération
secrète entre le roi et ses conseillers, ou elle s'épanouit dans le seul genre public de l'éloge : éloge laïc
du prince, éloge clérical de Dieu, de ses saints, de la
doctrine chrétienne. Ces genres officiels ne préparent pas à la conversation. Chez Platon, auquel il
faut toujours revenir, les professeurs de rhétorique
(les sophistes) ne brillent pas dans les dialogues où
Socrate en revanche fait l'unanimité. Même à la
Renaissance, le décalage entre la rhétorique apprise
à l'école et les talents qu'exige l'art de converser
entre amis adultes, ou entre gens du monde, est
vivement ressenti[10]. De même, alors, on mesure la
distance qui sépare l'art professionnel d'écrire et
celui de l'épistolier qui reste au plus près de l'improvisation orale et familière. D'un côté, l'utilité, l'effet
à obtenir, l'efficacité, de l'autre le luxe, le loisir, le
jeu. C'est toute la différence, éthique, sinon ontolo-
gique, entre la parole noble et la parole besogneuse.
Paradoxalement, la parole noble peut s'offrir le luxe
de la simplicité, alors que la parole besogneuse
recourt à tout l'arsenal professionnel des techniques
oratoires, dont elle attend un résultat payant. La
rhétorique, d'un registre à l'autre, change non seulement de sens, mais même de contenu. Savoir persua-

der, et l'avoir appris, est une compétence, et une
compétence rentable. Entrer en conversation,
sophistique ou naturelle, c'est entrer dans un jeu
avec des partenaires que l'on tient pour ses pairs, et
dont on n'attend rien d'autre que le plaisir de bien
jouer. On ne sera pas jugé sur la technique et les
résultats, mais sur le degré d'art et d'esprit que l'on
aura déployés. Tandis que tout discours professionnel, visant à persuader, est plus ou moins préparé,
prémédité, dans la conversation enjouée l'imprévi-
sible règne, avec lui, l'improvisation, la promptitude
du trait, l'à-propos de la réplique déconcertent les
calculs auxquels l'orateur professionnel est accoutumé. S'il y a une rhétorique de la conversation, c'est
ce qui reste de la rhétorique quand on a tout oublié :
le bonheur d'expression, la rapidité, la clarté, la
vivacité. Est-ce un hasard si ces qualités, de Montaigne à Cocteau, passent depuis quatre siècles pour
la grâce même du style, voire de la langue des écrivains les plus « français » ? Le moraliste et le poète,
d'une façon quasi ininterrompue, se sont façonnés
non dans les manuels, mais dans l'expérience,
l'exemple, l'éducation vivante des cercles restreints
de conversation, plus nombreux qu'ailleurs à Paris.
Athènes était une démocratie, que Socrate et Platon
n'acceptaient que sous bénéfice d'inventaire. Un dialogue comme *La République* n'est pas loin d'être sub-
versif. L'Ancien Régime français n'avait rien de
démocratique. Mais justement, en marge de la cour
et des institutions du régime, la conversation prati-
quée à Paris par des cercles privés et relativement
nombreux prend elle-même les proportions d'une
contre-institution, de droit coutumier et privé, avec

ses règles du jeu, son éthique, ses rites, son ou ses styles : elle est « égalitaire » dans la mesure où, à ce jeu-là, le rang et les titres, la fortune et le pouvoir comptent pour peu. Seul le mérite personnel, tel qu'il se manifeste dans ce sport de la parole, établit le rang de chacun dans l'ordre de l'esprit. L'homme de lettres sans naissance, ni rang, ni fortune, tel un Voiture, peut frayer dans ce cercle d'élus avec un prince de Condé d'égal à égal, pour le moins, et à condition que le prince tienne dignement sa partie[11]. Telle est l'importance que prend à Paris ce jeu enivrant qu'il rivalise même avec le jeu de paume ou les jeux de hasard.

L'architecture privée et son décor s'en trouvent affectés : une savante « correspondance des arts » (qui se perfectionne jusqu'en 1789) accorde la distribution intérieure des hôtels parisiens, leur décoration, leur ameublement, leur luminosité, leur sonorité à une vie de société qui fait de la conversation son plus vif plaisir, et qui s'ingénie à la faciliter et stimuler. Rien de commun entre ces grottes enchantées et les énormes *saloni* des palais italiens, faits pour des réceptions de foule, ou le « confort » des clubs à l'anglaise, faits pour le *small talk* entre hommes. Dans ce concert où alternent distinctement voix féminines et masculines, les arts décoratifs, les arts de la table, l'art du sommelier, du cuisinier, du pâtissier, du musicien, mais aussi du tailleur, du coiffeur, du « maître de philosophie » et du « maître de danse » chers au Bourgeois gentilhomme, concourent à la réussite de ces perpétuelles olympiades entre les Socrate, les Gorgias et les Diotime français. Dans le *Bourgeois* de Molière, la philosophie est d'abord un art de la diction, de l'élégante simplicité de la parole vive, c'est la philosophie d'Isocrate, moquée mais non pas condamnée par Molière-Socrate ; quant à la danse, on sait qu'au XVIIᵉ et au XVIIIᵉ siècle elle est d'abord un art de bien marcher, de bien se retourner, de bien se présenter. C'est une discipline du corps très différente de l'*actio oratoria* des prédicateurs et avocats, ne retenant de cette technique professionnelle de la face et du buste que ce qui élève au rang d'un art la grâce et l'aisance naturelles du gentilhomme, de l'homme de grande liberté et de grand loisir, propre à la conversation. La *sprezzatura* (la désinvolture sans affectation) du corps est aussi indispensable aux championnats de la parole que l'esprit d'à-propos et l'enjouement attique d'une âme libre.

La conversation est à la communication ce que le concours Jacques Thibaud-Marguerite Long est au zinzin d'une Fête de la musique. Aussi a-t-elle sa légende, comme tous les grands concours. Elle est consignée dans des livres innombrables fourmillant de récits, d'anecdotes, de « mots », d'incidents délectables. Elle a ses « stars », masculines ou féminines, nobles ou roturières, de Mᵐᵉ de Rambouillet à Louise de Vilmorin, de Voiture à Paul Morand. Elle a ses stades fameux, de la Chambre bleue à Verrières, de l'hôtel de Lambert à celui de Florence Gould à Neuilly.

Mais la conversation, entendue dans ce sens très sélectif, a aussi ses archives manuscrites ou imprimées, d'une abondance redoutable en France. Orale et éphémère, elle a été avide jusqu'à une période récente, celle du téléphone, de s'épancher et de se prolonger, par écrit, par la correspondance, genre littéraire éminemment français, dans la mesure même où la conversation elle-même est un sport qui, d'athénien, a été naturalisé français. Les lettres poursuivent sans changer de ton une causerie qu'ont interrompue l'absence, l'éloignement. Elles sont d'autant plus réussies qu'elles se tiennent au plus près, comme les dialogues de Platon, de la parole vive. Cette parole était à la fois naturelle et artiste, sa transposition littéraire en préserve la fraîcheur orale et le tour heureux. *Les Mille et Une Nuits* de la littérature française sont une suite de correspondances ininterrompues, dont on regrette qu'elle n'ait pas été recueillie en anthologie. Autre dérivation écrite de la conversation : les *Mémoires*. Ils sont le plus souvent écrits au soir de leur vie par des virtuoses de la conversation (Retz, Mlle de Montpensier, Saint-Simon, Morellet, Mme de Boigne). Ce sont des improvisations orales *écrites*, elles relatent moins l'histoire de leur auteur ou celle de son temps qu'elles ne résument les réflexions, commentaires, choses vues et rapportées, portraits et caractères qu'une vie de conversation a rassemblés, tel un chœur en prose de tragédie grecque, en marge de la vie publique et historique du narrateur. À ce titre les *Mémoires* sont des œuvres collectives, comme l'ont été les *Maximes* dans la société de conversation de Mme de Sablé et de La Rochefoucauld, voire les romans attribués à Mme de La Fayette. Si l'on ajoute à cette bibliothèque déjà imposante les recueils de poèmes qui ont été composés pour des sociétés de conversation (les *Fables* de La Fontaine en sont le chef-d'œuvre), les pièces de théâtre, les poésies isolées qui ont été d'abord lues, jugées, commentées devant de « bonnes compa-

gnies », on doit admettre que ce milieu oral a été
à la fois le lieu d'invention et de réception pour
des chapitres entiers, et les plus brillants, de notre
littérature.

On en revient à la remarque de Mme de Staël sur le
présupposé obligé de la conversation française : la
petite tribu de ses locuteurs exemplaires est « ins-
truite ». On y traite la parole en « art libéral » parce
qu'on y tient aussi et d'abord la lecture elle-même
pour un art libéral. Ces locuteurs exemplaires ne
sont ni des orateurs, ni des écrivains, ni des lecteurs
érudits professionnels. L'esprit qui préside à leurs
entretiens est incompatible avec le pédantisme des
spécialistes. Pour autant, ce ne sont pas des amateurs.
« Rien ne saurait égaler, écrit Mme de Staël, le charme
d'un récit fait par un Français spirituel et de bon
goût. Il prévoit tout, il ménage tout, et cependant il
ne sacrifie point ce qui pourrait exciter l'intérêt. Sa
physionomie, moins prononcée que celle des Italiens, indique la gaieté, sans rien faire perdre à la
dignité du maintien et des manières ; il s'arrête
quand il le faut, et jamais il n'épuise même l'amuse-
ment [...] ; bientôt aussi les auditeurs se mêlent à
l'entretien, il fait valoir alors à son tour ceux qui
viennent l'applaudir, il ne laisse point passer une
expression heureuse sans la relever, une plaisanterie
piquante sans la sentir, et pour un moment du moins
l'on se plaît, et l'on jouit les uns des autres, comme si
tout était concorde, union et sympathie dans le
monde[12]. »

Ces artistes de l'oral ne parlent pas comme des
livres, mais ils ont beaucoup lu, avec leur oreille, et
c'est dans cette résonance sociale et musicale qu'ils

jugent des livres. Quoique plongés dans une civilisation de l'écrit et de l'imprimé, leur usage oral de la langue est encore plus exigeant pour celle-ci, plus soucieux de son bonheur d'expression, que les écrivains professionnels ne peuvent l'être à leur table de travail. Le plaisir de l'écoute, dans une société de gourmets de la parole, prime pour eux sur le « plaisir du texte ». Le texte littéraire français, pour durer, doit emprunter l'apparente facilité orale, le bonheur sonore de la parole vive adressée à quelqu'un, et que le lecteur entend comme s'il était convié à un intense entretien oral.

On est ainsi conduit à envisager la conversation non plus, avec Mme de Staël, sous l'angle de la philosophie politique, mais sous celui de la poétique et de la rhétorique littéraires. En quoi diffèrent-elles de leur contrepartie oratoire ? Le vrai poète, comme le véritable écrivain, ne s'adresse jamais à une foule (Hugo parle à un *peuple*) ; l'un comme l'autre créent avec leur lecteur une intimité de personne singulière à personne singulière, et la merveille de la lecture en ce cas est la certitude, pour tant de lecteurs différents, qu'ils sont entrés en conversation privée avec un interlocuteur qui parle à chacun en particulier. En ce sens, la frontière entre littérature et genres oratoires est la même qu'entre conversation et éloquence, entre vie officielle et vie privée. Ce qui est vrai de toute littérature l'est plus encore de la nôtre, qui, en dépit de Proust, mais à l'honneur de Sainte-Beuve, est plus profondément enracinée qu'aucune autre dans les conversations et les sociétés de conversation. Aussi est-on tenté, en France, et à s'en tenir à la forme platonicienne que nous avons assignée à la conversation, de considérer celle-ci comme un genre littéraire *gigogne*, englobant et engendrant une multitude de microgenres oraux (la pointe épigrammatique, le récit bref et vif, l'échange stichomythique de répliques) et de genres écrits (correspondance, Mémoires, romans inscrits dans un dialogue ou retrouvant le ton parlé, et même les genres poétiques de circonstance) ; un genre par ailleurs *amphibie*, puisque se jouant sur le double registre de l'oral et de l'écrit, de l'improvisation parlée, de la lecture et de l'écriture ; un genre *encyclopédique* enfin, car la conversation d'ascendance platonicienne, comme la vraie littérature, porte *de omni re scibili et quibusdam aliis*, de la grammaire à la critique, de la politique à la métaphysique, du fait divers ou du potin à la morale. Et pour raccourcir les médiations entre *Le Banquet* et le *Phèdre* d'une part, le *Courtisan* de Castiglione et le salon de Mme de Rambouillet d'autre part, nous dirons tout à trac que le modèle français et moderne de la conversation, ce sont les *Essais* de Montaigne : vaste improvisation dictée ou écrite, les *Essais* préservent le primesaut, le ton amical, les méandres imprévus d'un entretien familier et socratique non seulement avec le lecteur, qui est déjà pour Montaigne « mon semblable, mon frère », mais aussi avec cette société excellente des Anciens, philosophes, poètes, héros, qui grâce à Montaigne cessent d'être des livres et deviennent des interlocuteurs d'une causerie générale et passionnante. Les *Essais* enveloppent dans leurs replis une foule de genres (traités moraux, traités d'éducation, de poétique, de théologie, commentaires de textes, récits, portraits, épigrammes, réflexions sur la langue et le style), qui

emportent le lecteur dans une « conférence » et une
« expérience » complètes d'humanité, dialogue-
banquet des sages qui le laisse moins malheureux et
plus mûr. Concentré de lectures se déployant en
conversation ininterrompue, les *Essais* préfigurent les
entretiens des « honnêtes gens » du xviie siècle, dont
ils seront le bréviaire. Un autre modèle, à l'autre
bout du siècle : le *Dictionnaire* de Bayle. Mais cette
fois, il s'agit du chef-d'œuvre de la République des
Lettres, cette communauté internationale d'érudits
qui, par les voyages, les rencontres, la correspondance, la conversation entre pairs, maintient vivante
et fertile la tradition littéraire européenne : chaque
article du *Dictionnaire* est un essai qui rebondit en
notes et renvois de notes, selon un mouvement
concentrique qui introduit le lecteur dans un vaste
concile sceptique où les savants, philosophes, théologiens, philologues, depuis l'Antiquité jusqu'à l'âge
de l'humanisme, sont rassemblés, dialoguant et
s'interprétant mutuellement. Bayle a construit un
immense coquillage de conversation érudite où une
bibliothèque d'Alexandrie transhistorique reprend
voix, se concerte et s'entretient, *concordia discors*, sans
conclure. La République des Lettres a trouvé en
Bayle son Montaigne, comme la conversation mondaine, moderne et lettrée avait trouvé en Montaigne
son Bayle. Les deux œuvres ont leurs analogies : de la
spirale de conversation elles font l'entonnoir inter-
prétatif où toutes les ressources de la parole sont
convoquées et mises en œuvre pour rémunérer et
harmoniser les récurrentes apories de la pensée et de
l'action ; leurs auteurs sont les scribes qui, résumant
cette méditation collective et la concentrant dans
l'écrit, lui permettent de rebondir et de se pour-

suivre. Comme les *Essais* avaient été la source de la grande conversation française de l'âge classique, le *Dictionnaire* de Bayle sera la corne d'abondance de la grande conversation européenne de l'âge des Lumières.

L'aspect politique et l'aspect littéraire de la conversation et des sociétés de conversation peuvent et doivent être dissociés, pour la commodité de l'analyse. En fait, ils sont indissociables. Heuristique, éristique, herméneutique, la conversation met au service de la politique cette diplomatie de l'esprit qu'est la littérature, critique générale du langage et des conduites humaines, *confrontation générale* des pensées et des passions. Elle introduit dans la politique cette distance interprétative, ce recul de l'esprit de finesse qui seuls peuvent la rendre quelque peu libérale. Inversement, la proximité du politique maintient la conversation en éveil, en contact dangereux avec le drame humain, quoique avec le recul nécessaire pour le réfléchir et lui reconnaître des précédents. Genre littéraire ininterrompu, entrelaçant la parole à l'écrit, la mémoire à l'actualité, la conversation, parisienne ou européenne, est à la fois le gyroscope politique de la civilisation, et sa raison d'être.

I. L'AVÈNEMENT
DE LA CONVERSATION FRANÇAISE

La conversation, ni le mot ni la chose n'ont été de tout temps français : tels du moins qu'ils sont entrés dans la légende et analysés par Mme de Staël qui écrit,

dans *Dix années d'exil* : « On a vu des hommes formés
seulement par les entretiens piquants et sérieux que
faisaient les nobles et les gens de lettres[13]. » Et
encore, dans *De l'Allemagne* : « L'objet vraiment libéral de la conversation ce sont les idées et les faits
d'un intérêt universel [...] Un entretien aimable,
alors même qu'il porte sur des riens, et que la grâce
seule de l'expression en fait le charme, cause encore
beaucoup de plaisir ; on peut l'affirmer sans imper-
tinence, les Français sont presque seuls capables de
ce genre d'entretien. C'est un exercice dangereux,
mais piquant, dans lequel il faut se jouer de tous les
sujets, comme d'une balle lancée qui doit revenir à
temps dans la main du joueur[14]. »

Ces entretiens entre nobles et gens de lettres, ce
jeu de paume de l'esprit, quand sont-ils entrés dans
les mœurs parisiennes ? La réponse est connue : sous
Louis XIII. Les premiers « salons » parisiens, celui de
la calviniste Mme des Loges, celui de la catholique Mme
de Rambouillet, prennent forme dès les années 1615-
1617. Mais il ne faut pas se hâter de réduire la
conversation parisienne à la société mondaine. À
bien des égards, la conversation entre érudits, purement masculine, excluant les nobles d'épée tout simplement parce qu'ils ne sont pas savants, poursuit à
Paris une tradition qui remonte au *sermo convivialis*
antique[15] et à la *politia literaria* de la Renaissance[16]. Le
cercle des frères Dupuy, qui se réunit chaque jour
depuis 1617 dans la bibliothèque du président de
Thou, est fréquenté par les érudits parisiens, ou par
leurs pairs provinciaux et étrangers de passage : de
hauts magistrats et des diplomates, de la stature d'un
Peiresc ou d'un Grotius, s'y retrouvent. C'est le

centre nerveux de la République des Lettres savantes de l'Europe, et le foyer d'un réseau de correspondance qui fait coopérer Néerlandais et Italiens, Anglais et Allemands : par le biais des jésuites et de leurs missionnaires, relayés par Peiresc et ses correspondants, ce réseau encyclopédique s'étend au-delà des frontières de l'Europe. C'est sa mémoire en travail et en action. Les entretiens de ces érudits qui, souvent, ont eux-mêmes des emplois dans les cours, sont aussi réglés et civils que ceux du grand monde, et aussi dépourvus de cérémonie que de pédantisme. S'il leur manque les raffinements de la galanterie, ils sont prévenus contre les sophismes de la mondanité. Cette tradition érudite, étrangère à l'esprit de salon, se perpétuera sous Louis XIV et au XVIIIe siècle elle trouve alors son centre dans l'Académie des Inscriptions. Au XIXe siècle, elle renaît chez Delécluze, ou dans la société de Sainte-Beuve, de Taine, de Renan.

Il est indéniable toutefois que, pour l'Europe entière, la conversation française s'est identifiée à sa version mondaine. Le triomphe des Modernes, dès les années 1700, a parachevé son empire : elle a pu dès lors annexer, faute de la conversation érudite, qui lui échappera toujours, la conversation des « nouveaux savants », géomètres et naturalistes, que les Fontenelle, les d'Alembert et les Buffon lui ont prêtée sans remords.

La naissance de cet empire, sous Louis XIII, est contemporaine de la stabilisation de la cour à Paris. Elle accompagne l'essor de la langue « réformée » par Malherbe. Les *Œuvres* du poète, qui avait donné son nom de « bergère », Arthénice, à Mme de Rambouillet, sont publiées en recueil par Godeau en

1630 ; les *Lettres* de Guez de Balzac, qui réforment le
genre épistolaire en prose « malherbienne », avaient
paru en 1624. Le mot même de « conversation »,
emprunté à la traduction française de la *Civil conversazione* de Stefano Guazzo, parue dès 1579, entre
alors en usage dans la langue mondaine, dans un
sens moderne qui est très différent de celui du latin
conversatio[17]. Les hôtels de l'aristocratie adoptent une
disposition intérieure plus propice à la vie de société.
Les arts et les manières de table s'accordent à la
magnificence réglée de ces demeures hospitalières.
Faut-il croire pour autant que la cour est la source et
le modèle de cette nouvelle « civilisation des
mœurs » ? Elle fixe sans doute la haute noblesse à
Paris. C'est dans les rangs de cette aristocratie de
cour, qui a lu *L'Astrée*, les *Essais* de Montaigne, que
Mme de Rambouillet, la princesse de Condé, la
comtesse de Soissons, choisissent leurs hôtes. Mais
sous Louis XIII, la cour est une cohue peu favorable
à ce jeu de paume oral entre nobles et gens de lettres
qui est, selon Mme de Staël, l'essence de la conversation mondaine. Celle-ci est un phénomène de ville,
et non de cour. Ce n'est pas le roi Louis XIII, que
Mme de Rambouillet trouvait sans manières et sans
esprit, ce n'est pas le décorum du Louvre, traditionnellement fort laxiste en France, et il le restera
jusqu'à Louis XIV, qui peuvent servir d'arbitre ni de
règle à ce sport élégant. Il faut que quelques grandes
dames, dans leurs propres demeures, imposent à des
hôtes triés sur le volet les mœurs, le ton, le *fair play*
de la conversation ; il faut leur autorité et la galanterie qui leur est due, sur le modèle des nymphes de
L'Astrée, pour que les deux « équipes » de ce grand

jeu, les nobles et les gens de lettres, acceptent, dans une égalité fictive, d'échanger leurs talents et de rivaliser dans l'art de parler avec esprit. La cour n'est pas loin, mais elle est l'objet de la conversation, elle n'en est pas le théâtre. L'entraînement acquis en terrain privé, dans le loisir, n'est pas inutile dans les affaires ni dans les commerces que l'on peut avoir sur le forum de la monarchie. Tous les traités *Du courtisan* comportent un chapitre sur l'art de bien parler à la cour, d'y flatter à bon escient, d'y plaire avec tact[18]. Mais cette rhétorique intéressée n'est pas la conversation, qui s'épanouit à l'écart de la vie préoccupée : son vrai climat, libre et détendu, ne se trouve que dans le loisir et le plaisir des demeures privées, où l'on se retrouve dans une compagnie choisie par une maîtresse de maison qui se soucie moins de hiérarchie que d'harmonie. Tous les mythes littéraires qui forment l'architecture symbolique des sociétés mondaines de conversation — les îles Fortunées, l'Arcadie, le banquet platonicien — sont des mythes de la vie de loisir noble, à l'écart de la vie d'affaires et de la vie publique. La ville et la campagne, dans leurs sites privilégiés, font contrepoint à la cour. Mais cette vie privée n'est pas une vie cachée. C'est un théâtre, quoique d'un autre ordre que celui de la cour. Compter parmi les élus de l'hôtel de Rambouillet est un honneur plus rare, pour un noble, même pour un grand, que les honneurs de la cour, dès le règne de Louis XIII et la Régence d'Anne d'Autriche. À plus forte raison est-ce une faveur sans prix pour les gens de lettres : dès sa fondation, l'Académie est peuplée d'habitués de la Chambre bleue.

Pour un jeune homme que l'on veut lancer, même dans l'Église, sa présentation chez la marquise compte autant que ses débuts à la cour. Bossuet y fera le premier sermon de sa brillante carrière parisienne, avant même de prêcher le Carême du Louvre. Comme il le fit de nuit, Voiture eut ce bon mot : « Je n'ai jamais vu prêcher ni de si bonne heure, ni si tard. » Dans son ordre, Mme de Rambouillet exerce donc une sorte de royauté, que retrouvera Mme de Lambert en 1690, mais que Mme du Plessis-Guénégaud et Mlle de Scudéry, à un moindre degré, avaient héritée d'elle dès le temps de Fouquet et de Colbert.

Le lieu de la conversation mondaine est donc fixé : c'est l'appartement de réception, c'est le jardin d'une demeure privée. Son temps l'est aussi : c'est celui du loisir. Ce jeu entre égaux a un arbitre : la maîtresse de maison. La conversation mondaine projette dans le cadre urbain et privé du salon, de la ruelle, du souper, un scénario littéraire, celui de Pétrarque et de Laure, celui des « amants » du roman pastoral, lointains héritiers du couple Socrate-Diotime du *Banquet* : il attribue à la dame de noble naissance une fonction d'*aimant* de la parole et de la conduite civiles pour les hommes qui « se rangent sous ses lois ». L'*Introduction à la vie dévote* de François de Sales, publiée en 1607, adoptait ce scénario néo-platonicien, le baptisait et en faisait un modèle pour les femmes de l'aristocratie catholique[19]. La Philothée que dirige l'évêque de Genève (et Mme de Rambouillet est une Philothée) est épouse, et mère, elle vit dans le monde, mais par sa vie intérieure (prière, méditation, retraite, lecture) elle échappe à ses vices : elle s'y trouve même en mission. De son

charme, de son sourire, de sa parole, elle fait autant
d'anses pour élever son entourage, et d'abord les
hommes de son choix, à la civilité chrétienne. En
d'autres termes, elle impose, comme les nymphes et
bergères de *L'Astrée*, des règles morales et esthétiques
à la conversation dont elle est l'arbitre.

Ce rôle que jouèrent quelques nobles dames dans
le développement d'une vie de société proprement
parisienne mérite qu'on s'y arrête. La conversation
française ne se contente pas de faire dialoguer
nobles et gens de lettres, selon la définition de Mme
de Staël. Ce dialogue lui-même n'est possible que par
la présence d'un tiers : l'« honneste femme ». Celle-ci
bénéficie en France, dans la haute noblesse, d'une
tradition proprement féminine d'éducation, dont les
racines sont anciennes[20] : la *Cité des Dames* de Christine de Pisan, l'*Instruction* d'Anne de Beaujeu à sa
fille. Renouvelée par la Renaissance italienne, cette
tradition a trouvé au XVIIe siècle en France son terrain favorable dans la ferveur de la Réforme catholique, et dans les ordres religieux féminins qu'elle
revivifie ou qu'elle crée. La fierté féminine, objet de
tant d'attaques savantes ou gaillardes, trouve dans
cette tradition son recours : elle y puise à la fois la
certitude d'une *nature* féminine qui a sa noblesse
propre, dont l'ultime modèle est la Vierge, et l'habi-
tude de traduire en termes proprement féminins des
arts qui donnent forme à cette nature. Rhétorique,
théologie morale, spiritualité, toute l'encyclopédie
de l'humanisme chrétien est absorbée par le milieu
éducatif féminin et appropriée, avec d'infinies
nuances, par des femmes à d'autres femmes. Des
mères d'exception s'attachent, dans de grandes

familles, à cette tâche d'éducation quasi secrète, en tout cas moins explicite que l'éducation des garçons : Jeanne de Schomberg, duchesse de Liancourt (dont le cercle littéraire et mondain brilla sous Louis XIII et la Régence) est l'auteur d'un *Règlement* manuscrit pour sa petite-fille, future épouse de La Rochefoucauld.

Plusieurs des maîtresses de maison du grand monde sous l'Ancien Régime, Mme de Lambert, auteur de l'*Avis d'une mère à sa fille*, Mme d'Épinay, auteur des *Conversations d'Émilie*, Mme de Genlis, auteur d'*Adèle et Théodore*, furent aussi les éducatrices de leurs filles. Mme de Rambouillet et Mme de Sévigné furent unies à leurs filles par le plus puissant des liens, le lien pédagogique ; Mme Necker fit de sa fille, Mme de Staël, son « chef-d'œuvre ». Toutes ces mères furent aussi, et dirait-on, du même mouvement, des musiciennes incomparables de la conversation mondaine où leurs filles parachevèrent leur éducation. Dans le concert des grands salons parisiens, ces voix de femmes formées par des femmes tiennent leur partie à égalité et en harmonie avec les voix des gentilshommes et celles de gens de lettres. Natalie Davis[21], Paule Constant ont, par des chemins différents, attiré l'attention sur ces sodalités et solidarités féminines d'Ancien Régime, que met à l'épreuve l'entrée des jeunes filles dans le mariage et dans le monde. Un des traits les plus délicats de l'*Introduction* de François de Sales, de *L'Astrée* d'Honoré d'Urfé, c'est le sens exquis que le grand directeur d'âmes et le romancier ont eu de la pudeur féminine, de l'intelligence dont cette pudeur est capable, de la douceur de mœurs dont elle est le ressort naturel, et dont les hommes, par contagion, peuvent bénéficier. Le prêtre, en saint François, le gentilhomme courtois et le poète platonicien, en d'Urfé, éprouvent une sympathie profonde pour cette délicatesse féminine dans laquelle ils reconnaissent à juste titre une force civilisatrice majeure. La conversation française est un espace de jeu qui rend possibles les *repons* entre voix flûtées et voix de basse, et qui fait de l'esprit leur point d'accord parfait. Il est fort probable que ce chef-d'œuvre de nature alliée à la culture doit son harmonie à l'élément *musical* qui entre dans sa composition et l'adoucit ; cet art mondain, comme le jardin d'Akadémos, ne va pas sans Muses.

La pédagogie de Malherbe compléta celle de François de Sales et d'Honoré d'Urfé. Elle s'exerça sur la sonorité et la trempe de la langue mondaine ; et là les femmes étaient dans leur élément : même éduquées à la lecture, à l'écriture, à des rudiments d'humanisme, elles avaient très rarement été formées au latin et au grec ; elles détenaient en un certain sens l'oreille de la langue maternelle, que les lettrés brouillaient par leur étude des langues savantes, et que les gentilshommes corrompaient plus aisément par la promiscuité des champs et des camps. Malherbe, le « grammairien de la cour », élève au rang de règles la décence et la douceur de langage chères aux bergères de *L'Astrée* et aux dévotes de saint François ; il fait du choix des mots et de leur euphonie à la fois une loi et un sujet de la conversation mondaine[22]. L'homme de lettres « malherbien » (renouant avec Guillaume de Lorris et Marot) devient ainsi le complice et le partenaire privilégié de l'« honneste femme » dans l'arbitrage

des termes mêmes de la conversation française.
Après Malherbe, c'est Voiture qui donne le ton à la
Chambre bleue, en harmonie profonde avec Arthé-
nice-Mme de Rambouillet. Mais ce duo laisse place à
toutes sortes de variantes et accords de voix : d'autres
gens de lettres, avec des tempéraments et des styles
différents, rivalisent avec Voiture : les Chapelain, les
Racan, les Godeau parlent dans le salon de la marquise avec leur voix propre, plus grave ou plus aiguë,
plus lente ou plus rapide, mais toujours au diapason
de l'hôtesse. Elle-même s'entoure de ses filles, de ses
amies qui soutiennent et modulent sa propre voix.
Tous savent chanter, beaucoup sont des maîtres du
luth, et l'une des beautés de l'hôtel de Rambouillet,
la « Lionne », Mlle Paulet, pécheresse repentie, est
aussi l'une des grandes cantatrices de l'époque.

Les gentilshommes que reçoit la marquise sont
aussi bons musiciens et danseurs que cavaliers et
escrimeurs : eux aussi ont lu *L'Astrée* et récitent du
Malherbe, du Voiture. Ils sont pris dans un champ
magnétique dont les deux pôles sont le groupe de
femmes et celui des gens de lettres, ils s'y éduquent
et rééduquent. Cette école supérieure de l'*esprit* français est la meilleure préparation aux embûches et
aux subtilités des intrigues et des ambitions de cour.
Elle forme les plus redoutables courtisans, elle sert
peut-être l'apprivoisement de la haute noblesse à la
monarchie absolue. Mais il faut y revenir : le « grand
monde » et sa conversation sont aussi peu la cour
que la conversation de Socrate était l'agora. Né du
loisir noble, le salon est une société de loisir, impré-
gnée d'utopie arcadienne et académique. C'est un
commerce détaché des liens familiaux, des rangs et

des professions, un jeu de rôles intensément littéraire. Aussi la conversation de l'hôtel de Rambouillet
(et de ses satellites les plus huppés) est-elle très vite
devenue le laboratoire de la langue littéraire, dont
elle établit oralement, et par correction réciproque,
le « bon usage ». Elle s'est imposée très vite comme le
tribunal du « bon goût » en matière de poésie, de
prose, de théâtre. Le prix des mots, comme celui des
livres, est déterminé d'abord dans la communauté de
conversation mondaine, à qui ce jugement offre
l'occasion de mettre à l'épreuve sa sagacité et son
empire. Sous Louis XIII, ce sont encore les mots et
les livres de langue française, ou italienne, ou espagnole. L'ambition est encore modeste. On ne sort
guère de l'usage ou de l'agrément. Mais le cartésianisme, le jansénisme, et même l'épicurisme de Gassendi, dès la Fronde, soumettent au tribunal de la
conversation mondaine des ouvrages philosophiques,
scientifiques, théologiques, en français. Le privilège
de la conversation savante qui se réserva longtemps
la décision sur les livres d'érudition et de science,
commence dès lors à s'ébrécher, et les mondains, qui
ne se piquent de rien, se mettent à vouloir trancher
de tout. Descartes, dans le *Discours de la méthode*
(1637) les y invitait[23], et comme ils détiennent le
secret oral de la bonne langue, leur avis, formulé
avec esprit, fait autorité sur tout.

Il finira même au XVIIIe siècle par faire autorité en
matière de théorie économique et politique. Mais il
ne faudrait pas perdre de vue que cette communauté
de jugement dialoguée est avant tout une communauté pédagogique, d'un genre très singulier, très
efficace, non dépourvue toutefois de graves défauts.

L'« école du grand monde » a pour méthode, autant que pour exercice, la conversation. En ce sens elle est à la fois une fille lointaine de l'Académie platonicienne et une proche parente de l'Académie française. Ce qu'elle enseigne, c'est d'abord le bon usage oral de la langue. Vaugelas, dans ses *Remarques sur la langue française* détermine ce bon usage d'après celui d'un ensemble restreint de locuteurs, « la plus saine partie de la cour ». On peut sans trop se risquer préciser les frontières de ce corps législatif de la langue : l'hôtel de Rambouillet et ses alliés, l'hôtel de Condé, l'hôtel de Soissons, le cercle d'Henriette d'Angleterre, bref le grand monde et sa conversation. L'Académie joue par rapport à lui le rôle de Chambre d'enregistrement et d'appel. Dans le grand monde, dans la bonne compagnie, on apprend et on décide, du même mouvement, la bonne langue. C'est un mouvement critique, autorégulateur, mais c'est d'abord un mouvement oral. Les gens de lettres, qui écrivent par profession, y participent au titre de locuteurs. Cela détermine cette asymptote propre aux lettres françaises entre le « naturel » oral de la parole du grand monde, et le naturel écrit de la littérature. Du moins est-ce là le diapason classique, celui des premières comédies de Corneille, celui de Pascal, celui de Racine et de La Bruyère. Il est attesté par les *Mémoires* de Retz, les *Lettres* de Mme de Sévigné. Bonne langue et beau style, à mi-chemin de l'écoute et de la lecture, supposent des échanges incessants entre la conversation, le dialogue de théâtre, l'audition de poèmes ou de prose écrits, mais soumis à l'épreuve de la lecture à haute voix dans un cercle choisi.

L'épreuve est d'autant plus sévère que la conversation du grand monde, parce qu'elle a pour partenaires des nobles d'épée français, est un exercice de la parole qui retient quelque chose des sports favoris du gentilhomme : la chasse, l'escrime. Vivacité, brièveté, variété, surprise caractérisent le style de ces jeux mâles : « Si je confère avec une âme forte et un roide jousteur, écrivait Montaigne, il me presse les flancs, me pique à gauche et à dextre ; ses imaginations eslancent les miennes. La jalousie, la gloire, la contention me poussent et rehaussent au-dessus de moy-mesme. Et l'unisson est qualité du tout ennuyeuse en la conférence[24]. »

Ce tournoi pointu, ce duel dialectique, qui suppose des mœurs sportives, est impitoyable pour les médiocres. Il forme des champions. Le moral de ces champions a pour entraîneurs les « moralistes ». La Rochefoucauld, le Molière du *Misanthrope*, La Bruyère, mais ils ne sont que les plus célèbres, traquent les vices et les mensonges de l'âme qui faussent la sportivité du dialogue et nuisent à sa réussite : l'*esprit*. « Notre défiance, écrit La Rochefoucauld, justifie la tromperie d'autrui[25]. » « L'amour, tout agréable qu'il est, plaît encore plus par les manières dont il se montre que par lui-même[26]. » La connaissance de soi et d'autrui est indispensable au duel à la loyale avec les autres. L'obscurité, la lourdeur, l'emphase, la technicité, l'afféterie, autant de faiblesses du style dans la conversation qui sont aussi des symptômes d'une défaillance de l'âme. Le « naturel », cet idéal de l'entretien classique, suppose une grande santé morale et une vive disponibilité à autrui. Cette affinité au vrai est l'assise des « gens d'esprit ».

Mais l'école du grand monde, justement parce qu'elle est libérale, parce qu'elle dépend d'une auto-critique et d'une autodiscipline que tout un milieu exerce sur lui-même, est exposée à des excès, à des dérives. La plus célèbre d'entre elles est la « préciosité ». Il est difficile de savoir où commence et où finit la conversation précieuse. Les témoignages imprimés abondent sur elle, mais leur interprétation reste controversée. On a été tenté de donner à la préciosité (absence de naturel dans l'expression, jargon de coterie) une assise sociologique étroite. Dans les milieux de Grande Robe et de bourgeoisie, le privilège du loisir sociable, hors de la vie domestique, est réservé aux hommes. C'est vrai à Paris, c'est encore plus vrai en province. Au moment où l'éclat des salons aristocratiques se répand, des sodalités de femmes à l'étroit dans leur milieu auraient revendi-qué la même liberté que les femmes de la noblesse d'épée, et trouvé des sigisbées et des abbés de ruelle pour les soutenir. Maîtresses absolues, chez elles, de la conversation, elles auraient cultivé par défi une sophistique de gynécée : afféterie éthérée de l'expression, métaphores et hyperboles filées, allégo-risme des sentiments. Les premières « féministes » auraient été des prudes de l'« écart stylistique ». Elles auraient déséquilibré par défaut la triade classique et naturelle du lieu de la conversation : grandes dames, gentilshommes, gens de lettres.

Cette triade fait participer les femmes à son escrime. Dans les premières comédies de Corneille, dans les *Maximes* de La Rochefoucauld, dans les *Mémoires* de Retz, dans les *Mémoires de Gramont* d'Anthony Hamilton, on entend encore ce cliquetis

rapide et saturé d'ironie, où les voix de femmes ne
sont pas les moins aiguisées. C'est cette vive attaque
qui fait le prix des *Lettres* et des poésies de Voiture, et
il faut supposer que le *Rey chiquito*, favori de la marquise de Rambouillet, donnait le *la* chez elle en
accord avec l'humeur vaillante de gentilshommes qui
guerroyaient dès le printemps : jusque dans leur loisir mondain, l'hiver, ils cherchaient querelles et jeux
dangereux. Le ton du grand monde, sous Louis XIII
et Louis XIV, est pointu. Mais même chez Mme de
Rambouillet, le marquis de Montausier accepte le
long esclavage qui précède son mariage avec la précieuse Julie d'Angennes, la fille aînée d'Arthénice, et
prend soin de rassembler le chapelet de fadeurs
galantes qui devient, en 1634, la *Guirlande de Julie*. En
réalité, la préciosité est inscrite dans la conversation
mondaine comme la sophistique dans le dialogue
platonicien, et les cercles extérieurs à l'aristocratie
mondaine l'exagèrent plus qu'ils ne l'inventent. Elle
était là dans les « Marguerites » qui avaient fleuri à la
cour de Nérac autour de la reine de Navarre et qui
réapparaissent dans la cour soldate d'Henri IV. Et
cependant les *Mémoires* de Marguerite de Valois elle-
même ont passé à juste titre au XVIIe siècle pour un
chef-d'œuvre de prose naturelle et vraiment élégante. Elle apparaît et réapparaît chaque fois que le
duel d'esprits mâles, gentilshommes ardents et lettrés
de profondes ressources, cesse d'être l'armature de
la conversation et doit céder aux artifices ingénieux
et aux conventions de la galanterie. Il est difficile de
dissocier dans ces vives répliques de la *Mélite* de
Corneille, la part de l'escrime mâle et de la comédie
galante :

TIRCIS

Si le cœur ne dédit ce que la bouche exprime,
Et ne fait de l'amour une meilleure estime,
Je plains les malheureux à qui vous en donnez,
Comme en d'étranges maux par leur sort destinés.

MÉLITE

Ce reproche sans cause inopiné m'étonne.
Je ne reçois d'amour, je n'en donne à personne.
Les moyens de donner ce que je n'eus jamais[27] ?

Saint-Évremond, reprenant un mot de Ninon de Lenclos, appelle les précieuses les « jansénistes de l'amour ». Ce sont avant tout des femmes qui ont asservi leurs hommes à la carte du Tendre, et leur parole aux dentelles du sentiment. Les adversaires de la préciosité, les Molière, les Boileau, sont résolument antiféministes. Ils se veulent les Socrate de la conversation : pour eux, le « naturel », le « vrai » dans la langue et le style supposent, même dans la galanterie et la politesse d'une société où les femmes sont aimées et goûtées, une forte dose de « mâle vigueur ». L'efféminement de la conversation et des lettres mondaines reparaîtra sous la Régence, avec le « marivaudage ». Et la Révolution sera une revanche ostentatoire de la vertu virile et de l'éloquence masculine sur les grâces flexueuses des sopranos et le jacassement des hautes-contre de la conversation des salons d'Ancien Régime. Même Mme de Staël, la grande restauratrice de la conversation après Thermidor, tranche sur la « douceur de vivre » grêle des salons prérévolutionnaires par l'amplitude presque mâle de sa voix et la force de son éloquence. La conversation savante, héritière de la conversation antique et de ses banquets entre hommes, cherchait son harmonie dans un registre grave. La conversation aristocratique, entre le péril du pédantisme et celui de la préciosité, penche de préférence vers celle-ci. L'autorité conservatrice du grand monde, liguée à celle des plus « sages » parmi les gens de lettres, n'est pas de trop pour atténuer le péril, ou le circonscrire dans des cercles marginaux. Mais elle est loin d'y parvenir toujours. *Animus* et *Anima*, le masculin et le féminin, se livrent bataille sur le terrain du loisir noble, où *Animus* est tenu de déposer ses armes, et se trouve exposé aux captures insidieuses d'*Anima*. À l'arrière-plan de la bataille, la fierté nobiliaire, atténuée par les mœurs mondaines, oscille entre l'honneur et la galanterie. Il faut aussi discerner ici le drame des lettres françaises, hésitant entre deux sentiments de la langue, l'un inspiré du latin, langue « paternelle » et vigoureuse, l'autre par la « maternité » du français, langue que Montaigne accusait d'être privée de l'antique vigueur, et que Malherbe lui-même a établie dans une mélodieuse « douceur », dégénérant aisément en fadeur et en afféterie. Un des enjeux de la conversation française sous l'Ancien Régime est sa clé musicale, qui commande à la fois le geste, la voix, le *tempo* du dialogue. Élevés dans l'admiration des classiques et de leur naturel, nous oublions aisément qu'ils furent une conquête rare et un équilibre difficile gagnés sur un monde que la mode portait à la sophistique précieuse : les abbés Cotin et les abbés de Villiers, les Mme Deshoulières et les Mme de Villedieu, les Pradon

et les Benserade étaient mieux accordés à l'air du
temps que Pierre Corneille (qui s'y plia parfois),
Molière, Racine et La Fontaine (qui ne fut pas insensible au chant des sirènes). L'époque classique reten-
tit des reproches âcres ou amers que les Ménage, les
Furetière, mais aussi les Bussy-Rabutin, les Saint-
Évremond, les vrais savants et les vrais gentilshommes
adressent à la « faiblesse du siècle » et à l'envahissement de l'Académie française par les favoris des
petits marquis, des abbés de cour et des précieuses.
Genre amphibie, la conversation règle à la fois la
sociabilité orale et les œuvres écrites ou imprimées
que celle-ci approuve ou dont elle se nourrit. La
conversation précieuse, en dépit du contre-feu des
Précieuses ridicules, est un excès très répandu au
XVIIᵉ siècle, à Paris comme en province. Molière lui-
même l'admet dans la *Critique de l'École des femmes*.
C'est la conversation naturelle, ce sont les œuvres
qu'elle approuve et dont elle se nourrit qui sont
l'exception.

II. DES LUMIÈRES
À LA RÉVOLUTION

Au début du XVIIIᵉ siècle, une école du monde,
avec ses degrés, ses maîtresses et ses maîtres, tient ses
assises dans la société parisienne. C'est une école fort
singulière, selon les critères qui prévalent depuis
longtemps parmi nous. Elle ne prépare à rien d'autre
qu'à former l'*esprit* et à l'exercer en se jouant.

L'esprit suppose l'intelligence, et même une sorte de génie, car le mot latin *ingenium* (apparenté à *inge-nuus*, bien né, de naissance libre) donne aux deux notions une souche sémantique commune. Dans un *Discours* adressé à une femme, le chevalier de Méré avait défini l'esprit comme un don et un art de penser et de dire juste, sur-le-champ, avec à-propos, avec enjouement, quelles que fussent les cir-constances et les interlocuteurs[28]. Le démon de Socrate a plus de part à cette justesse inspirée que la rhétorique de Gorgias. Cet idéal, le plus difficile qui soit, n'a rien perdu de son actualité au XVIIIᵉ siècle. L'école du monde, pour cette fin à la fois naturelle et artistique, donne la touche finale à la fine fleur des gens de lettres et des nobles préparés par le collège et le couvent. Du côté féminin, jamais l'éducation des filles de la noblesse n'a requis tant de soins. Fénelon lui a consacré un traité. Mᵐᵉ de Maintenon, qui sait bien le rôle des femmes dans l'école du monde, a ajouté Saint-Cyr, institution semi-laïque, aux couvents d'ursulines et de visitandines qui for-ment les jeunes filles bien nées. Du côté des hommes de lettres, le système des académies mis en place ou perfectionné par Louis XIV et Colbert trace un che-min des honneurs ouvert à la diversité des talents. Du côté des nobles, et des ambitieux de noblesse, la cour de Louis XIV et de Louis XV apprend à vivre dange-reusement dans le langage. Hommes de lettres, gen-tilshommes et bourgeois gentilshommes ont plus ou moins reçu l'éducation que dispensent les jésuites du collège Louis-le-Grand, à la fois maîtres d'art drama-tique, de danse, et professeurs de rhétorique. L'exemple et la symbiose du « monde » font passer de l'éloquence apprise à l'esprit.

Ni couvent, ni collège, ni cour, l'école du monde (entendons « école », comme Molière dans *L'École des femmes*, au sens de la *scholê* grecque, d'un milieu de loisir où l'on devient libre) met en présence et proprement en conversation, hors des contraintes auliques, scolaires, ou ecclésiastiques, les « bien nés » par le sang, le talent, la fortune, des deux sexes, des diverses professions et des divers âges de la vie. L'enjouement et la variété, le « beau feu » que l'une et l'autre allument pour écarter la plus légère ombre d'ennui, sont les lois douces de cette société cooptée. Mme de Maintenon peut bien régner à la cour et à Saint-Cyr, c'est Mme de Lambert, dont le salon ouvre ses portes dès 1690, qui règne sur l'école du « monde ». La Chambre bleue n'était qu'un aimable bricolage en comparaison de l'hôtel de Mme de Lambert. Mais on peut en dire autant de l'Académie dont Fontenelle est secrétaire perpétuel, en comparaison de celle de Valentin Conrart.

Le progrès dans les formes est éclatant. L'harmonie entre les divers rouages d'un mécanisme délicat, dédié à la sélection et à l'exercice d'une élite de gens d'esprit, ne l'est pas moins. Monstre politique et économique, si l'on veut, l'Ancien Régime tourne alors, de plus en plus parfaitement, sur sa pointe : ce n'est pas le roi, mais l'esprit. Celui-ci s'étend à la cour, mais son silex véritable, c'est l'école du monde, où il ne fait feu que pour ses pairs, et pour leur plaisir.

Ornée par la présence d'illustres prélats et de grands seigneurs, patronnée par le roi, l'Académie française publie en 1691 son *Dictionnaire* : en dépit de Furetière, son autorité sur le bon usage de la langue

s'en trouve solidement assise. Or, le bon et bel usage
de la langue est l'une des preuves de l'esprit, un des
principaux critères de sa supériorité. En étroite coopération avec l'Académie, le salon de Mme de Lambert est un véritable vivier où les gens de lettres
prennent le « bel air » de la langue auprès des nobles
et des femmes du monde, et en échange alimentent
leur conversation. C'est là que les réputations littéraires sont mises à l'essai, avant d'être consacrées par
l'Académie. Supérieure de l'école du monde, mère
de l'Église littéraire, Mme de Lambert perpétuera son
autorité de fait jusqu'à sa mort, en 1723, pendant
près d'un demi-siècle. Mme de Tencin prendra alors
quasi officiellement la relève, et après elle une sorte
de dynastie, vénérée dans toute l'Europe, fera se
succéder ou rivaliser Mme Geoffrin et Mme du Deffand, Mlle de Lespinasse et Mme d'Épinay, les maré-
chales de Luxembourg et de Beauvau, Mme Helvétius
et Mme Necker. C'est un royaume dans le royaume.
Nous nous imaginons le connaître : il nous est aussi
mystérieux que les cours de la Chine ou du Japon
anciens. Les vrais *artistes complets* du xviiie siècle sont
ses sujets : les autres, avec les artisans du luxe, sont là
pour leur récréation. Il faudrait évoquer les cafés
littéraires et philosophiques entre hommes : ils n'ont
rien encore de la bohème du xixe siècle et ils se
tiennent dans l'orbite, pour les manières et pour le
culte de l'esprit, de la conversation des « bonnes
compagnies », celle qui émerveille l'Europe et qui
n'a rien de prude, de gourmé, de convenu[29]. Mme de
Lambert se savait et se voulait l'héritière, dans le rôle
de Diotime de l'école du monde, de Mme de Rambouillet et d'Henriette de France. Elle écrit, dans ses

Réflexions : « On sortait de ces maisons comme des repas de Platon, dont l'âme était nourrie et fortifiée[30]. » La conversation pour cette amie de Fénelon est une quête de la perfection à plusieurs : connaissance de soi et d'autrui, mœurs et manières, langage et gestes. Le personnel pédagogique, pour une fin aussi salutaire, ne saurait être choisi avec trop d'exigence.

Cet art s'entre-enseigne par exemples et symbiose, non par leçon. Et ce qu'il enseigne est un je-ne-sais-quoi qui donne l'air et le goût du grand monde, et qui suppose donc, même chez les débutants et les étrangers, un degré de dégrossissage déjà remarquable. C'est une école supérieure, où maîtres et élèves, anciens et nouveaux, jouent à égalité ; le « recyclage » est permanent. Mme de Lambert recevait deux « jours » par semaine, le mardi et le mercredi. Chacun de ces jours avait un programme différent, et des hôtes en partie seulement identiques. Son salon était devenu à cette époque une véritable institution, aussi harmonieuse, quoique moins formelle, que le Conseil du Roi ou l'Académie. Le président Hénault, qui était des deux jours, a évoqué dans ses *Mémoires* l'emploi du temps du mardi, où seules les personnes « du premier mérite » (moins par le rang que par l'autorité littéraire et mondaine) étaient admises :

Il fallait passer par elle pour aller à l'Académie française ; on lisait les ouvrages prêts à paraître. Il y avait un jour de la semaine où l'on y dînait ; et toute l'après-midi était employée à ces sortes de conférences académiques. Mais le soir, la décoration changeait ainsi que les acteurs. Mme de Lambert donnait à souper à une compagnie plus galante[31]...

Les gens du grand monde s'attablent alors, hommes et femmes, avec les académiciens ou les futurs académiciens. C'est autour d'un banquet, aux chandelles, avec tout l'apparat du luxe, que les gens de lettres passent de la conversation académique à la conversation galante. Le mercredi, Mme de Lambert reçoit à souper, outre certains habitués du mardi, les artistes, les « virtuoses » étrangers, les littérateurs ou savants de second ordre.

Fontenelle est à Mme de Lambert ce que Voiture était à Mme de Rambouillet : mais cette fois le poète, l'auteur, le causeur est aussi un « nouveau savant », secrétaire perpétuel de trois Académies, dont celle des sciences. Ce Moderne, dans ses *Entretiens*, a donné la mesure de son talent de pédagogue : il fait sa cour à une jeune marquise en l'éveillant à la physique selon Descartes. Il est au centre d'une nouvelle encyclopédie, allégée de l'érudition humaniste, qui réunit la méthode des géomètres et leur cosmologie au bel esprit et au bon usage littéraires. Fontenelle fait la synthèse entre l'églogue précieuse et le *Discours de la méthode*. Mais la langue et la littérature, médiatrices entre la nouvelle science et le grand monde, sont néanmoins la préoccupation majeure du salon de Mme de Lambert, et le lien éducatif par excellence de cette société. Le Père Bouhours, oracle du bon usage français et expert en esprit, avait fréquenté chez Mme de Lambert de 1698 à 1702. Il y avait trouvé de nouveau rassemblée cette « plus saine partie de la cour » qui, selon Vaugelas, est l'arbitre vivant et oral du bon usage français.

L'« échantillon » de locuteurs rassemblé autour d'elle par Mme de Lambert était choisi d'instinct avec un soin qui, dosant les différentes variables (âge, sexe, rang, profession) de la « bonne compagnie » parisienne, restreignait la marge d'erreurs, et avec plus de finesse que les techniques actuelles de sondage d'opinion. L'opinion, en l'occurrence, c'était le jugement à porter sur les ouvrages de l'esprit, sur les réputations d'esprit, mais aussi sur les mots, les locutions, le tour, le style du meilleur parler et écrire avec esprit en français. Cette école enjouée est aussi un tribunal, et c'est d'ailleurs au titre de tribunal qu'elle est une si bonne école. Mais si subtil que fût l'agencement de cette conversation, sa subtilité même introduisait une marge d'erreur. Le salon de Mme de Rambouillet avait engendré la première « préciosité ». Celui de Mme de Lambert (qui elle-même était cependant très prévenue du péril) en engendra une seconde, que dénonça en 1726 le *Dictionnaire néologique* de Desfontaines. L'ouvrage connut un grand succès. Les habitués de Mme de Lambert, Fontenelle, Houdart de la Mothe, le jeune Marivaux, y figurent au premier rang des « nouveaux précieux » que dénonce le critique[32]. Le creuset du bon usage aurait donc été l'origine d'une déviation périlleuse pour la santé de la langue et donc pour la justesse des pensées. On vérifie toutefois à cette occasion à quelle autorité pouvait atteindre un seul salon, puisque le maniérisme langagier qui s'y est établi, les œuvres littéraires qui s'y conforment et qui sont approuvées par lui passent pour un péril majeur et suscitent, comme la première préciosité, une critique qui elle-même est fort écoutée. Si grande en effet

1. Une séance de l'Académie au Louvre, après 1672. Il ne s'agit certainement pas d'une représentation exacte : tout a été embelli et anobli pour glo-
rifier l'institution royale. Au fond de la salle, le graveur a représenté un
trône vide, sur le modèle de celui qui, au Parlement de Paris, attendait en
permanence le souverain pour un « lit de justice ». Les deux vignettes, au-
dessus de l'arc de triomphe fictif, représentent l'accueil des académiciens
par Louis XIV et la reine Marie-Thérèse, pendant une cérémonie de la
Cour.

2. Composition allégorique où les académiciens et leurs premiers Protecteurs ne figurent qu'à titre d'ornements sur la couronne de lauriers du roi et, parmi d'autres symboles de l'« immortalité » de celui-ci : sa devise, les trompettes de la renommée, les fleurs de lis ornant le globe terrestre.

Aux yeux de Paris enchanté
Reçois cet hommage
Que confirmera d'âge en âge
La sévère Postérité.
Non tu n'as pas besoin d'atteindre au noir rivage,

Pour jouir de l'honneur de l'immortalité,
Voltaire reçois la couronne
Que l'on vient de te présenter ;
Il est beau de la mériter,
Quand c'est la France qui la donne.

Dorvis del.   A Paris chez Esnauts et Rapilly, rue St Jacques, à la Ville de Coutances. Avec Privilege du Roi.   Dupin sculp.

3. Composition allégorique destinée à commémorer l'apothéose de Voltaire en 1778, à la fois à la Comédie-Française et à l'Académie.

4. Des trois candidats, seul Hugo sera reçu à l'Académie. Les romanciers Dumas et Balzac n'y rentreront pas (1839).

Imp. de Me Ve Aubert, 5.r. de l'Abbaye Paris.

Frappez et on vous ouvrira!

5. Montalembert, en abbé et armé d'un de ses ouvrages historiques, frappe à la porte de l'Académie, qui vient, en effet, de l'élire (1850). Daumier se fait ici l'interprète des «rebelles» qui, sous le second Empire, font décidément sécession, artistes, romanciers et poètes mêlés, de l'ordre officiel des Lettres garanti par l'Académie.

6. Sainte-Beuve en académicien. Sainte-Beuve fut le plus intelligent et le plus profond interprète de la « norme académique » du XIXe siècle.

7. L'Académie en personne, photographie d'Henri Cartier-Bresson, 1953.

8. Watteau, *Étude de deux hommes conversant*. L'apogée de la conversation à la française reflété dans le geste : la grâce d'une danse, la facilité dans l'improvisation, la parfaite convenance avec autrui.

9. Angelo Decembrio, *De Politia literaria.* Sur ce bois gravé de 1540, l'idéal de la coopération des esprits dans les académies humanistes, une Cène dont l'eucharistie est le livre.

10. Abraham Bosse, *L'Ouïe*. La conversation mondaine, sous Louis XIII, est une quête de l'harmonie entre les esprits. Le concert en chambre, sans autres auditeurs que les instrumentistes, est l'une de ses métaphores les plus exactes.

CONVERSATIONS..

Se. le Clerc. F.

11. Frontispice des *Conversations* de Mlle de Scudéry (nouv. éd., 1710), gravé par Sébastien Leclerc. La « galerie », largement ouverte sur l'extérieur, jardin et parc, est l'un des lieux favoris de la conversation et du loisir lettré depuis la Renaissance. Le « salon » en est une variante.

12. Rubens, *Le Jardin d'amour* (détail). Rubens a représenté dans cette composition le mythe de la « conversation galante » à la française, que reprendra Watteau dans l'*Embarquement pour Cythère*. Les dieux de l'amour et de la fécondité, dans un parc toujours vert, accompagnent une chorégraphie de danse nuptiale.

13. Watteau, *La Conversation*, 1712-1713. Watteau a fait de la «conversation galante» un genre en soi, un lieu commun pictural. Danse, musique, verdure, clair-obscur atmosphérique, autant de métaphores visuelles dans cet accord délicieux mais épéhémère entre jeunes amis et amants.

14. *Parceval de Grandmaison lisant des vers de son poème de Philippe Auguste,* 1824, in *Madame Ancelot : un salon de Paris.* Dans cette scène, peinte par Mme Ancelot, pour illustrer son salon sous la Restauration, figurent Baour-Lormian, Victor Hugo, Alfred de Vigny, Delphine Gay (plus tard Mme de Girardin). Le «comme il faut» bourgeois empèse la conversation romantique.

15. *Rachel récitant des vers du rôle d'Hermione dans la tragédie d'Andromaque,* in *Madame Ancelot : un salon de Paris.* Dans ce groupe de célébrités rassemblées chez Mme Ancelot, sous la monarchie de Juillet, figurent Chateaubriand, Tocqueville et Mme Récamier. Avec Delphine Gay, Mme Ancelot fut l'animatrice et le chroniqueur le plus averti de la «bonne société» parisienne sous la Restauration et la monarchie de Juillet. La conversation de salon devient, avec ces dames, une conversation de bonne compagnie.

REMARQUES
Sur la Langue
FRANCOISE
A Paris
Avec Privilege du Roy
1647

16. Frontispice de la première édition des *Remarques sur la langue française,* de Vaugelas, 1647.

que soit l'autorité d'un salon, même soutenue par Fontenelle, elle n'est pas un dogme accepté sans discussion. Cette Querelle fut assez vive pour obliger Marivaux à corriger, lors d'une nouvelle édition, la prose trop « néologique » de son *Spectateur*[33]. Cette autocritique n'est pas sans précédent. Quand La Fontaine avait écrit en 1660 :

> *Et maintenant il ne faut pas*
> *Quitter la nature d'un pas*

il désavouait ses premiers essais « précieux ». La conversion de Marivaux fut moins tranchée. Voltaire, fidèle à Boileau, détestait, par-delà la manière de Marivaux, l'école de conversation dont elle dérivait. L'ironie de Voltaire est l'envers de son grand style tragique. L'humour arachnéen des analyses de Marivaux, beaucoup moins naïf que le sérieux hyperbolique de la première préciosité, est d'autant mieux introduit dans les replis sophistiques d'une féminité que Voltaire veut bien connaître, mais à distance. Marivaux est du parti des femmes et des Modernes. Si l'on ne peut entendre les voix ni les propos qui s'échangeaient chez Mme de Lambert, il nous est loisible d'en connaître la transposition stylisée dans les répliques des comédies de son hôte, dans les délicats méandres de ses romans. C'est l'esprit de l'« école », mais interprété par son plus grand maître, et le plus original :

> LA COMTESSE : Vous avez là un amour bien mutin ; il est bien pressé.
>
> LE CHEVALIER : Ce n'est pas ma faute, il est comme vous me l'avez donné.

LA COMTESSE : Voyons donc ; que voulez-vous ?

LE CHEVALIER : Vous plaire.

LA COMTESSE : Eh ! bien, il faut espérer que cela viendra.

LE CHEVALIER : Moi ! Me jeter dans l'espérance ! Oh ! que non ; je ne donne pas dans un pays perdu, je ne saurais où je marche.

LA COMTESSE : Marchez, marchez ; on ne vous égarera pas.

LE CHEVALIER : Donnez-moi votre cœur pour compagnon de voyage et je m'embarque.

LA COMTESSE : Hum ! nous n'irons peut-être pas loin ensemble.

LE CHEVALIER : Eh ! par où devinez-vous cela ?

LA COMTESSE : C'est que je vous crois volage.

LE CHEVALIER : Vous m'avez fait peur ; j'ai cru votre soupçon plus grave ; mais pour volage, s'il n'y a que cela qui vous retienne, partons ; quand vous me connaîtrez mieux, vous ne me reprocherez pas ce défaut-là. (*La Fausse Suivante,* acte II, scène VIII.)

Sentiments allégorisés, comme dans le *Roman de la Rose (Amour mutin, pressé),* métaphores hardies alliant l'abstrait et le concret *(me jeter dans l'espérance),* métaphores filées de réplique en réplique *(marche, voyage, embarquement pour Cythère),* autant de « néologismes » que moque Desfontaines, et que Voltaire décrit dans une formule célèbre comme une « métaphysique du cœur », ou encore plus cruellement, à propos des *Serments indiscrets* : « Beaucoup de métaphysique et peu de naturel : les cafés applaudiront pendant que les honnêtes gens n'entendront rien. » Le monde de

Marivaux est exactement celui de *Love's Labours Lost*
de Shakespeare, qui se déroule dans une cour française, et où la « divine rhétorique » (IV, III, 57)
qu'inspirent les yeux de femme l'emporte sur la
« petite académie » platonicienne (I, I, 13)
qu'auraient voulu former entre hommes, paisible et
contemplative, les gentilshommes et le roi de
Navarre. Écouter du Marivaux, c'est réentendre les
« voix qui se sont tues », leur harmonie, leur mélodie, leur ingéniosité à se connaître et à se
reconnaître : les propos des hôtes les plus « galants »
des soupers chez Mme de Lambert. Écouter des *Fables*
de La Fontaine, c'est réentendre le ton et le tour,
l'épicurisme acide et le charme courtois qui prévalaient dans l'entourage de Mme de La Sablière. La
haute fidélité de la littérature écrite préserve ainsi
sinon la lettre, du moins l'esprit de ces cercles qui se
voulurent aussi des « îles des Bienheureux », et au
centre desquels une Muse chef de chœur accordait
les voix. Aucun d'entre eux n'a épuisé la musique de
la langue, chacun d'eux a fait un choix qui s'est attiré
à juste titre les critiques. Reste qu'ils inventèrent
chacun une « école musicale » (*musique*, pour les
Grecs, était un mot qui résumait la haute éducation
libérale) où la connaissance morale, la délicatesse
des manières et de la politesse, l'art de bien parler
formaient un « style » d'être ensemble que plusieurs
chefs-d'œuvre, parfois, ont fixé par écrit, pour toujours. Les sophistes et Socrate y poursuivent leur
dialogue dans la langue de Malherbe.

Chaque famille, chaque milieu, dans l'Ancien
Régime, avait sa propre interprétation de la langue et
du style français de conversation. La langue était

vivante, variée, à la différence du latin des savants, grammaticalisé et figé par le collège, l'enseignement. Le salon mondain, à la différence de la conversation entre humanistes formés au latin, est le creuset où ces différentes couleurs de la langue vivante cherchent dans le dialogue une harmonie lumineuse, et avant tout entre couleurs féminines et couleurs masculines, entre cœur et esprit, polarité ignorée des doctes. Paris a mis au point une sorte de parlement pluriel de la langue du royaume. Ce parlement est doublement contrôlé et critiqué : par l'Académie française, qui joue le rôle de Sénat, mais aussi par les moralistes et les grammairiens exclus de ces « chambres de rhétorique » et qui savent faire appel à l'opinion publique. Le régime de la langue et du style français, sous l'Ancien Régime, s'il est centralisé à Paris, n'est pas absolutiste : il ressemblerait plutôt au régime parlementaire anglais que Montesquieu et Voltaire admiraient et, comme lui, il est de droit coutumier. Dès le règne de Louis XIV, les Ménage, les Furetière, l'un interdit d'Académie, l'autre exclu en 1690, invoquent contre les normes mondaines et académiques la mémoire de la langue, son étymologie, et un « bon sens » établi par un corps de locuteurs plus vaste, à la fois dans le temps et dans l'espace du royaume.

Ménage disait : « On est toujours enfant dans sa langue, quand on ne lit que les auteurs de son temps, et que l'on ne parle que la langue de sa nourrice. On donne un tour plus net et plus sublime à son discours quand on suit la généalogie des termes dont on se sert ; et comment le saura-t-on si l'on n'a pas lu les Anciens dans leur langue[34] ? » Les « mercredis » de Gilles Ménage, réunions entre hommes, et entre philologues, avaient été ainsi l'observatoire critique de cet usage mondain que l'Académie se bornait à enregistrer. Les *Observations sur la langue française* que le grand linguiste publia en 1671 sont un garde-fou contre les étroitesses et les erreurs du bon usage purement mondain. Les recueils d'*ana* (*Scaligerana*, 1666, *Menagiana*, 1693, *Furetieriana*, 1696, *Santoliana*, 1708, *Huetiana*, 1722) rassemblent les propos et remarques de ces conversations savantes ; celles-ci portent très souvent sur des questions de langue, de style, et font ainsi contrepoids par l'imprimé à la conversation mondaine[35]. Faible contrepoids : les érudits philologues de la stature des Étienne Pasquier, des Gilles Ménage, des Pierre-Daniel Huet se font rares, et les *ana* cessent au cours du XVIIIᵉ siècle de compter parmi les genres savants. Ils deviennent de simples compilations amusantes.

À la philologie historique et érudite, qui préconisait une mémoire du bon usage, a fait place une autre sorte de grammaire savante, celle dont les logiciens de Port-Royal, Arnauld, Lancelot et Nicole, ont fixé la doctrine dès le règne de Louis XIV. C'est cette grammaire dite générale qui fait autorité dans l'*Encyclopédie* de Diderot et de d'Alembert.

Elle sera un dogme pour les Idéologues et pour les « doctrinaires ». Elle divise le style écrit et prémédité de cette improvisation orale à plusieurs qui, pour Vaugelas et Bouhours, comme pour Ménage et Furetière, reste l'épreuve ultime de la bonne langue et du style naturel. Port-Royal, mais sans Pascal, est à l'origine d'une rationalisation du discours, d'une perte de la naïveté vive et orale de la conversation fran-

çaise. Mais tel est au XVIIIe siècle l'empire de la
conversation que le beau feu de l'esprit, même chez
les encyclopédistes Diderot, Suard ou Morellet,
l'emporte sur la théorie cartésienne de la grammaire
raisonnée de Du Marsais et sur la logique de Condillac. Les « mots », les saillies qui résument à propos
une pensée soudaine, qui s'improvisent dans le bien-
être stimulant d'une société de talents, qui frappent
la mémoire et amusent l'imagination, contribuent à
l'ivresse légère sans laquelle il n'est pas de conversation. Ces pointes XVIIIe, recueillies à leur tour sous
forme d'*ana*, colportées dans toute l'Europe, rem-
plissent des volumes. Fontenelle, à qui l'on apprend
que son opéra est menacé d'interdiction par l'archevêque de Paris, car un chœur de prêtres y figure,
rétorque : « Je ne me mêle point de son clergé, qu'il
ne se mêle pas du mien. » A M. de Chaulnes, qui
se demande à haute voix comment se faire peindre
en pendant de sa femme, représentée en Hébé,
Mlle Quinault lance : « Faites-vous peindre en
hébété. » Montesquieu, à propos d'un ami avec qui il
s'est brouillé, prévient : « Il ne faudra jamais me
croire quand je dirai du mal de lui. » Prestes jeux de
sens qui d'une figure, d'un mot, d'une syllabe font
un « trait[36] » toujours piquant et pouvant aller
jusqu'à la vraie profondeur morale, aux dépens
même de celui qui l'énonce, ce qui est la suprême
élégance. La fronde politique trouve en lui son
expression naturelle, et sur ce point le grand monde
s'accorde avec le peuple, grand amateur de « chansons » satiriques. C'est l'une de ces chansons
qu'ébauche la maréchale de Luxembourg, à qui
l'on relate de nouvelles générosités de Louis XV
pour Mme du Barry et qui glisse à l'oreille du prince

de Ligne : « Il n'y a décidément que trois vertus en
France, vertuchou, vertubleu et vertugadin. » Ces
saillies du loisir gagnent la cour, et se mêlent aux
grandes affaires. Louis XVI, célèbre pour ses goûts de
chasseur et son amour des « Miraut et Briffaut »,
feint de croire qu'on appelle ses chiens lorsqu'il
entend nommer « tous ces économistes, Turgot,
Mirabeau, Baudeau[37] ».

Mais ce sel attique est mieux à sa place ou plus
dangereux à la ville, et Rousseau lui-même a dû
rendre hommage à la qualité de la conversation parisienne, à l'harmonie des ingrédients variés qui font
sa saveur. « Le ton de la conversation y est coulant et
naturel, il n'est ni pesant ni frivole ; il est savant sans
pédanterie, gai sans tumulte, poli sans affectation,
galant sans fadeur, badin sans équivoque. Ce ne sont
ni des dissertations ni des épigrammes. On y raisonne sans arguments, on y plaisante sans jeu de
mots, on y associe avec art l'esprit et la raison, les
maximes et les saillies, la satire aiguë, l'adroite flatterie, la morale austère[38]. »

Le naturel selon Boileau, Molière et Voltaire,
aurait donc, en dépit des tentations précieuses, pré-
valu grâce au subtil jeu de contrepoids et de correc-
tions réciproques qui contrôle les formes de l'entretien entre gens de lettres et du monde. Toute une
littérature normative, déjà abondante au XVIIe siècle
avec les Méré, les Scudéry[39], les Vaumorière[40], perpétue au XVIIIe siècle les règles de l'*art* de converser, que
la philosophie diffuse du siècle érige en discipline du
bonheur en société.

Cependant, cette école du monde, que toute
l'Europe imite ou souhaite fréquenter, est l'objet

d'une critique radicale. Rousseau ne se contente pas d'être le Molière, ni même le Socrate, de la conversation à la française : après avoir lui-même piqué la curiosité des salons parisiens, il s'en fait le Diogène. Non que le citoyen de Genève, sauf dans ses *Rêveries* finales, remette en cause le principe même de la conversation, et sa fonction éducative, conforme à la nature de l'homme, né sociable, né pour le langage. Mais il voit dans les institutions qu'elle s'est données à Paris un édifice artificiel, nuisible à la vraie vie politique, à la vérité des sentiments privés et à la vérité tout court. La préciosité n'était pour les moralistes français qu'une déviation à redresser. Pour Rousseau, le monde parisien et sa conversation sont par essence une sèche sophistique. Sa critique est amorcée dans les deux *Discours* (1750-1755) où il reprend en fait la position des Anciens face aux Modernes, dans la fameuse Querelle, mais avec une argumentation neuve et autrement radicale. Toute la civilisation « moderne », trahison de la nature et de la vertu, est citée au tribunal d'une Antiquité que Rousseau rajeunit en la rapprochant des « bons sauvages » célébrés par l'ethnologie naissante. Ces deux réquisitoires véhéments réveillaient la mémoire, assoupie depuis le XVIe siècle, de l'éloquence du vieux Caton et du Paysan du Danube. Et avant même de proposer, dans l'*Émile* (1762), un programme d'éducation qui ne prépare ni à la cour ni au monde, mais à une vertu naturelle indemne de ces théâtres corrupteurs, Rousseau emprunte les voies de la fiction romanesque pour détruire le prestige de la conversation à la française et cela dans le cœur même des femmes, qui croyaient en être les reines

(*La Nouvelle Héloïse*, 1761). La société moderne est méchante, mais l'homme est naturellement bon. Le charme que Rousseau reconnaît aux mœurs de la bonne société moderne par excellence, la française, est donc à ses yeux d'autant plus perverti et pervertisseur. En attendant la société régénérée par le *Contrat*, il n'y a de salut et de bonheur vrai que dans de petites sociétés d'amis innocents, mais avertis, qui se formeraient loin de Paris, loin même de toute ville. Rousseau ici retrouve le grand mythe originaire de la conversation, l'Arcadie. *La Nouvelle Héloïse* nous fait assister à la genèse, à la périphérie de la modernité corrompue, d'une petite Arcadie. Elle se cherche à mi-chemin entre Paris et Genève. À Paris, Saint-Preux découvre la conversation à la française : « Le Français, écrit-il, est naturellement bon, ouvert, hospitalier, bienfaisant[41]. » La bonne compagnie française lui semble d'abord une sorte d'efflorescence artiste de ces vertus naturelles. Une analyse plus attentive lui révèle, sous ces apparences de coopération harmonieuse, un théâtre truqué de sophistes versatiles et hypocrites. La communauté de la parole, trahissant la nature, voile en France la férocité secrète de la guerre de tous contre tous, et facilite sa perpétuation.

À Genève, en revanche, telle que l'observe Claire, un autre personnage de *La Nouvelle Héloïse*, la bonté naturelle des habitants s'allie à la plus directe franchise. La corruption de la nature par la société prend des formes si naïves et rugueuses qu'elle fait même regretter la politesse extérieure des Français. À Genève se fait sentir l'influence des nations commerçantes du Nord, qui, comme l'Angleterre, séparent les femmes des hommes, ce qui rend la conversation de ceux-ci solide, mais raisonneuse et lente. « Au lieu que les Français écrivent comme ils parlent, ceux-ci parlent comme ils écrivent. Ils dissertent au lieu de causer[42]. » Ils n'ont, selon Claire, aucun sens du bon usage ni de l'euphonie, et la langue qu'ils prononcent n'a donc pas cette mélodie que les sophistes parisiens savent prêter à la leur. La chute est donc partout, même si elle est plus séduisante à Paris. Par tâtonnements, les héros de *La Nouvelle Héloïse* finissent par tisser, dans la petite Arcadie de Clarens, une conversation qui soit vraiment leur œuvre, et non un artifice impersonnel et conventionnel de théâtre mondain. Cette sincérité n'en repose pas moins sur de cruels sacrifices des sens et du cœur. Une tragédie, la mort de Julie, y mettra fin. Mais dans quelques lettres de Saint-Preux à milord Édouard, au cinquième livre, une sorte d'idéal est pour un moment atteint. Il fait alterner le silence contemplatif, au cours de matinées à l'anglaise, « réunis dans le silence, goûtant à la fois le plaisir d'être ensemble et la douceur du recueillement », et de longs entretiens où Julie, Saint-Preux, M. de Wolmar, méditant à haute voix par réflexions alternées, traitent le grand sujet cher à Rousseau : l'éducation vertueuse des enfants, les moyens de sauver leur naturel sans les rendre impropres à la société telle qu'elle est. Julie, mère accomplie, trouve sur ce thème une éloquence d'intimité qui veut éviter aussi bien le pédantisme genevois que le bel esprit français : « L'organe de la vérité, dit-elle, le plus digne organe de l'homme, le seul dont l'usage le distingue des animaux, ne lui a pas été donné pour n'en pas

tirer un meilleur parti qu'ils ne font de leurs cris. Il
se dégrade au-dessous d'eux quand il parle pour ne
rien dire, et l'homme doit être homme jusque dans
ses délassements. Le bon usage du monde, celui qui
nous y fait le plus rechercher et chérir, n'est pas tant
d'y briller que d'y faire briller les autres et de mettre
à force de modestie, leur orgueil plus en liberté[43]. »

On croirait déjà entendre la voix enthousiaste et
chaleureuse de l'institutrice du XIXe siècle, Mme de
Staël. La doctrine de Julie, à première vue, semble
bien coïncider avec celle des classiques, et reprendre
contre la sophistique parisienne le combat du « naturel » et du « vrai ». À y regarder de plus près, elle veut
former des citoyens vertueux et pensifs qui le soient
jusque dans leurs « délassements », des citoyens
d'une Rome primitive, où n'aurait pas lieu la distinction entre vie publique et vie privée, et qui, paradoxalement, serait en train de renaître dans le
cercle, retiré et privé s'il en fut, de Clarens. La fiction
de *La Nouvelle Héloïse*, Rousseau le sait, ne peut tenir
lieu du *Contrat social* régénérateur. L'utopie prématu-
rée de Clarens s'achève tragiquement. Le philosophe
a pourtant écrit ces pages pendant l'une des périodes
les plus heureuses et fertiles de sa vie, à l'Ermitage où
Mme d'Épinay lui offre l'hospitalité, dans le parc de la
Chevrette. « C'est là qu'est la paix, l'amitié, la gaieté,
les libertés, le plaisir, le bonheur[44] », a écrit Diderot.
Lui-même, selon Mme d'Épinay, est le « génie créa-
teur » de la société qui se retrouve chez elle, à la
campagne. « Il secoue son flambeau sur nos têtes, et
cela rend ce que cela peut, suivant sur qui tombent
les étincelles[45]. » Duclos et Grimm, Saint-Lambert et
son amie Mme d'Houdetot, qui inspire à Rousseau la
plus vive passion, sont des habitués.

Mme d'Épinay est musicienne, son frère Lalive de Jully, peintre et graveur, collectionneur de tableaux et d'antiques, en a embelli le château. La maîtresse de maison correspond assidûment avec l'abbé Galiani, avec Catherine II, et c'est chez elle que sont esquissés oralement bien des articles de l'*Encyclopédie* et, bien sûr, les livraisons de la *Correspondance littéraire* de Grimm. Diderot, quand il est là, et il y est souvent, anime la maison : « On s'y [à sa conversation] laissait aller des heures entières, a écrit l'abbé Morellet, comme sur une rivière douce et limpide, dont les bords seraient de riches campagnes ornées de belles habitations[46]. » Dans ses lettres à Sophie Volland, le philosophe décrit ainsi une après-midi à la Chevrette :

> Vers la fenêtre qui donne sur le jardin, Grimm se faisait peindre et Mme d'Épinay était appuyée sur le dos de la chaise de la personne qui le peignait. Un dessinateur, assis plus bas, sur un placet, faisait son profil au crayon. M. de Saint-Lambert lisait, dans un coin, la dernière brochure que je vous ai envoyée. Je jouais aux échecs avec Mme d'Houdetot. La vieille et bonne Mme d'Esclavelles, mère de Mme d'Épinay, avait autour d'elle tous ses enfants et causait avec eux et leurs gouverneurs. Deux sœurs de la personne qui peignait mon ami brodaient, l'une à la main, l'autre au tambour. Et une troisième essayait au clavecin une pièce de Scarlatti [...] Après dîner, on fit un peu de musique[47].

La gracieuse simplicité de cette scène d'intérieur est peut-être ce que nous laisse de plus enchanteur le XVIIIe siècle français. Dans cette vie de loisir, en musique, en beauté, la conversation de Diderot et de ses amis devenait un atelier littéraire oral, une corne d'abondance de lettres, d'essais, d'articles, de livres. Rousseau ne figure pas dans ce dessin. Il n'était pas loin, pourtant, imaginant la société idéale de Clarens. Ce génie genevois, profondément marqué de piétisme du Nord, amoureux de l'Italie musicale, était à l'étroit dans la conversation parisienne, même transportée à la campagne.

On ne le vit pas davantage chez sa concitoyenne de Genève, Suzanne Curchod, qui, après son mariage avec Jacques Necker, en 1765, ouvre un salon à Paris, rue Michel-le-Comte, dans le Marais. Ce salon devint aussi renommé que celui de Mme Geoffrin ou de Mme du Deffand, et Diderot, Grimm, Marmontel, d'Alembert, Suard, Morellet le fréquentèrent. Il s'ouvrit aux hommes politiques et aux diplomates étrangers quand Necker, à l'hôtel Le Blanc, puis au Contrôle général des finances, devint un des premiers personnages du royaume. Le salon de Mme Necker est contemporain du plein effet de *La Nouvelle Héloïse*, publiée en 1761. Un de ses habitués les plus intimes fut Antoine-Léonard Thomas, élu à l'Académie française en 1766, et qui y introduisit une version, atténuée par la majesté de l'éloge, de la grande éloquence civique réinventée par Rousseau.

Son discours de réception, qui fit scandale, s'intitulait *De l'homme de lettres considéré comme citoyen*. C'était l'année de la naissance de Germaine, future baronne de Staël. Les œuvres majeures qui furent « lancées » par une lecture chez Mme Necker, *Paul et Virginie* de Bernardin de Saint-Pierre, les *Époques de la Nature* de Buffon, portent la marque du génie de Rousseau. Dans ses *Pensées et mélanges*, qui seront publiés en 1798, Mme Necker se montre une bonne disciple des idées de *La Nouvelle Héloïse* sur la conversation. Elle écrit par exemple : « Je conviens qu'on est plus vertueux en Suisse qu'à Paris, mais c'est à Paris seul que l'on parle bien de la vertu. Elle ressemble à l'Apollon de Délos, qui ne dictait ses oracles que dans une caverne où ses rayons n'avaient jamais pénétré[48]. » Cette réformatrice genevoise de la conversation parisienne éleva sa fille dans l'esprit de Jean-Jacques, et c'est à Germaine de Staël, inlassable voyageuse et cosmopolite, que revint d'inventer ce que l'on peut appeler la conversation romantique, à la fois littéraire, philosophique, éloquente, militante, fille de la conversation des encyclopédistes, mais surtout fille de Rousseau. C'est le « genre oral » qui va dominer l'Europe de la Sainte Alliance, et lui permettre de dialoguer, avec les secours de la musique, en dépit des passions nationales qui l'agitent et la divisent. La référence commune est en effet, non plus les bienséances et l'esprit à la française, emportés avec l'Ancien Régime, mais le « moi » naturel, habité par la conviction qu'une conjuration de générosités régénérera par la parole les cités corrompues. Du monde parisien de Fontenelle, on est passé dans celui du citoyen de Genève.

III. LE XIXᵉ SIÈCLE

« Le raisonner tristement s'accrédite. »
VOLTAIRE, à Mᵐᵉ du Deffand.

1. *La conversation, mythe du XIXᵉ siècle*

Dans l'*Histoire des salons de Paris*[49], écrite à la diable, mais qui enregistre, comme les *Historiettes* de Tallemant, une vaste tradition orale, la duchesse d'Abrantès crée un des grands motifs de la narration romantique, repris par Balzac et Barbey d'Aurevilly : la conversation en *négatif*, la conversation d'épouvante. Elle lui consacre deux de ses meilleurs chapitres, qui ont la saveur de véritables nouvelles : « Une lecture chez Robespierre » ; « Le salon de Robespierre ». Depuis l'Antiquité jusqu'à 1793, philosophique ou sophistique, savante ou mondaine, le banquet et la conversation avaient toujours un trait commun : le plaisir d'être ensemble. Mˡˡᵉ de Scudéry avait même trouvé l'expression « esprit de joie », pour définir à la fois le climat et l'objet ultime du loisir aristocratique occupé par les entretiens. Mᵐᵉ d'Abrantès narre un agréable dîner chez Robespierre le 18 juin 1794, avec Danton et Saint-Just ; dans le ricochet de répliques fuse comme par mégarde la décision de faire arrêter et exécuter l'excellente Mᵐᵉ de Saint-Amaranthe et sa fille, la très belle et très jeune Mᵐᵉ de Sartines. La duchesse d'Abrantès affirme tenir de Tallien le récit d'une autre soirée chez l'Incorruptible. Hébert, Danton, David, Mme Lapalud et la charmante Mme Desmoulins sont de la partie. Camille Desmoulins lit son drame *Émilie ou l'Innocence vengée*, selon un rite littéraire qui remonte à l'hôtel de Rambouillet. « Cette réunion d'hommes de sang, écoutant une œuvre d'art, et souriant à la voix de l'un d'eux, lorsqu'il parlait du lever du jour, de la paix des champs, et du calme d'une bonne conscience ! C'était un spectacle bien curieux que celui-là. Quelles réflexions ces mêmes hommes ne devaient-ils pas faire, dans leur âme, en écoutant ces paroles paisibles et dignes de l'Arcadie, récitées dans l'antre du Tigre, lorsque ses lèvres étaient encore rouges du sang humain dont il s'était repu dans la journée [...] Cette lecture précédait de peu de temps la fin tragique du malheureux Camille. [...] Le monstre avait posé son index sanglant sur son front, et sa tête devait tomber[50]. »

L'île des Bienheureux de la causerie est devenue un piège atroce. L'Arcadie elle-même est utilisée par l'enfer comme un alibi et un appât. Mme d'Abrantès conclut par une vision de cauchemar :

Sans doute, sous le régime de la Terreur, il n'y avait plus ce que nous appelons « société » en France, mais les éléments n'en étaient pas perdus. À cette époque où les hôtels étaient déserts, où les maisons étaient fermées à huit heures du soir, le seul lieu où l'on causait, où l'on riait, c'était dans les prisons du Luxembourg, des Carmes, de Saint-Lazare, où se trouvaient ceux qui, seuls, pouvaient et savaient causer[51].

C'est Acis et Galatée, Paolo et Francesca, mais à
l'échelle de toute une cité, de toute une civilisation.
La conversation est au cachot, ses têtes promises à la
guillotine, l'esprit et le loisir nobles enfouis dans les
Carceri de Piranèse : en quelques mois, en quelques
mots, les disciples de Rousseau, échafaudant une
nouvelle modernité que leur maître n'avait pas pré-
vue, ont scié les derniers représentants du grand art,
pourtant si « moderne » à son heure, du loisir. Le
rideau est tombé, avec une pluie de sang (le *Rideau
cramoisi* de Barbey) sur la scène de la « douceur de
vivre » et sur ses acteurs. Le XIXe siècle politique et
industriel va bien chercher à reconstituer la
« société », à renouer la conversation, mais avec un
fond incoercible de doute, de deuil, d'*à quoi bon ?*
Ou, pis encore, avec une volonté et un sens du devoir
qui achèvent d'interdire le charme. Les deux sources
de la conversation, outre la nature humaine faite
pour la parole et le dialogue, avaient été les deux
ordres du loisir aristocratique : la noblesse et les
clercs. La noblesse endeuillée doit désormais lutter
pour sa survie économique et politique. L'Église,
après la Révolution, est meurtrie, douloureuse,
amère. Mennaisienne et non plus salésienne. Le
XIXe siècle bourgeois, quant à lui, n'est pas du tout
doué pour le loisir. Les conventions du « comme il
faut » l'assombrissent et l'empèsent. La grâce, de
toutes parts, s'échappe. Le sens du jeu, et de l'égalité
dans le jeu, est difficile à retrouver dans une société
travaillée par le ressentiment égalitaire. À chercher la
conversation, c'est au mieux la discussion que le
bourgeois trouvera. Il redoute l'*esprit*, il lui préfère le
génie, qui autant, mais autrement que l'homme ou la

femme « comme il faut », n'est pas joueur. Le
XIXᵉ siècle, même en France, est redoutablement
sérieux.

C'est alors que la conversation devient un « lieu de
mémoire », objet quelque peu funéraire de célébration et d'historiographie. Elle a cessé d'être un art,
ce qui suppose une nature et une grâce : elle est en
passe de devenir une remémoration, une perpétuelle
messe anniversaire. En 1825, le comte Roederer,
ancien conventionnel, mais non régicide, publie une
étude historique à la gloire de la marquise de Rambouillet et de la Chambre bleue : *Mémoires pour servir
à l'histoire de la société polie en France*[52]. Pesante répara-
tion, qui porte non pas sur le XVIIIᵉ siècle (encore
occulté, et cela durera jusqu'au second Empire et
aux Goncourt) mais sur l'époque Louis XIII, qui a les
faveurs de la Restauration. C'est le début d'une vaste
littérature où vont exceller, sous la monarchie de
Juillet, Victor Cousin (intarissable apologiste des
muses de la conversation du Grand Siècle : Mˡˡᵉ de
Scudéry, Mᵐᵉ de Longueville) et surtout Sainte-
Beuve. Dès 1829, dans un portrait de Mᵐᵉ de Sévigné,
le grand critique pose le thème central de son
œuvre : la France littéraire est inséparable de l'esprit
de conversation. Il écrit :

> Les critiques, et particulièrement les étran-
> gers, qui dans ces derniers temps, ont jugé avec
> le plus de sévérité nos deux siècles littéraires, se
> sont accordés à reconnaître que ce qui y domi-
> nait, ce qui s'y réfléchissait en mille façons, ce
> qui leur donnait le plus d'éclat et d'ornement,
> c'était l'esprit de conversation et de société,

l'entente du monde et des hommes, l'intelligence vive et déliée des convenances et des ridicules, l'ingénieuse délicatesse des sentiments, la grâce, le piquant, la politesse achevée du langage. Et en effet c'est bien là, avec les réserves que chacun fait, deux ou trois noms comme ceux de Bossuet et de Montesquieu qu'on sous-entend, c'est là, jusqu'en 1789 environ, le caractère distinctif, le trait marquant de la littérature française, entre les littératures d'Europe. Cette gloire, dont on a presque fait un reproche à notre nation, est assez féconde et assez belle pour qui sait l'entendre et l'interpréter[53].

Mme de Sévigné porte au suprême degré ce trait français. Mais Sainte-Beuve se refuse à écraser sous son exemple les mérites de Mme Necker et de sa fille, Mme de Staël, mères de la conversation dans la « société » postrévolutionnaire. « Mme de Staël, écrit-il, représente toute une société nouvelle ; Mme de Sévigné une société évanouie ; de là des différences prodigieuses[54]. » Et il ajoute : « La noble société de nos jours, qui a le plus conservé de ces habitudes oisives des deux derniers siècles, semble ne l'avoir pu qu'à condition de rester étrangère aux mœurs et aux idées d'à présent. » De ces coins « d'arrière-saison, écrit-il en note, on est d'autant plus heureux de jouir comme d'un retour et comme d'un mystère[55] ». Dans un portrait de la duchesse de Duras, publié en 1834, il précisera le contraste entre ces survivances exquises, mais automnales, et le nouveau régime sérieux de la conversation à Paris :

Il y avait [sous la Restauration] entre les cercles doctrinaires studieux, raisonneurs, bien nobles alors assurément, mais surtout fructueux, et les cercles purement aristocratiques et frivoles, il y avait un intervalle fort marqué, un divorce obstiné et complet : d'un côté les lumières, les idées modernes, de l'autre le charme ancien, séparés par des prétentions et une morgue réciproque[56].

Des deux côtés, quelque chose grince. L'ancienne musique de chambre (qui sonnait faux et moderne aux oreilles de Rousseau) n'est plus. Son passage à la légende est d'autant plus nostalgique et idéalisant. En 1842, Mme Ancelot dédie à Mme Récamier et fait jouer sur la scène du Vaudeville, que dirige son mari, une comédie intitulée *L'Hôtel de Rambouillet*. La pièce relate les origines de la Chambre bleue. Mme Ancelot prend avec la chronologie et la vraisemblance historique des libertés aussi grandes que Dumas dans *Les Trois Mousquetaires*. Elle se soucie moins de l'histoire que du mythe qui hante depuis Roederer la société parisienne. Elle condense et schématise pour mieux idéaliser. Tallemant des Réaux (qui en réalité ne connut la marquise qu'âgée et retirée) est donné pour l'inventeur d'un projet de salon, auquel Mme de Rambouillet finit par se rallier en désespoir de cause. On reconnaît le thème cher à Mme de Staël : « La gloire pour une femme est le deuil du bonheur. » Voici le projet, tel que l'expose son « inventeur » dans la comédie de Mme Ancelot :

Un salon d'élite, où l'esprit serait apprécié, les talents reconnus, et le bon goût mis en honneur, servirait les intérêts de tous les gens distingués, et ferait de la société française le modèle de toutes les autres. Mais il faut une reine à cet empire de l'intelligence. Et il faut que cette reine soit spirituelle, car nulle part on ne règne longtemps sans esprit ; il faut qu'elle soit élégante et gracieuse, car en France, on ne plaît qu'un moment avec du mauvais goût. Il faut de plus qu'elle soit aussi sage que belle, car l'amour nous l'enlèverait. Il tient tant de place dans la vie d'une femme, qu'il n'en laisse plus pour rien ! Jeune, vertueuse et spirituelle, la Marquise de Rambouillet est peut-être notre seul espoir[57]...

Cette Arthénice louis-philipparde est tentée cependant par l'amour d'un mauvais sujet, le marquis Henri de Sévigné. Il faudra attendre que la très jeune Marie de Rabutin-Chantal ait épousé le marquis pour que Mme de Rambouillet se décide à préférer l'organisation d'un salon, et ses plaisirs innocents, à une passion qui l'a déçue. Ainsi trois mythes, celui de la Chambre bleue, de la grande épistolière Sévigné, et celui de *La Princesse de Clèves* de Mme de La Fayette, sont fondus en une seule intrigue pour construire le modèle de la maîtresse de maison parisienne. Des intermèdes chantés (des vaudevilles) introduisent de la fantaisie dans cette bluette qui, de très loin, préfigure les comédies de Sacha Guitry à sujet historique. Prenant par ailleurs le relais de la duchesse d'Abrantès, Mme Ancelot a été le chroniqueur des salons de la

Restauration dans un livre que goûta l'austère Tocqueville, *Les Salons de Paris, foyers éteints* (1835).
Douée, comme plus tard Madeleine Lemaire, pour la
peinture, elle avait exposé au Salon de 1828 un
tableau de groupe intitulé *Une lecture de M. Ancelot*.
Dans un autre livre publié en 1866, *Un salon de Paris,
de 1824 à 1864*, elle s'appuie sur la reproduction de
quatre de ses propres tableaux de groupe représentant son salon sous quatre régimes différents (Restauration, monarchie de Juillet, IIe République, second
Empire) pour peindre des « bouquets » de personnages et égrener des réflexions morales sur la conversation. L'évocation nostalgique de la Restauration est
particulièrement fervente :

> Une foule de maisons ouvertes, à jour fixe,
> une fois par semaine, permettaient de retrouver
> les mêmes personnes si souvent, que la vie était
> une suite de conversations où se développaient
> et se discutaient les idées. On n'y parlait jamais
> d'affaires, et le mot d'argent n'y pénétrait pas
> [...] Une pléiade de grands poètes, de grands
> peintres, de grands écrivains en tous genres illu-
> minait le monde intellectuel où nous vivions, et
> où l'on ne pensait qu'à être heureux[58].

Le tableau relatif à la monarchie de Juillet représente Rachel récitant le rôle d'Hermione, dans
Andromaque, devant un parterre d'invités parmi lesquels figurent Chateaubriand et Mme Récamier. Le
revival de la douceur de vivre est bien compromis :
« Qui donc apporterait, écrit-elle, chez les quelques
femmes d'esprit qui prennent encore quelque plaisir

à une conversation intéressante, ces éléments de société trop rares, si ce n'étaient les hommes d'étude habitués à une vie austère et studieuse[59] ? » Et elle cite Jouffroy, Tocqueville, parmi les interlocuteurs les plus indispensables, sous le ministère Guizot, à la vie d'un salon.

Les salons sont donc revenus, et avec eux la conversation. Aux anciennes légendes pieusement ranimées, s'en ajoutent de nouvelles, dont Mme d'Abrantès, Mme Ancelot, Sainte-Beuve se font les enthousiastes ou doctes exégètes : le salon de Mme de Duras, l'Arsenal de Charles Nodier et de sa fille Marie, celui même de Mme Guizot (Pauline de Meulan), longuement étudié par Sainte-Beuve. Celui-ci analyse délicatement les correspondances entre le ton de ces salons et le style des œuvres littéraires qui, abondantes sous la Restauration, y ont été conçues ou du moins goûtées. L'œuvre de romancière de Mme de Duras, l'œuvre de moraliste de Pauline de Meulan sont à ses yeux, et à juste titre, des efflorescences de l'esprit de conversation qu'elles faisaient régner dans leur propre salon. Sainte-Beuve travaille à contre-courant et il le sait. Il ne cédera pourtant jamais sur ce principe qui à ses yeux est la France même, et que Proust lui reprochera si vertement d'avoir maintenu : « En aucun moment de sa vie, Sainte-Beuve ne semble avoir conçu la littérature d'une manière vraiment profonde ; il la met sur le même plan que la conversation[60]. » Plus exactement, pour Sainte-Beuve, une œuvre française est littéraire parce qu'elle est la chambre d'écho écrite et durable d'une société lettrée et de ses voix, parce qu'elle en préserve l'esprit. Au critique de réveiller cet esprit en rattachant l'œuvre à son milieu-mère. C'est bien ce qu'il a tenté dans son premier essai d'histoire de nos lettres : *Chateaubriand et son groupe littéraire* (1849). Sainte-Beuve n'a jamais voulu admettre que les vases communicants entre littérature et conversation fussent définitivement brisés. Il était pris au piège : l'« esprit de joie » et l'esprit tout court, dans la conversation, sont liés à la plénitude de l'instant, ici et maintenant ; leur capture dans la chose écrite est l'occasion d'une répétition, au sens de Kierkegaard, d'un refleurissement pour le lecteur, non d'une mélancolique remémoration. Sainte-Beuve le savait : aussi s'est-il ingénié à découvrir dans sa propre époque des exemples de ce qu'il croyait être l'essence française du bonheur littéraire. Malheureusement pour lui, son époque lui a manqué et, pour dissimuler cette défaillance, il a dû faire passer pour « esprit » ce qui, trop souvent, était esprit de sérieux, pédantisme, sentimentalisme. Il est devenu le principal témoin de la quête obstinée et malheureuse du XIXᵉ siècle en vue d'une conversation qui le fuit. Cette quête est à l'œuvre dans les salons, elle est à l'œuvre dans le roman, de Balzac à Bourget. Elle est le Graal de quelques êtres singuliers qui touchent parfois au but : Joubert et Mᵐᵉ de Vintimille (fille de Lalive de Jully), Talleyrand et Custine, Beyle et Mérimée. Mais l'antique caducée est rompu. Cette quête elle-même, et les faux-semblants dont elle s'accommode, est l'objet d'une dérision croissante, visible chez Flaubert, chez Baudelaire, et qui atteindra un degré aristophanesque dans la *Recherche*, tissue de conversations, et machine à « déconstruire » la conversation, ce lieu de mémoire camphré d'une aristocratie fantôme.

Le génie romantique, si fidèle à Rousseau, s'était défini d'emblée contre « l'esprit ». Mme Ancelot, qui est du parti de Sainte-Beuve, tente dans *Un salon de Paris* (1866) de rétablir la balance en faveur de cet esprit. Elle fait du génie par excellence, de Balzac pérorant dans le salon de Mme d'Abrantès, un portrait de gros naïf ridicule tout occupé de lui-même, oscillant entre la jérémiade et la gasconnade. Malheureusement pour elle, qui oppose-t-elle à Balzac ?

> M. Gozlan a ce qui manquait à Balzac, une conversation toute charmante, spirituelle et gaie, qui gaspille ses idées fines et originales, comme un prodigue, sûr qu'il est d'avoir de quoi dépenser sans s'appauvrir[61].

La comparaison — dont Sainte-Beuve eût été capable — est d'autant plus piquante que Balzac lui-même l'avait faite : c'est à Léon Gozlan en effet qu'il a dédié, en 1842, la version définitive d'*Autre étude de femme*, une de ses *Scènes de la vie privée* consacrées au mythe de la conversation parisienne, et construites comme de longues conversations gigognes. Balzac est le cas le plus complet au XIXe siècle du « génie » dénué d'esprit, mais qui consacre des pans entiers de son œuvre à évoquer, avec un enthousiasme inlassable, ce même esprit aristocratique dont il est lui-même privé. Des chefs-d'œuvre comme *Une passion dans le désert*, ou *Les Secrets de la princesse de Cadignan* parviennent à faire partager au lecteur l'expérience fictive d'un intense bonheur de conversation qui ferait paraître fades les *Lettres* de Mme de Sévigné ou les *Contes* de Voltaire. Mais c'est le rêve éveillé d'un affamé :

Pendant cette soirée, le hasard avait réuni plusieurs personnes auxquelles d'incontestables mérites ont valu des réputations européennes. Ceci n'est point une flatterie adressée à la France, car plusieurs étrangers se trouvaient parmi nous. Les hommes qui brillèrent le plus n'étaient d'ailleurs pas les plus célèbres. Ingénieuses reparties, observations fines, railleries excellentes, peintures dessinées avec une netteté brillante pétillèrent et se pressèrent sans apprêt, se prodiguèrent sans dédain, comme sans recherche, mais furent délicieusement senties et délicatement savourées. Les gens du monde se firent surtout remarquer par une grâce, par une verve tout artistiques. Vous rencontrerez ailleurs en Europe d'élégantes manières, de la cordialité, de la bonhomie, de la science ; mais à Paris seulement, dans ce salon et dans ceux dont je viens de parler, abonde l'esprit particulier qui donne à toutes ces qualités sociales un agréable et capricieux ensemble, je ne sais quelle allure fluviale qui fait facilement serpenter cette profusion de pensées, de formules, de contes, de documents historiques. Paris, capitale du goût, connaît seule cette science qui change une conversation en une joute où chaque nature d'esprit se condense par un trait, où chacun dit sa phrase et jette son expérience dans un mot, où tout le monde s'amuse, se délasse et s'exerce [...] Enfin là, tout est en un mot, esprit et pensée. Jamais le phénomène oral qui, bien étudié, bien manié, fait la puissance de l'acteur et du conteur, ne m'avait si complètement ensorcelé [...] La conversation, devenue conteuse, entraîna dans son cours précipité de curieuses confidences, plusieurs portraits, mille folies, qui rendent cette ravissante improvisation tout à fait intraduisible ; mais en laissant les choses à leur verdeur, leur abrupt naturel, leurs fallacieuses sinuosités, peut-être comprendrez-vous bien le charme d'une soirée française, prise au moment où la familiarité la plus douce fait oublier à chacun ses intérêts, son amour propre spécial, ou si vous voulez, ses prétentions[62].

Tout y est, dans une des définitions idéales les plus complètes qui aient jamais été données de l'art suprême français : le pur loisir aristocratique, la confiance, le jeu rigoureux et libre, l'esprit de joie. Dans ce champ magnétique, Balzac fait surgir la personne et la voix de De Marsay, prince de l'esprit, Talleyrand de *La Comédie humaine*, et c'est ce masque que revêt Balzac romancier pour donner vie, suspens, ironie, ivresse à son récit. Mais il faut bien voir que le romancier lui-même, et le lecteur qu'il apostrophe, bannis de liesse, et comme derrière une vitre, assistent fascinés au festin des dieux.

Plus que jamais sous le second Empire, régime faste pour la « société » parisienne, le mythe de la conversation est porté aux nues. Les *Lundis* de Sainte-Beuve en récitent hebdomadairement les riches Heures. Jules Janin en avait donné lui aussi une version nouvelle, récapitulant celles de Mme de Staël, de Sainte-Beuve, de Balzac, de Mme Ancelot, mais qui les résume, les durcit et les vulgarise :

Suivre l'histoire de la conversation, ce serait faire l'histoire universelle. La conversation, ce n'est pas toute parole qui sort de la bouche de l'homme, c'est sa parole perfectionnée, érudite, délicate ; c'est le langage de l'homme en société, mais dans une société bien faite, élégante, polie ; la conversation, c'est le superflu de la parole humaine, c'est toute parole qui n'est pas proférée par la colère, par l'ambition, par la vanité, par les passions mauvaises ; ce n'est pas un cri, ce n'est pas une menace, ce n'est pas une plainte, ce n'est pas une demande, ce n'est pas une prière ; la conversation est une espèce de murmure capricieux, savant, aimable, caressant, moqueur, poétique, toujours flatteur, même dans son sarcasme ; c'est une politesse réciproque que se font les hommes les uns les autres ; c'est une langue à part dans la langue universelle, qui emploie beaucoup plus de voyelles que de consonnes, c'est une langue que tous croient savoir entendre et parler, que bien peu savent entendre, et que bien moins encore savent parler [...] C'est surtout en France que la conversation est un titre de gloire nationale[63].

Cette définition récapitulative et généralisante est en réalité nouvelle : un poncif flaubertien est né. La conversation y perd son fondement naturel, sur lequel insistaient tous les prédécesseurs de Janin. Elle est réduite à un privilège social et à un motif d'orgueil national. Pas une fois le mot « esprit » n'apparaît dans cet article. Tout revient à un code plutôt qu'à un jeu de la parole. Les interlocuteurs de la conversation ne sont plus que des hommes de coterie qui paradent entre eux, en sachant jusqu'où « aller trop loin ». Les femmes et la galanterie n'y apparaissent pas plus que l'esprit. On est en plein XIXᵉ siècle, et les artistes, les poètes sont sur le point de rompre définitivement avec une société toute de poses et qui leur répugne. Le sens du pur loisir, l'essence contemplative de la conversation, l'un et l'autre oubliés ou bafoués par les ambitieux et les prétentieux, trouvent refuge dans les arts, autrefois adjuvant de l'Art suprême : la parole. Maintenant il faut la fuir dans une convergence silencieuse des regards. C'est *Le Balcon* de Manet, *L'Invitation au voyage* de Baudelaire. La conversation mondaine, telle que la farde et momifie Jules Janin, n'est plus cet art libéral, qui avait fait de l'improvisation pointue le festin des natures bien nées et bien formées, leur danse. C'est une spécialité parmi les autres, au service de toutes les autres, une distinction propre aux notables et aux gens comme il faut. L'ouvrage même pour lequel l'article de Janin a été écrit, le *Dictionnaire de la conversation* est une hérésie grossière. Bouvard et Pécuchet ne sont pas loin. Ce « gros Plutarque » de salon, en seize volumes, passe alliance entre mondanité et pédanterie. Il scelle une ère de conversation « pompier ». L'homme d'esprit n'en a que faire, il ne parle qu'à vif. Janin constate lui-même cette perte de vivacité, et ce journaliste l'explique par les progrès de la presse :

Dès lors privée par le journal de son attrait primitif, savoir les nouvelles politiques, les nouveautés littéraires, la critique du théâtre, les événements les plus vulgaires de la vie, un accident même de carrefour, la conversation prit en France une voie nouvelle. Elle est devenue plus grave, plus posée, plus savante. Elle s'est inquiétée de tous les progrès et de toutes les nouvelles qui échappent au journal. Elle a trouvé une formule qui n'appartient qu'à elle pour juger, pour approuver, pour blâmer, pour applaudir. La conversation, moins rigide et moins futile, a cherché un aliment de chaque jour dans l'histoire et dans la science[64]...

Il ne faut pas s'étonner si, dès le second Empire, les artistes, les poètes, les esprits libres redoutent les salons, et se retrouvent dans les cafés[65], les ateliers ou les intérieurs chers à Vuillard. Résumons le divorce par cette page de Léon Daudet :

Je pose cet axiome : le café défait les gloires d'antichambre et de salon. Le salon ne défait pas les réputations consacrées par le café [...] Aucun des habitués du café Weber, rue Royale, n'eût supporté cinq minutes Claudius Popelin, le général Gallifet, ni plus près de nous, le vicomte d'Avenel, Gabriel Hanotaux ou Victor Du Bled. Le mufle de café se présente sous un aspect moins poncé, savonné et verni, que le mufle de salon ; il garde ses angles, ses luisants et ses pointes. Il s'entend dire fréquemment, tel un triomphateur romain : « Vous êtes un mufle. » L'esprit véritable exigé au café et payé aussitôt en rires sonnants et trébuchants, alors que trop souvent l'esprit de salon n'est qu'un faux-semblant, qu'une pacotille fade, approuvée, propagée, rallongée par des sourires courants et conventionnels. Pas plus qu'une fausse pièce, un faux talent n'a cours au café. En bref, le café est l'école de la franchise et de la drôlerie spontanée, tandis que le salon est en général l'école du poncif et de la mode imbécile. Le café nous a donné l'exquis Verlaine et le pur Moréas, le salon Robert de Montesquiou et je ne sais combien de Muses inutiles ou comiques. Je me représente assez bien l'Immortalité sous la forme d'une dame de comptoir, adressant à quelques clients de choix des petits signes pleins de bienveillance.

Vers sept heures et demie arrivait chez Weber un jeune homme pâle, aux yeux de biche, suçant ou tripotant une moitié de sa moustache brune et tombante, entouré de lainages comme un bibelot chinois. Il demandait une grappe de raisins, un verre d'eau, et déclarait qu'il venait de se lever, qu'il avait la grippe, qu'il allait se recoucher, que le bruit lui faisait mal, jetait autour de lui des regards inquiets, puis moqueurs, en fin de compte éclatait d'un rire enchanté et restait. Bientôt sortaient de ses lèvres, proférées sur un ton hésitant et hâtif, des remarques d'une extraordinaire nouveauté, et des aperçus d'une finesse diabolique. Ses images imprévues voletaient à la cime des choses et des gens, ainsi qu'une musique supérieure, comme on raconte qu'il arrivait à la taverne du Globe, entre les compagnons du

divin Shakespeare. Il tenait de Mercutio et de
Puck, suivant plusieurs pensées à la fois, agile à
s'excuser d'être aimable, rongé de scrupules iro-
niques, naturellement complexe, frémissant,
joyeux. C'était l'auteur de ce livre original,
souvent ahurissant, plein de promesses : *Du côté
de chez Swann*. C'était Marcel Proust[66]...

Mme de Villeparisis et Mme Verdurin exposées à
l'ironie d'Ariel étaient déjà anéanties et, avec elles, le
mythe nationaliste de Mme de Rambouillet.

2. *Deux muses de la conversation romantique*

Deux femmes extraordinaires, légendaires de leur
vivant, avaient pourtant fait de leur mieux pour restaurer la « société » parisienne et sa conversation
après le 9 thermidor : Mme Récamier et Mme de Staël.
La Révolution avait été une affaire d'avocats et
d'orateurs, avant de le devenir de militaires. Son
verbe civique et sa vertu héroïque étaient un défi
mortel à l'empire des femmes oisives de l'aristocratie, et à l'esprit de conversation qui, autour d'elles,
pour elles, animait gens de lettres et gens du monde.
Napoléon incarna mieux encore que Robespierre ce
génie mâle, méprisant pour la féminité de l'Ancien
Régime et pour ses finesses. Alors qu'il tentait au son
du clairon de restaurer autour de lui les mœurs et
l'étiquette des cours, il persécuta Mme Récamier et
Mme de Staël, qui essayaient de faire renaître en ville
les salons et la conversation.
Le contraste entre ces deux femmes, quoique soli-

daires et amies, était très grand. Elles avaient cependant des points communs : toutes deux provinciales, l'une de Genève, l'autre de Lyon, c'étaient aussi des bourgeoises, l'une fille, l'autre épouse de banquier. Sous couleur de renouer avec une tradition, elles en créèrent, chacune dans son style, deux très différentes, et au fond très étrangères à l'art du loisir noble d'Ancien Régime. Celui-ci, même dans les plus brillants salons des grandes dames de la Restauration, avait de la peine à renaître. Il n'existerait plus désormais que pour les êtres singuliers, isolés et doués, jamais plus pour toute une société. L'esprit social de conversation était mort en France avec la chute des deux ordres pensionnés du loisir aristocratique, la noblesse et les clercs. Bourgeoise, Mme Geoffrin l'était infiniment moins que Mme Récamier, car elle l'était à la façon de M. Jourdain : avec un sens intime et profond de ce qu'est « vivre noblement » et y contribuant de tout son argent, de tout son entregent, de tout son esprit. Mme de Staël était par doctrine hostile à cette humilité du moi bourgeois d'Ancien Régime, enchanté de noblesse.

Juliette Bernard, qui devint Mme Récamier à seize ans, le 4 avril 1793, avait été remarquée, selon la légende, dès 1784, par Marie-Antoinette pour sa beauté[67]. Elle sut admirablement jouer de cette plastique de tanagra, conforme au goût Louis XVI finissant, et qui fit d'elle un modèle pour David, une amie admirée pour Canova. Chef-d'œuvre de l'éducation de couvent, dévote, précieuse, et vierge en dépit de son mariage de convenance, elle put aussi passer pour une martyre de cette vertu chrétienne revenue à la mode sous l'Empire et devenue obliga-

toire sous les deux régimes suivants. Mme Ancelot,
moins naïve que beaucoup des hagiographes de Mme
Récamier, a vu en elle une femme de calcul, lui
déniant ainsi toute vocation à rétablir un art de
converser qui suppose du naturel, de la gaieté, de
l'ouverture de cœur[68]. Mirage soigneusement
concerté, Mme Récamier apparut sous le Directoire et
le Consulat comme une vivante sainte Cécile, rassem-
blant autour d'elle des dévôts aussi différents
qu'Adrien et Mathieu de Montmorency, et les Bernadotte, les Masséna, les Eugène de Beauharnais, voire
les frères de Bonaparte, Lucien et Louis. Cette résur-
gence de préciosité, qui voilait des conciliabules politiques, irrita Napoléon. Mme Récamier dut s'éloigner
à plusieurs reprises. M. Récamier paya pour sa
femme : l'Empereur s'arrangea pour le ruiner en
1806. En 1811, Juliette est expressément exilée. À
Lyon, avant de gagner Rome, elle rencontre Ballanche, elle trouve en lui son évangéliste attitré : il la
chantera sous le nom d'Antigone et d'Eurydice. En
1815, elle rouvre son salon à Paris, en même temps
que Mme de Staël dont elle avait partagé un temps
l'exil à Coppet ; c'est au chevet de son amie mou-
rante qu'elle rencontra, en 1817, Chateaubriand.

L'année suivante, elle s'installe pour toujours à
l'Abbaye-aux-Bois, un couvent consacré dès l'Ancien
Régime à l'éducation des filles.

Dans la pièce de réception trône le tableau de
Gérard représentant Mme de Staël, sous les traits de
Corinne au cap Misène. En 1829, Chateaubriand y lit
son *Moïse*, sa seule tentative, manquée, d'œuvre dramatique. Antigone, qui va devenir aveugle, avait
trouvé son Œdipe. La grande affaire de l'Abbaye-aux-

Bois sous la monarchie de Juillet sera la lecture par
fragments des *Mémoires d'outre-tombe*. Dans cette
chambre romantique du sublime, la conversation
était languissante et concertée. Les femmes n'y
étaient guère souhaitées. « Chez Mme Récamier, a
écrit Mme Ancelot, il fallait à toute force parler de
gloire et de renommée ; le salon était un temple
dont la maîtresse partageait les honneurs avec Chateaubriand. On y brûlait un encens continuel pour
tous deux, encens nécessaire si l'on voulait être bien
reçu, mais dont la vapeur semblait l'atmosphère
naturelle : on ne vous savait pas gré d'y contribuer : il
y avait même des jours où Chateaubriand se montrait
si dédaigneux et si dégoûté de toutes choses, qu'on
se sentait atteint d'un véritable découragement
auprès de lui[69]. »

Le plus grand écrivain du siècle, l'idole de
l'Abbaye-aux-Bois, n'a pas aimé la conversation. Il a
même éprouvé pour elle une véritable aversion. De
Mme de Staël, à qui il voulait rendre hommage, il
écrit : « Moins brillante dans la conversation, elle eût
moins aimé le monde et elle eût ignoré les petites
passions[70]. » Les *Mémoires d'outre-tombe* ont cependant
une ampleur chorale et font dialoguer de multiples
voix : mais c'est la *Nekuya* de l'*Odyssée*, une symphonie
de spectres. Mme Récamier sut organiser une chapelle
ardente pour les voix intérieures de ce somptueux
Miserere. Sur un registre moins grandiose, le salon
pieux de Mme Swetchine, égérie de Montalembert,
d'Ozanam, de Lacordaire, de Falloux, ne fut pas
moins sinistre[71]. Plus tard encore, les tables tour-
nantes de Guernesey, banquet funèbre que président
Hugo et une autre Juliette, nous font toucher au

fond de la mélancolie hantée, lourde et moite, du
XIXe siècle le plus exilé de la « douceur de vivre ». Les
portraits de Flandrin, de Bonnat, de Gérôme,
donnent une idée de la bitumineuse affectation et
des conventions méticuleuses qui régnèrent dans des
intérieurs surchargés de bibelots historiques, musées-
boudoirs. Même le *Journal* des Goncourt, ces espions
de la mondanité parisienne, n'est si fielleux que pour
ne pas croire qu'il y ait eu de la conversation dans le
monde depuis la Révolution. C'était un secret du
XVIIIe siècle. Le faux XVIIIe envahissait alors les beaux
quartiers.

   Une tout autre vitalité animait la généreuse Mme de
Staël, de onze ans l'aînée de Mme Récamier[72]. Elle
avait connu chez sa mère (la première calviniste à
tenir salon à Paris depuis Mme des Loges) les encyclopédistes et le grand monde parisien. Elle-même,
mariée en 1786 à l'ambassadeur de Suède, tint son
propre salon que fréquentèrent La Fayette et Barnave, Condorcet et Sieyès, Talleyrand et de Broglie.
Par sa propre expérience, le salon fut d'emblée pour
elle un instrument de travail politique, le rival du
« club » pour préparer et manipuler les votes de
l'Assemblée. Enfuie sous la Terreur, elle revint sous
le Consulat, associée à Benjamin Constant et travaillant avec lui pour Bonaparte puis contre le Premier
consul. Celui-ci l'exila en 1803. Elle parcourt
l'Europe, s'arrêtant à Weimar, puis à Rome, toujours
« en mission » contre le despotisme et la tyrannie.
C'est une militante, à un degré d'engagement qui
eût fait sourire Voltaire. Elle voyage avec sa troupe
d'amis et de faire-valoir, et, le plus souvent possible,
elle se produit avec Benjamin Constant, qui forme

avec elle un couple vedette du *bel canto* intellectuel.
« Rien, au dire des témoins, écrit Sainte-Beuve,
n'était éblouissant et supérieur comme leur conversation engagée dans ce cercle choisi, eux deux tenant
la raquette magique du discours et se renvoyant pendant des heures, sans manquer jamais, le volant de
mille pensées entrecroisées[73]. »

Coppet fut, à partir de 1807, le Wimbledon de ces
deux stars de la discussion sublime. Sainte-Beuve
n'hésite pas à comparer favorablement à Ferney le
manoir de la famille Necker :

> Coppet contrebalance Ferney, et le détrône à
> demi. Nous tous du jeune siècle, nous jugeons
> Ferney en descendant de Coppet [...] La vie de
> Coppet était une vie de château. Il y avait
> souvent jusqu'à trente personnes, étrangers et
> amis ; les plus habituels étaient Benjamin
> Constant, M. Auguste Wilhelm Schlegel, M. de
> Sabran, M. de Sismondi, M. de Bonstetten, les
> barons de Voght, de Balk ; chaque année y
> ramenait une ou plusieurs fois M. Mathieu de
> Montmorency, M. Prosper de Barante, le prince
> Auguste de Prusse, Mme Récamier, une foule de
> personnes du monde, des connaissances d'Alle-
> magne ou de Genève. Les conversations philo-
> sophiques ou littéraires, toujours piquantes, ou
> élevées, s'engageaient déjà vers onze heures du
> matin, à la réunion du déjeuner ; on les repre-
> nait au dîner, dans l'intervalle du dîner au sou-
> per, lequel avait lieu à onze heures du soir, et
> encore au-delà souvent jusqu'après minuit.
> Benjamin Constant et Mme de Staël y tenaient
> surtout le dé[74].

Constant, assiégé d'ennui et d'aboulie, a au suprême degré le sens aristocratique de la vacance, jusques et y compris de la vacance à soi-même, que Chateaubriand ignore. Mme de Staël, pour sa part, est tout action, enthousiasme perpétuel, finale de la *Neuvième Symphonie*. Elle est l'alcool, odieux, indispensable, dont Constant a besoin. Pour elle, il est l'os de seiche qui oblige ses grandes idées vagues à prendre forme. Elle court ensuite coucher par écrit ce qu'elle s'est entendue proférer sous son aiguillon. L'homme d'esprit, au sens de Méré, c'est lui. Chênedollé le décrit ainsi :

> Rien de plus piquant que sa conversation ; toujours en état d'épigrammes, il traitait les plus hautes questions de politique avec une logique claire, serrée, pressante, où le sarcasme était toujours caché au fond du raisonnement ; et quand avec une perfide et admirable adresse il avait conduit son adversaire dans le piège qu'il lui avait tendu, il le laissait là battu et terrassé sous le coup d'une épigramme dont on ne se relevait pas. Nul ne s'entendait mieux à *rompre les chiens*[75].

D'autant plus digne d'elle qu'il était en tout son contraire. Douée pour le chant, pour le théâtre, *alter ego* de Mlle Mars, Germaine Necker eut bien de la chance de rencontrer Benjamin. Un Talma l'eût ridiculisée. Son génie était tout oratoire, sa voix faite pour la tribune plus que pour l'entretien, et Coppet sans Benjamin eût été le premier parlement de Strasbourg. Les vraies négociations et décisions avaient lieu ailleurs. Néanmoins, telle que la conçoit le Cicéron féminin de Coppet, la conversation n'est ni un jeu, ni un plaisir, ni même un exercice : c'est toujours, croit-elle, un travail, une action, une conversion à opérer. Elle n'a ni le sens de l'enjouement ni celui de la pointe. Cette improvisatrice intarissable, qui pense en parlant, qui écrit éloquemment comme elle a parlé, veut emporter ses lecteurs comme elle emporte son auditoire. Les conversations de *Corinne ou l'Italie* (1807) transportent dans le récit romanesque l'expérience qu'elle avait de la parole orageuse et impérieuse. En ce sens, elle a restauré et renoué le lien français entre littérature et conversation. Sainte-Beuve l'a très bien vu, et lui en a manifesté une respectueuse reconnaissance. Mais elle l'a renoué en un point qui justement *n'est pas français* : la confusion, qui triomphe chez elle, entre éloquence et conversation est la faute de goût et d'esprit qu'avaient soigneusement écartée de nos lettres Montaigne comme Méré, Marivaux comme Voltaire. Même Rousseau, à tant d'égards le maître de Mme de Staël, sait parfois déposer le cothurne néo-romain et la véhémence de Caton pour trouver à son heure le ton de la simplicité, de l'intimité souriante dont Mme de Staël n'a pas la moindre idée. À beaucoup de journalistes et publicistes du XIXe siècle, elle a appris leur métier : enthousiasme des idées générales et démagogie du morceau de bravoure. Mais le génie de Balzac vient de cette école. Par son immense influence, accordée au subjectivisme moderne, elle n'a pas peu fait pour enfouir très profondément le secret de l'*esprit*. Avec elle commence aussi le règne des intellectuels.

Revenue *in extremis* pour inaugurer la Restauration, Mme de Staël lui légua sa fille, Albertine, et un sillage de salons politico-littéraires. Fille inavouée de Benjamin Constant, Albertine faillit épouser Astolphe de Custine, qui avait bien des traits de son beau-père manqué. Elle dut se contenter de devenir à Pise, en 1816 (pendant les Cent Jours), duchesse de Broglie, et, selon Charles de Rémusat, « Muse, ange, magicienne, génie » des salons doctrinaires de l'opposition libérale. « Elle m'apparaissait, ajoute-t-il, comme un être allégorique, une forme vivante et personnelle du Vrai et du Beau[76]. » Il régnait dans ces salons un ton que Sainte-Beuve, plus pince-sans-rire qu'on ne le croit, qualifie d'« avant tout sérieux, celui de la discussion en général, de la discussion longue, suivie, politique ou littéraire, avec des *a parte* psychologiques, une certaine allure d'étude jusque dans l'entretien, et de prédication dans le délassement[77] ». Guizot, Royer-Collard, Barante, en attendant Victor Cousin, sont les fortes têtes de ces clubs de réflexion.

Entre eux et les salons purement légitimistes (dont aucun ne rivalise avec le nid d'alcyons de Mme de Beaumont sous le Consulat), Mme de Duras sous la Restauration, puis Mme de Boigne sous la monarchie de Juillet créent un terrain d'entente et de compromis. Chez la duchesse de Duras, on trouvait « un composé d'aristocratie et d'affabilité, de sérieux sans pesanteur, d'esprit brillant et surtout non vulgaire, semi-libéral et progressif insensiblement[78]... ». Chateaubriand jeune encore en était le héros. Mais Sainte-Beuve pénètre plus profondément encore dans le ton de la conversation de Mme de Duras, amie de Mme de Staël, mais non pas son imitatrice, en analysant le style de son roman, *Édouard* :

> Le style de Mme de Duras, qui s'est mise si tard et sans préméditation à écrire, ne se sent ni du tâtonnement, ni de la négligence. Il est *né naturel* et achevé ; simple, rapide, réservé pourtant, un style à la façon de Voltaire, mais chez une femme ; pas de manière, un tact perpétuel, jamais de couleur équivoque, et toutefois de la couleur déjà, au moins dans le choix des fonds et des accompagnements ; enfin des contours très purs. En tout, des passions plus profondes que leur expression, et jamais d'emportement ni d'exubérance, non plus qu'en une conversation polie[79].

Mme de Boigne, plus sèche, mais non moins adepte du style simple et sans recherche d'effet, a retenu tout de même de Mme de Staël qu'un salon moderne ne saurait se dispenser d'être un centre d'influence, et donc un lieu de *discussion* entre les représentants d'opinions différentes :

> Je la voyais souvent. Chez moi, je lui entendais tenir un langage selon mon cœur. Mais chez elle, j'étais souvent scandalisée des propos de son cercle. Elle admettait toutes les opinions et tous les langages, quitte à se battre à outrance, pour la cause qu'elle soutenait, mais elle finissait toujours par une passe d'armes courtoises, ne voulant priver son salon d'aucun des tenants de ce genre d'escrime qui pouvait y apporter de

la variété. Elle aimait toutes les notabilités, celles de l'esprit, du rang, celles même fondées sur la violence des opinions. Pour des gens qui comme moi, vivaient des idées rétrécies de l'esprit de parti, cela paraissait très choquant. Et je suis souvent sortie de son salon indignée des discours qu'on y tenait, et en disant suivant notre expression de coterie, que c'était *par trop fort*[80].

La leçon fut retenue. Sous la monarchie de Juillet, éloignée du vif des affaires, Mme de Boigne se maintient par une stratégie de « concertation » entre légitimistes et orléanistes qui fait de son salon une « chambre de réflexion » et d'elle-même une médiatrice indispensable.

De temps en temps, je conviais du monde à des soirées devenues assez à la mode. Mes invitations étaient verbales, et censées adressées aux personnes que le hasard me faisait rencontrer. Toutefois, j'avais grand soin qu'il plaçât sur mon chemin celles que je voulais réunir et que je savais se convenir. J'évitais par ce moyen une trop grande foule et la nécessité de recevoir cette masse d'ennuyeux que la bienséance force à éviter, et qui ne manquent jamais d'accourir au premier signe. Je les passais en revue, dans le courant de l'hiver, par assez petite portion, pour ne pas en écraser dans mon salon. L'incertitude d'y être prié donnait quelque prix à ces soirées, et contribuait plus que toute autre chose à les faire rechercher. Je voyais des gens de toutes

opinions. Les ultras dominaient dans les réunions privées, parce que mes relations de
famille et de société étaient toutes avec eux :
mais les habitués des autres jours se compo-
saient de personnes dans une autre nuance
d'opinions[81].

La conversation de salon est devenue un rouage de
la machine politique, une sorte de séance de travail
impromptue, préliminaire aux combinaisons d'assemblée ou de cabinet. Les *Mémoires* de Mme de Boigne,
pauvres en idées générales mais riches en choses vues
et entendues, en remarques de moraliste, résument
son expérience de « femme d'État » agissant par la
conversation. Leur style donne une idée du bon ton
coupant qui prévalait chez elle. Du sel attique en
comparaison de la froideur importante qui régnait à
la table de la princesse de Lieven, amie et alliée de
Guizot.

Ennemi du sérieux prudhommesque des « doctrinaires », hostile à la couleur de Chateaubriand et à
l'emphase de Mme de Staël, Stendhal a retrouvé le
« naturel » en Italie, avec la gaieté, l'insouciance, la
musique et l'amour. À Paris, il ne trouve d'esprit que
dans la société fictive qu'il rassemble chez le banquier Leuwen :

Les dîners que donnait M. Leuwen étaient
célèbres dans tout Paris ; souvent ils étaient par-
faits. Il y avait des jours où il recevait les gens à
argent ou à ambition ; mais ces messieurs ne
faisaient point partie de la société de sa femme.
Ainsi cette société n'était-elle point gâtée par le

métier de M. Leuwen ; l'argent n'y était point le mérite unique ; et même, chose incroyable ! il n'y passait pas pour le plus grand des avantages. Dans ce salon dont l'ameublement avait coûté cent mille francs, on ne haïssait personne (étrange contraste) ; mais on aimait à rire, et dans l'occasion, on se moquait bien de toutes les affectations, à commencer par le roi et l'archevêque. Comme vous voyez, la conversation n'y était point faite pour servir à l'avancement et conquérir de *belles positions*. Malgré cet inconvénient, qui éloignait bien des gens qu'on ne regrettait point, la presse était grande pour être admis dans la société de Mme de Leuwen. Elle eût été à la mode, si Mme de Leuwen eût voulu la rendre accessible ; mais il fallait réunir bien des conditions pour y être reçu. Le but unique de Mme de Leuwen était d'amuser un mari qui avait vingt ans de plus qu'elle et passait pour être fort bien avec les demoiselles de l'Opéra. Malgré cet inconvénient, et quelle que fût l'amabilité de son salon, Mme de Leuwen n'était complètement heureuse que lorsqu'elle y voyait son mari[82].

Un peu comme Montaigne, Stendhal est un merveilleux causeur qui n'a jamais rencontré de meilleur interlocuteur que lui-même, et qui lui aussi n'a cessé de progresser dans l'« esprit de joie » qui jaillit de sa propre société avec son « moi ». Sa période de « vacance » en Italie sous la monarchie de Juillet lui a fait découvrir, en précurseur, que la vie d'artiste, dans la société utilitaire, affairée, politisée des modernes, est la seule survivance de cette vie noble d'Ancien Régime, pour laquelle la conversation était un art de vivre plénier et heureux. Vivaces causeries, ses *Promenades dans Rome*. Improvisation jubilatoire, infaillible dans le trait : *La Chartreuse de Parme*. Stendhal a vaincu le maléfice qui frappe le siècle du Roi-Pêcheur. C'est à force de littérature qu'il a libéré en lui-même l'esprit. Mérimée, admirable conteur, le talonne de près. Il finira brillamment mais tristement dans le cercle de l'Impératrice, à Compiègne. Beyle et Mérimée avaient été des habitués du « grenier de Delécluze », qui partageait avec ses deux hôtes l'agacement envers Mme de Staël : « Malgré ses prétentions constantes à n'être pas prosaïque, elle est l'écrivain le moins poète que je connaisse : elle ne peint jamais, elle raisonne sans cesse[83]. » Delécluze lui reconnaît cependant un talent de moraliste, « comme on peut s'en assurer, écrit-il, par son chapitre sur la conversation dans *De l'Allemagne* ». Élève de David, et profondément lettré, Delécluze est peut-être l'homme du XIXe siècle qui a le mieux compris et le poème de Delille, *De la conversation*[84], et la doctrine de l'abbé Morellet sur le même sujet[85]. Son idéal n'est pas l'esprit mondain, mais l'esprit lettré, qui au XVIIe siècle avait fait si bon ménage avec l'autre. C'est l'atticisme et l'astéisme d'un goût érudit, et dont la sûreté de trait s'exerce aussi bien sur les textes, sur les œuvres d'art que sur les êtres. Son *Journal* des années 1824-1828 est une pelote où s'enroulent les lectures de son auteur et la vaste conversation qu'il entretient avec les esprits les plus aiguisés de Paris, avec les femmes les plus délicates, Mme Récamier, la nièce que celle-ci a formée, Amélie Cyvoct

(Mme Charles Lenormand), Mme Ancelot... Amoureux sans espoir et sans illusion d'Amélie, Delécluze trouve une sorte de bonheur dans cette étroite alliance de littérature et de conversation, libre d'ambition, de prétention, de hâte. Ce peintre défroqué invente un art de vivre qui, trente ans plus tard, sera celui des Morisot et des Rouart, des Manet et des Mallarmé. Le *Journal* est le coquillage qui résume les plaisirs et les jours de ce que l'on appelait au XVIIe siècle un *virtuose*, et qui fait entendre, presque sténographiées, ses conversations, souvent de véritables scènes de comédie.

Moins sédentaire, Delacroix, dans son *Journal*, fait alterner les réflexions d'atelier, de lecture, les récits de voyage et de dîners en ville. La politique et l'ambition n'y jouent aucun rôle :

> [17 juin 1855 :] Dîné chez Halévy, avec Mme Ristori, Janin, Laurent Jan [...] un M. Caumartin célèbre par une cruelle aventure, à ce qu'on m'a conté. [...] Laurent Jan a été un peu insupportable, comme à son ordinaire avec sa manière assez répandue de faire de l'esprit en prenant le contre-pied des opinions raisonnables. Sa verve est intarissable, [...]. Et cependant, malgré mon peu de sympathie pour ces charges continuelles et ces éclats de voix qui vous rendent muet et presque attristé, j'ai eu du plaisir à le voir. Il n'y a pas, à mon âge, de plaisir plus grand que de se trouver dans la société de gens intelligents et qui comprennent tout et à demi-mot. Il disait au petit prince romain blondin, qui se trouvait à côté de lui à table, que

Paris, dont l'opinion met le sceau aux réputations, se composait de cinq cents personnes d'esprit qui jugeaient et pensaient pour cette masse d'animaux à deux pieds qui habitent Paris, mais qui ne sont parisiens que de nom. C'est avec un de ces hommes-là, pensant et jugeant, et surtout jugeant par eux-mêmes, qu'il fait bon de se trouver, dût-on se quereller pendant le quart d'heure ou la journée que l'on a à passer avec eux. Quand je compare cette société de dimanche avec celle de la veille, [...], je passe bien vite sur les excentricités de mon Laurent Jan, et je ne pense qu'à cet imprévu, à ce côté artiste en tout qui fait de lui un précieux original.

Les gens qui s'intitulent les personnes de la société par excellence ne savent guère à quel point ils sont privés de la vraie société, c'est-à-dire des plaisirs sociables. [...] On voit certaines personnes du monde, capables de s'amuser à la manière des artistes, — je dis ce mot qui résume ma pensée, — faire beaucoup de frais pour en attirer et qui éprouvent véritablement du plaisir à leur conversation[86].

L'artiste est bien en train de succéder à l'aristocrate comme le sel de la terre, l'homme d'esprit autant que de génie qui, même en société quand il s'y risque, est le meilleur garant contre la platitude raisonneuse et l'ennui. L'ascension de l'art dans l'échelle des valeurs modernes est due avant tout à ce qu'il suppose, chez l'artiste lui-même, de liberté, de naturel, d'indifférence aux conventions et aux préjugés de la société « bourgeoise ». Il est le dernier dépositaire, dans un monde d'affaires, de l'art suprême, celui d'*avoir du génie dans le loisir.*

À cet égard, le narrateur de la *Recherche* a réussi à compenser cette ascension moderne de l'artiste, en forgeant un modèle équivalent de l'écrivain et de la création littéraire. De toute façon, dès lors que l'homme noble et l'homme d'Église s'effacent et se confondent dans la grisaille des affairés, une place est à prendre : celle de Socrate du *Banquet,* auprès duquel se trouve la « vraie vie », la « vraie société », que l'utilitarisme et l'esprit de sérieux modernes ont rendues plus lointaines, mais d'autant plus désirables. Les imposteurs, dans ce rôle, ne manquent pas. Longtemps toutefois, la nostalgie de la communauté aristocratique de conversation est restée intense au XIXᵉ siècle. On ne la trouve nulle part à l'état aussi pur que chez Barbey d'Aurevilly. Il était né pour elle, et l'écrivain en lui est inséparable de l'homme de conversation. « Elle est ma partie de whist, sans laquelle je languis. » « J'écris comme je parle, et je parle mieux que je n'écris quand l'Ange de la conversation me prend aux cheveux comme un prophète[87]. » L'épistolier, chez lui, est le même improvisateur passant de l'oral à l'écrit, mais toujours s'adressant à quelqu'un, dans la vivacité d'un dialogue où l'être entier se risque et prend feu. « Mes lettres, dans leur impulsion rapide, dans leur vent de boulet, valent mieux que tous mes autres écrits. Savez-vous pourquoi ? C'est que je m'y approche davantage de la conversation et que la conversation, quand mon très grand mépris pour tout daigne la faire, est pour moi la pensée battant son plein sur le rivage. » Il loue Balzac d'avoir fait

« entrer des récits, des romans entiers, dans des conversations ». Comme Stendhal, comme Mérimée, son Graal est cette société d'esprits qui, dans le vif de l'instant, décolleraient du temps pour en devenir maîtres, comme des dieux. Sauf dans l'amitié, il ne faut plus la chercher que dans la littérature. De ses nouvelles des *Diaboliques*, Barbey parle comme de « sonates de conversation », de « sonates à quatre mains ». Le récit en surgit par le ricochet de répliques, de questions, de réflexions, au cours d'une causerie en voyage, au souper, au cours d'une promenade. Ce qui a eu lieu, et dont on se souvient, devient le pain et le vin d'un repas eucharistique ici et maintenant, dans le bonheur âpre d'une remémoration que le romancier élargit à ses lecteurs, « à la clarté des lampes ».

*

Ce bonheur est connaissance. Connaissance tragique chez Barbey : elle avait été comique, mais au sens de Dante, de Boccace à Diderot. C'est à cette altitude, où elle rejoint le dialogue platonicien, que la grande littérature européenne a toujours voulu reconduire la conversation. Celle-ci, que l'Ancien Régime français avait eu le mérite de tenir pour un art libéral majeur, le faisant reconnaître par toute l'Europe, a sa pente dangereuse. Après le La Bruyère des *Caractères*, et le Montesquieu des *Lettres persanes*, deux « Anciens », Rousseau avait dressé le réquisitoire le plus sévère contre le parisianisme dans la conversation, sa frivolité philosophique et politique, sa méchanceté stérile. Sainte-Beuve, après Mme de

Staël, s'était fait au contraire l'apologiste d'une conversation réformée, plus européenne que parisienne, nourrie par les classiques et propre à en nourrir de nouveaux. Au XXe siècle, le point de vue de Proust s'est imposé : la conversation est l'antithèse de l'ascèse littéraire, qui est seule à pouvoir lui donner, rétrospectivement et ironiquement, un sens. Ainsi, en marge ou au cœur de cette institution française, un débat n'a cessé de se poursuivre : son enjeu n'est pas seulement le statut de la conversation en général, vain divertissement d'oisifs ou mode socratique du connaître, mais le jugement à porter sur la conversation à la française : folklore parisien, voire national, ou bien carrefour des esprits, antiques et modernes, français et étrangers, épreuve orale et vive pour une littérature à portée universelle. La gravité de ce débat, au siècle des Lumières et au cours du XIXe siècle nationaliste et romantique, a peut-être été sous-estimée. Elle nous apparaît évidente aujourd'hui.

Pourquoi ? Comme Proust, nous ne croyons plus à la conversation. Beckett et son théâtre de l'aphasie résument notre scepticisme, sinon notre hostilité. Nous sommes prévenus contre le bavardage, et cependant nous ne pouvons nous empêcher de rêver, avec Mme de Staël et Sainte-Beuve, avec toute la littérature européenne, à un cercle de conversation qui se formerait au-dessus du monde bavard et divisé, à un concile des meilleurs esprits qui, en souriant, donnerait par sa seule réunion un sens et une justification à notre chaos. À cet idéal que nul n'ose formuler, répond pour tromper notre faim l'idéologie de la communication. Converser suppose une égalité de droit et de fait entre partenaires cooptés, et peu nombreux. Cela suppose aussi la présence invisible et vivante parmi eux d'interlocuteurs absents, les classiques, amis de toujours et de partout. Communiquer, en revanche, suppose un égalitarisme de droit entre récepteurs et émetteurs contemporains, en nombre illimité. En échange de cette entrée dans le réseau, ces interlocuteurs interchangeables dépouillent toute qualité personnelle, gage et raison d'être de leur liberté : ils renoncent aussi à mettre en œuvre la rhétoricité du langage, son énergie, son ironie, son esprit, sans lesquels la liberté reste sans voix. On entre en communication comme on entre en concentration, avec un numéro matricule : on est là pour recevoir et transmettre des informations, sans rapport ni avec la vérité, ni avec la beauté, ni avec le bonheur. En compensation de cette docilité et de cette abstraction, la rêverie technologique fait miroiter une toute-puissance cognitive : devant leurs écrans et leurs claviers, les Pic de la Mirandole modernes peuvent se promettre, à la limite, de jouer et combiner toutes les informations du monde, et de résoudre toutes les questions qu'on se pose. La littérature, marginalisée, n'est plus qu'une province modeste de cet empire impersonnel. La politique devient superflue. Une « main invisible » modère et homogénéise la circulation impersonnelle des signes et des images. Par une ironie bien significative, le mot « conversation » a été adopté par la cybernétique et la sociologie de la communication : il désigne, dans leurs langues spécialisées, aussi bien le dialogue entre ordinateurs que les échanges d'information dans la vie quotidienne. De fait, la critique de

Rousseau contre la conversation parisienne, qui selon lui confond le jugement de vérité avec un jeu irresponsable et purement discursif, pourrait être invoquée à plus forte raison contre une « communauté communicationnelle » qui trouve dans son propre fonctionnement sa propre fin, excluant, avec la joie de la parole, les affinités électives et la coopération des esprits. Est-ce un hasard si, là où la conversation mondaine fustigée par Rousseau, moquée par Proust, avait trouvé sa capitale, l'idéologie de la « communication » trouve aujourd'hui ses chantres et ses « carrefours » ?

Mais il faut aussi se demander si la conversation platonicienne, montaignienne, staëlienne et beuvienne, entre hommes libres et singuliers, entre lettrés, n'a pas aussi obstinément sa patrie en France. Cette conversation-là, l'Europe nous la demande, de nouveau. Car si l'Europe a déjà eu lieu, si elle a des précédents, c'est bien dans cette République de conversation lettrée qui se réunissait de préférence à Paris, mais dont les interlocuteurs étaient aussi bien Platon et Cicéron que Walpole et Heine, Mickiewicz et Tourgueniev. C'était un mythe, mais ce mythe-là est enraciné dans la nature et dans la raison, et il porte avec lui une des vocations européennes de la France. La communication ne s'adresse à personne, pas plus que les tours, pas plus que les ordinateurs. La conversation est un luxe de l'esprit inséparable du génie de certains lieux, et qui demande à être aimé, compris, cultivé, même avec persévérance, pour être retrouvé. Le retrouver, c'est aussi retrouver la liberté.

*« Le génie
de la langue française »*

S'il est un lieu commun français, c'est bien celui du « génie de la langue française ». D'époque en époque, il a nourri la foi des Français dans ce que leur verbe avait de plus singulier, il a donc soutenu la confiance qu'ils se faisaient à eux-mêmes. L'argument de l'universalité, titre de noblesse retrouvé à la fin du XVIe siècle, s'est imposé au XVIIIe siècle comme un constat jubilatoire. Mais il n'est qu'une facette, tournée vers l'extérieur du royaume, du lieu commun plus essentiel et intime du « génie ». Si l'on s'arrête aujourd'hui à ce mot, sans voir l'architecture symbolique dont il a été la clé de voûte, il fait hausser les épaules et froncer les sourcils. Avant de sombrer dans le ridicule, ce mot a cependant appartenu, jusqu'au XIXe siècle, au vocabulaire de ce que Claude Lévi-Strauss nommerait une « pensée sauvage » préscientifique : la rhétorique. « Génie », mais aussi « Esprit » ou encore « Naturel » figurent parmi les quasi-synonymes par lesquels les Français ont cherché l'équivalent du latin *ingenium* qui relève du vocabulaire propre aux rhéteurs latins[1]. Bien avant d'être l'objet d'une science, la langue française a été l'objet d'un discours sur son esprit et son génie.

Ingenium : *le naturel de la langue et de la nation*

Dans l'article « Esprit » de l'*Encyclopédie*, Voltaire, familier de cette « pensée sauvage » qu'il fait correctement remonter à Aristote, met en lumière la richesse et le chatoiement sémantique d'un tel terme. « Ce mot, écrit-il, en tant qu'il signifie une qualité de l'âme, est un de ces termes vagues auxquels tous ceux qui les emploient attachent presque toujours des sens différents : il exprime autre chose que jugement, génie, goût, talent, pénétration, étendue, grâce, finesse, et il doit tenir de tous ces mérites : on pourrait le définir raison ingénieuse[2]. »

Les termes d'« esprit » et de « génie » figurent dans l'article « Langue française » que Voltaire a enchâssé dans son *Dictionnaire philosophique*. Cet article est un admirable affleurement du lieu commun du génie de la langue et on y voit à vif à quel point un lieu commun peut être apparenté à un mythe, à un moment de notre histoire où le mythe de la langue a toutes raisons d'être euphorique :

> De toutes les langues de l'Europe, la française doit être la plus générale, parce qu'elle est la plus propre à la conversation : elle a pris ce caractère dans le peuple qui la parle. L'esprit de société est le partage naturel des Français ; c'est un mérite et un plaisir dont les autres peuples ont senti le besoin. L'ordre naturel dans lequel on est obligé d'exprimer ses pensées et de construire ses phrases répand dans notre langue

une douceur et une facilité qui plaît à tous les peuples ; et le génie de la nation se mêlant au génie de la langue a produit plus de livres agréablement écrits qu'on n'en voit chez aucun autre peuple. La liberté et la douceur de la société n'ayant été longtemps connues qu'en France, le langage y a reçu une délicatesse d'expression et une finesse pleine de naturel qu'on ne trouve guère ailleurs[3].

L'agilité d'une pensée qui perçoit et fait percevoir en même temps plusieurs aspects d'un même objet, une agilité aussi résolument *littéraire*, n'est possible qu'avec l'appui de notions d'origine rhétorique. Génie et esprit autorisent Voltaire à superposer un « caractère national », les mœurs qui suivent sa pente (sociabilité et conversation) et un trait grammatical et rhétorique qui singularise la langue, l'*ordo naturalis* de la phrase française, principe de sa *clarté* et donc de sa vocation à devenir le milieu nutritif de la diplomatie et des plaisirs sociaux entre Européens. « Génie de la langue » et « génie de la nation » se postulent l'un l'autre, et Voltaire, empruntant d'autres notions à l'arsenal des rhéteurs, fait apparaître les saveurs communes au verbe et à la manière d'être français : la douceur *(suavitas)*, la facilité (terme technique : la *facilitas*, c'est l'aisance naturelle qui dissimule l'art), l'agrément (la *venustas*, Valéry dira : « les délices »), tout un savoir vivre ensemble heureusement par la magie sociale et quasi amoureuse de la parole. Tout à la fois sociologue, sociolinguiste, philosophe politique, et esthéticien, Voltaire crée un effet d'évidence qui, dans son miroir, reflète exactement, plus exactement peut-être que nos instruments de mesure scientifiques, ce que tous les témoignages sur le XVIIIe siècle, de Marivaux à Restif, nous apprennent sur le bonheur d'expression français à cette époque, du haut en bas de la hiérarchie sociale. La correspondance entre le « naturel » du caractère national et le « naturel » de la langue, qui sous-tend tout le paragraphe, n'a pas besoin d'être thématisée ou théorisée : elle est impliquée dans le champ étymologique et sémantique que porte avec lui le mot génie : l'*ingenium* latin est construit sur la même racine qu'*ingenuitas*, cette franchise et cette liberté qui font la grâce de l'« esprit français », ou encore que *genus*, la « belle naissance », la noblesse, *genius*, le « démon » de Socrate, *genialitas*, l'humeur joviale, *generatio*, la fertilité et la fécondité. Ce sont là des traits permanents de la physionomie française, tels qu'ils ont été perçus en France et en Europe jusqu'à la fin de l'Ancien Régime.

Ce que nos sciences humaines spécialisées interdisent, ou rendent difficile, l'enjambement, Voltaire, philosophe et danseur, l'exécute avec une prestesse qui nous laisse bouche bée, pensant d'un même élan langue et style, grammaire et mœurs ! Il faut réapprendre un peu cette chorégraphie de l'esprit pour esquisser une histoire du lieu du génie de la langue.

L'article « Langue française » du *Dictionnaire philosophique*, loin de prétendre à l'originalité scientifique, résume et engrange toute une tradition plus ancienne encore que Rabelais, mais que Voltaire rajeunit en la reliant à la pensée de David Hume, dans les *Essays*, sur la France, « monarchie civilisée[4] ». Ce lieu commun, au moment où Voltaire intervient,

a connu déjà plusieurs vies. Même s'il est fondé sur
une puérile erreur, la durée de ce *topos*, sa propriété
de rendre la langue présente à elle-même et capable
de s'orienter, serait-ce intuitivement, sont assez attes-
tées pour que l'historien ait le droit de le traiter
comme un fait majeur. Il est apparu au confluent de
la grammaire et de la rhétorique latines, à qui les
langues vulgaires devaient nécessairement emprunter leurs instruments de réflexion pour se situer, se
jauger, se comprendre elles-mêmes. La grammaire,
le premier art libéral du *trivium*, touche à la
métrique, à l'art du vers et du rythme de la phrase.
La rhétorique, le deuxième des arts libéraux, touche
à la philosophie morale, politique et même à la
théologie. Fondée sur une réflexion relative au naturel, elle se déploie en une réflexion sur l'art qui le
parachève : l'art, dans l'ordre du langage, c'est l'*ornement*, le passage de la langue au style, de la simple
communication au bonheur d'expression et d'intelligence avec autrui. Langue a-grammaticale, langue
des « ignorants », la langue française a longtemps
relevé d'une « seconde rhétorique » inconnue des
programmes scolaires et universitaires, médiévaux et
modernes. Cette « seconde rhétorique » tient à la fois
de la grammaire, de la poétique et de la philosophie
morale, mais elle est avant tout un art d'« orner » la
langue. Le lieu du génie est apparenté à la seconde
rhétorique : comme elle, ce lieu est en quête de l'*art*
dont la langue et le génie naturels sont susceptibles,
un art qui peut bien emprunter ses notions au latin,
mais qui en définitive est le passage à l'acte des
puissances « naïves » particulières à la langue, qui la
distinguent phonétiquement, rythmiquement, syn-

taxiquement du latin et des autres langues « vulgaires ». Dans les considérations sur le « génie de la langue », on pourra ainsi trouver, en apparence confuses, en réalité reliées par une subtile et souple contexture logique et analogique, des considérations sur les lettres, les mots, la phrase, les liaisons, le rythme, les vers français mais aussi des considérations sur la monarchie, sur le roi de France, sur la noblesse française, émanation et représentation de l'*ingenium* propre à la nation. On pourrait même soutenir que le souci tenace de lier ensemble plus étroitement les différents segments, les différents aspects de ce lieu, a été longtemps l'un des vecteurs d'évolution de la langue française et royale. Même lorsque Du Bellay doute que le « naïf » actuel de la langue soit à la hauteur de l'ambition française et lorsqu'il fait appel pour y remédier à une véritable magie régénératrice par l'imitation et la traduction des langues classiques, il pense la langue à l'intérieur de ce *topos*, sans pouvoir ni vouloir dissocier grammaire, rhétorique, poétique, morale et mystique royale.

Paternus sermo, materna lingua

Cela nous est devenu difficile. Mais seul un tel *topos* qui a laissé des traces nous permet de comprendre quelle différence vertigineuse d'altitude symbolique a pu séparer les langues vulgaires, et même la langue du roi de France, de la langue latine. Ce surplomb a duré aussi longtemps que le roi n'était que *primus inter pares* dans son propre royaume, et un improbable candidat à l'*imperium* (le gouvernement des

laïcs, par définition ignorants et illettrés) dans une
Chrétienté où le pontife romain conjuguait sur son
office la double autorité sacrée du *sacerdotium* et du
studium. Privée de grammaire, privée d'un support
moral, politique, sacral, comparable, même de loin, à
ceux qu'assurait le Saint-Siège à la langue latine,
privée même longtemps de cette rhétorique qui,
grâce aux divers degrés de style, permettait au latin
d'avoir prise sur les « choses » du savoir et de la foi, la
materna lingua ne fut longtemps aux yeux des clercs
qu'une sorte de déchet du Verbe, abandonné aux
enfants en bas âge, aux chevaliers, aux femmes, selon
une césure verticale plus étanche et ignominieuse
que les étagements hiérarchiques de la société féodale. « Il y a autant de distance, pouvait écrire Raban
Maur au IXe siècle, entre un clerc et un laïc, qu'entre
un homme et un animal. » Seuls les clercs ont accès à
la lumière rédemptrice du *patrius sermo*, le latin,
langue des Écritures et de la science sacrée, des arts
libéraux et de la liturgie, de la prédication et de la
prière, manifestation en acte de l'unité romaine. Les
laïcs tâtonnent dans les ténèbres de l'ignorance et le
chaos des multiples langues romanes « vulgaires ».

La libération de ce servage langagier est liée en
Italie à la croissance des villes, en France à celle du
domaine, de la souveraineté et de l'autorité du roi,
mais aussi de Paris, de son Université, de son Parlement. Il faut cependant reconnaître que le fil ténu,
mais tenace, qui relie ce que nous appelons la langue
française à la France féodale, c'est le sentiment de
suzeraineté qu'entraîne pour la langue du roi la
supériorité de celui-ci sur ses plus puissants vassaux,
de son verbe propre sur leur idiome provincial.

Humiliée aux yeux de l'Europe chrétienne devant le
latin des clercs, la langue du roi de France a joui
relativement tôt à l'intérieur du royaume d'un premier privilège d'*urbanité*, au sens que les rhéteurs
romains attachaient à ce mot, par lequel ils opposaient la langue parlée dans l'*Urbs* à la « patavinité »
(le patois de Padoue) des provinciaux : elle en béné-
ficiait au titre de la suzeraineté royale, et de la qualité
de capitale du royaume reconnue à Paris. Mais cette
supériorité était très relative. Vouée à une rapide
mutation lexicale, syntaxique et même phonétique,
mal dégagée des autres dialectes du royaume, la
langue du roi ne faisait pas le poids vis-à-vis du latin,
langue commune à toute la Chrétienté, langue
stable, langue de l'éternité, dont la domination ne
pouvait pas être défiée aussi longtemps qu'un poète
français était hors d'état d'oser écrire à son roi :

>   *Ce que Malherbe écrit dure éternellement.*

Or, pour qu'un poète de la cour royale puisse
proférer un jour sans ridicule un défi aussi altier au
privilège traditionnel du latin, il fallait sans doute
être Malherbe, mais pour être Malherbe, il fallait
d'abord être le sujet du roi de France, et pas de
n'importe quel roi de France : Henri IV, le roi indifférent aux « doctes », contrairement à ses prédécesseurs Valois, avait conféré à la Couronne une autorité exceptionnelle, singulière, transcendant les
divisions de parti et de religion. Il était sorti vainqueur magnanime des guerres civiles, et il apparaissait avec son royaume, avec sa langue, comme le
médiateur, voire l'arbitre, dans la grande bataille qui

se poursuivait en Europe entre protestants et catholiques. Il fallait aussi, et nous y reviendrons, avoir lu Montaigne. Pour qu'un Malherbe après un Montaigne fût possible, il avait fallu des siècles de « progrès » de la souveraineté royale et d'émancipation des « laïcs », à travers toutes sortes d'hésitations, de revers et d'incertitudes. Mais il avait d'abord fallu, avant que la langue du roi pût oser se mesurer ouvertement à celle du pape et des clercs, qu'elle assurât sa propre supériorité sur la langue d'oc et sur les autres dialectes de la langue d'oïl. Au XIIᵉ siècle, cette bataille interne au royaume est déjà gagnée. En 1173, dans sa *Vie de saint Thomas Beckett*, Guernes de Sainte-Maxence peut affirmer orgueilleusement : « Mis langages est bons, car en France fui nez[5]. » Déjà le sentiment d'une *rusticité* des dialectes étrangers à la langue d'Île-de-France est inculqué à leurs locuteurs : dans une chanson de Conon de Béthune (1150-1219)[6], le poète picard se plaint que les Français aient moqué son langage, et que la reine mère et son fils Philippe Auguste l'aient raillé pour ses « mots d'Artois[7] ». Il s'agit bien de nuances lexicales, qui font dès lors toute la différence entre l'urbanité de la langue du roi et de Paris et sa variante provinciale, car le poète croit pouvoir protester que, bien que sa parole « ne soit pas françoise, on peut la comprendre en françois » ; ce n'est pas sa faute s'il n'a pas été « élevé à Pontoise ». Ces nuances comptent. L'Anonyme de Meung se croit tenu d'écrire :

> *Si m'excuse de mon langage*
> *Rude, malotru et sauvage*
> *Car nés ne suis pas de Paris*[8].

Entre laïcs « ignorants », l'*oreille* fait déjà le partage
entre la langue du roi et les patois. Cette *oreille* est
déjà devenue au XIIe siècle aussi sensible que celle
dont feront preuve les humanistes, souvent secrétaires de curie pontificale, lorsqu'ils opposeront au
latin « barbare » des clercs scolastiques l'urbanité re-
trouvée, à force de philologie, de leur latin « cicéronien ». Il n'est pas impossible que les laïcs français et
toscans aient précédé dans cette exigence d'urbanité
les philologues de la papauté. Mais l'oreille parisienne, comme l'oreille « cicéronienne » des humanistes se situe dans la mouvance de la parole de
l'apôtre, pierre angulaire de la tradition catholique :
fides ex auditu, auditus autem per Verbum Christi. La foi
naît d'une réception par l'ouïe, donc aussi par le
corps, sensibilité, affectivité, imagination. Elle naît
dans une communication vivante et non dans la lecture solitaire. Cela menace, à terme, le latin scolastique, cela nuira même au latin écrit des humanistes.

En 1387, Froissart, dans ses *Chroniques*[9], fait observer au cours d'un séjour à Orthez chez Gaston Phœ-
bus que celui-ci, comte de Foix et de Béarn, lui parle
un excellent français, et non pas son patois d'oc :
« Et quand il cheoit aucune chose où il vouloit
mettre debat et argument, trop volontiers en parloit
à moy, non pas en gascon, mais en beau et bon
françois. » La langue du roi de France, dans le micro-
cosme du royaume, a donc déjà le statut que le latin
cicéronien recevra des humanistes : elle n'est pas
seulement indice d'urbanité, mais langue d'art et
d'argumentation qui donne accès aux « choses »
nobles, diplomatiques et politiques, communes à

tout le royaume. Elle est déjà au centre des
« choses », la langue de la « conversation entre honnestes gens » et cela, pour toute la France. À la fin du
XIIIe siècle, cette royauté encore relative du français
d'Île-de-France se manifeste naïvement dans le récit
par Guillaume de Chartres d'un miracle attribué à
Saint Louis : un sourd-muet a retrouvé la parole sur
la tombe du roi, à Saint-Denis, mais la langue qu'il
parle maintenant n'est plus le dialecte de Bour-
gogne, d'où il vient, mais le français d'Île-de-France,
« comme s'il était né, dit le vieil auteur, à Saint-
Denis[10] » ! Le privilège d'urbanité dont jouit la
langue d'Île-de-France renvoie à son caractère de
langue royale, c'est-à-dire, en dernière analyse, de
Verbe vivant, principe unificateur du royaume. Le
français d'Île-de-France compte parmi les attributs
sacrés de la Couronne, avec l'abbaye-nécropole de
Saint-Denis, les reliques de la Sainte-Chapelle, les lis
des armes de France, le sceptre et la sainte ampoule
du sacre de Reims. Nation-Église, la France est
construite autour d'un Roi-Verbe, d'un Roi-Christ,
dont la langue chante les louanges, véhicule les
ordonnances et les édits, rassemble les fidèles sujets.

Tandis que le débat latin-vulgaire commence en
Toscane au XIIe siècle avec Dante, la notion d'une
compétition entre la langue du roi et celle de Rome
n'apparaît et ne s'impose en France qu'au XVIe
siècle, sur le modèle italien. Les Français n'ont pas
jusqu'alors été anxieux pour la langue de leur roi, en
vertu de la doctrine de la *translatio imperii et studii*[11].
C'est là, avec la sacralité royale, une des plus profondes assises du lieu ou du mythe du génie de la
langue. Selon cette croyance française, la noblesse

humaine, la vocation de l'homme au bonheur et au
savoir, après avoir trouvé les conditions favorables à
leur épanouissement chez les Mèdes, les Grecs, les
Romains, cherche sa perfection désormais parmi les
Français. La France et son roi sont prédestinés à
exercer l'*imperium*, laissé par Rome en déshérence et
relevé par Charlemagne ; et leur vocation au
royaume s'étend aussi au *studium*, à la connaissance.
La preuve en est donnée dès le XIIe siècle par le
rayonnement universel des écoles parisiennes. Une
autre preuve est offerte par le « roman » français,
dont la diffusion est européenne.

Cette littérature « laïque[12] », qui répand la langue
du roi en Europe et même en Orient méditerranéen,
atteste dès le XIIe siècle que la sacralité de la Couronne très chrétienne n'est pas hiératique.
L'« évêque du dehors », sacré à Reims, est à la tête
d'un royaume qui est en communion avec Rome, qui
adhère à une foi catholique dont les arcanes latins
sont détenus sans doute par les clercs, mais qui
englobe plus amicalement qu'ailleurs les laïcs (représentés par leurs nobles) dans une communauté naturelle et contagieuse, dont le roi est le médiateur et
dont sa langue est le lien vivant. Cette double appartenance, qui ne va pas sans frictions, conjugue idéalement la communion dans l'Église universelle et la
communauté du royaume de France, plus généreuse
pour les laïcs. Le français, langue de l'État royal en
formation, est aussi celle de la prédication, de la
prière, de la piété laïque. Mais elle ne se prête pas à
la lecture directe de la Bible ni à la controverse
théologique, privilège des clercs au même titre que
les sacrements et la liturgie. Le royaume de France

s'accommode de ce partage : libérée des disputes et de l'anxiété théologiques, la foi du royaume s'accorde à la liberté noble, à la sociabilité des corporations. Elle se borne à l'amour de Dieu, de la Vierge, des saints, du roi, du prochain. Le calvinisme se révoltera contre ce partage et revendiquera pour la langue française, et donc pour les laïcs, l'accès à la théologie et à une piété réformée fondée sur la lecture de la Bible en français. Mais les rois de France — qui, depuis Jean le Bon, disposaient de traductions françaises de la Bible dans leur bibliothèque[13] — ne favorisèrent, ni alors ni à plus forte raison après la Réforme, la diffusion de la Bible en français. La piété des laïcs du royaume a pour médiateur un roi à la fois prêtre et gentilhomme, nouveau David, chef du « peuple élu » de la Chrétienté. Cette piété est un lien religieux, social et politique, et non pas une science sacrée. C'est un ensemble de rites, de symboles, de dévotions et de bonnes mœurs, partagées et propagées, plutôt qu'une doctrine sujette à disputes. L'évêque du dehors, « premier gentilhomme du royaume », prêche par exemple, gestes et actes, il n'enseigne ni n'endoctrine. La royauté est à sa façon une « Bible des pauvres » en action, si l'on veut bien ôter à l'expression toute sa morgue intellectuelle et la pénétrer au contraire d'humilité magnanime.

La Réforme, puis, pour mieux la combattre, Port-Royal, introduiront en français la dispute théologique et la lecture de la Bible. Ces controverses religieuses étendues aux laïcs ont ouvert la voie à la philosophie cartésienne et à celle des Lumières. Il est significatif cependant que, même pour la Réforme,

de tous les livres bibliques, ce sont les Psaumes de
David, liés à la dévotion du cœur et non pas à la
doctrine religieuse, qui ont donné lieu en France à la
plus fertile floraison de traductions et d'adaptations
poétiques[14]. Le Psautier en français est le grand texte
de spiritualité de la religion proprement royale. De
même que le français n'a pas, pendant longtemps,
prétendu à remplacer le latin des doctes, il n'a pas
non plus cherché à disputer son privilège au latin
liturgique ou théologique : il s'est complu dans un
autre rôle, plus secrètement et généreusement évan-
gélique, moins pharisien, plus royal, accueillant dans
son royaume très chrétien et réunissant dans sa
communauté les laïcs, nobles et femmes, artisans et
bourgeois, grâce à la médiation du Roi-Christ[15]. Ces
équilibres souvent rompus, ces nuances souvent tra-
hies, ces recouvrements d'aires qui ne vont pas sans
tensions, déchirures ou compromis imparfaits,
relèvent sans doute de l'histoire très complexe du
royaume gallican, à l'intérieur de la Chrétienté. Mais
ils appartiennent aussi au génie de la langue, qui se
tient sur ces frontières mouvantes et périlleuses qui
séparent clercs et laïcs, sacré et profane, religion et
politique, et qui a pour fonction majeure de relier
des forces centrifuges. C'est dans cette fonction difficile et quelque peu mystérieuse de diplomatie royale
que le français a fait son apprentissage de la langue
de la conversation et de la négociation européennes :
lien vivant et unifiant plus encore que langue littéraire, il a déployé dans la Chrétienté, au fur et à
mesure que se déchirait la communion romaine,
Réforme après Grand Schisme, le sentiment si singulier qu'il avait inventé du « royaume très chrétien ».

Dès le règne de Charles V, la bibliothèque du roi
s'enrichit de traductions en français dont la finalité
explicite est de favoriser le transfert du *studium* des
langues antiques à la langue royale des modernes. La
Bible figure parmi ces traductions, mais aussi les
chefs-d'œuvre de l'Antiquité païenne. L'un des traducteurs, Nicolas Oresme, fait précéder sa traduction
des *Éthiques* d'Aristote d'une dédicace au roi où il
explique que le français est au latin ce que le latin de
Cicéron était au grec des orateurs attiques et d'Aristote[16]. Le « moment classique » n'est peut-être pas
encore venu, mais il viendra à son heure, il se prépare, il est attendu. Ce sentiment d'un « progrès »,
ou plutôt cette eschatologie de la langue, si sensible
déjà chez Guillaume de Lorris, s'accompagne d'une
euphorie printanière, et qui se retrouvera aussi bien
dans la poésie de Marot et de Ronsard. Si le caractère
charnel, fuyant, éphémère, de la langue vulgaire, par
opposition à l'espèce d'orgueilleuse transcendance
latine, peut incliner à la mélancolie, il peut aussi,
selon une topique des saisons, s'allier à la ferveur et à
la fraîcheur de la jeunesse, de la nature reverdis-
sante, de l'amour divin et de l'amour tout court. Le
XVe siècle n'est pas seulement « l'automne du Moyen
Âge » que Huizinga a observé depuis les Pays-Bas. On
met en France les vieux romans et anciennes chansons de geste du XIIe et du XIIIe siècle en prose
« moderne », afin de montrer le triomphe du « bon
vulgaire françois » sur le « vieil langage corrompu »
de naguère. En 1500, Jean Molinet adapte en prose
le *Roman de la Rose*, car, selon lui, depuis le XIIe siècle,
le français est devenu « fort mignon et renouvelé[17] ».
Les « grands rhétoriqueurs », avant la Pléiade, fêtent

dans la dépense un véritable printemps amoureux de
la langue[18]. La notion de « mignardise », qui traduit
en bon et beau français le latin *elegantia*, emprunté
au vocabulaire de la rhétorique classique, signale la
confiance conquise par les écrivains en langue royale
dans les pouvoirs de celle-ci : elle est capable de
saveurs que le latin pouvait se croire réservées et, du
moins en poésie et dans la fiction, de saveurs fraîches
et aurorales dont le latin n'est plus capable depuis
longtemps.

La Chancellerie royale

On est même saisi par l'absence d'anxiété de cette
littérature, par opposition à celle qui assombrit
Dante et qui travaille les humanistes toscans : cette
anxiété linguistique italienne va se répandre en
France avec Étienne Dolet et Joachim Du Bellay.
Poètes et traducteurs du XVe siècle français ne sont
nullement hantés par la distance désespérante qui
séparerait la « grandeur » des Anciens et la « bassesse » des modernes, et qui fait de l'imitation humaniste une sorte de vol d'Icare. Le défi que Pétrarque,
dans sa seconde lettre à Urbain V, avait lancé aux
barbares du Nord, incapables de vraie poésie et de
véritable éloquence latines[19], ne semble pas les avoir
beaucoup affectés. Dans le *Traité intitulé de la Concorde
des deux langages*[20], Jean Lemaire de Belges associe
dans une heureuse égalité les deux « vulgaires »
sœurs, française et toscane, filles et héritières du
latin, mais jeunes, vives, aptes au plaisir, et aussi peu
troublées que possible par une grandeur antique qui
les humilierait. C'est un tout autre sentiment que

celui, pathétique, de Pétrarque, et même que celui, moins cruellement divisé, de Bembo. Pourquoi cette joie des Français dans leur langue ?

> *La raison est pour ce qu'ils sont bien nez,*
> *Sous l'horoscope et regard vénérique,*
> *Ou que d'eux-mêmes ils s'y sont façonnez.*
> *Leur oraison est pure rhetorique,*
> *Leur liesse est propice et geniale,*
> *Et leur attrait amoureux et lubrique.*
> *Leur façon est humaine, sociale,*
> *Savant sa court, très bien mundanizant,*
> *Et leur habit de gorre speciale.*
> . . . .
> *François, faitiz, francs, forts, fermes au fait,*
> *Fins, frais, de fer, feroces, sans frayeur.*
> *Tels sont vos noms, concordans à l'effect*[21].

Tout Rabelais est déjà là, et même cet « esprit » laïc selon Voltaire, inséparable en France de la gaieté et d'appétits galants. Nous touchons ici à l'une des facettes les plus oubliées du lieu du génie de la langue. Elle regarde cette « fleur de noblesse » rassemblée autour du roi, et qui représente en sa perfection les traits du naturel français inhérents et épars dans toute la communauté royale : ce « naturel » allie vaillance guerrière et vitalité érotique, joie de vivre et appétit de fête. Telle est déjà depuis longtemps cette « courtoisie », qu'on nommera au XVIIe siècle « galanterie » française. Or, ce bonheur d'être différents mais ensemble, cette humanité heureuse et plénière, sous les signes associés de Vénus et de Mars, trouvent leur expression naturelle dans la langue royale. C'est une langue maternelle, orale. Elle a vocation au bonheur noble, inséparable de la majesté royale. Elle ne le chercherait pas si elle ne l'avait pas déjà trouvé. L'humaniste Castiglione, dans le *Courtisan* (1528), constate avec surprise que les nobles français s'offrent le luxe de dédaigner la science livresque des clercs, qu'ils associent à la tristesse, à l'hiver, à la discipline monastique, et même les études humanistes, qu'ils ne distinguent pas de la « clergie » scolastique : à leurs yeux, c'est le même éteignoir pédant pour la vertu guerrière et la verdeur galante[22]. Même Montaigne, parce qu'il a sucé le latin avec le lait, parce qu'il a fait des études littéraires et juridiques en latin, ne retrouvera pas tout à fait cet usage « marotique » et ce sentiment verdoyant de la langue française. Il a adopté le vulgaire dans un esprit d'humilité humaniste et mélancolique. Quand il veut retrouver la vigueur et la verdeur de la jeunesse, dans l'essai *Sur des vers de Virgile*, c'est à la Vénus de Lucrèce que ce solitaire malgré lui les demande, dans le texte latin[23].

On peut ainsi mesurer le reflux de confiance traditionnelle en la langue dont la *Deffence* de Du Bellay, influencée par l'Italie, a été l'amorce. Relisons, par contraste, la grande *Déploration de Florimond Robertet* de Clément Marot (1527)[24]. Cet hymne funéraire est accordé au rang et au rôle d'un grand serviteur de la monarchie. La seconde rhétorique, dont Marot est le dernier grand poète, se montre ici dans sa capacité d'élever la langue du roi à une altitude quasi liturgique. Un autre poète de la même école, Jean Bouchet, a, de son côté, célébré Robertet comme « prince de la rhétorique françoise », ou encore comme « père d'éloquence[25] ». Marot dit lui-même de son héros qu'il avait

> *... la mieux escripvante*
> *Plume qui fut de nostre age vivant.*

Qui est donc Florimond Robertet ? Un très éminent représentant d'une institution royale dont Marot et Bouchet, à juste titre, s'estiment les vassaux et les bénéficiaires : la Chancellerie de France, et son corps prestigieux de notaires et clercs du roi, tous des laïcs. Ces secrétaires (dépositaires et médiateurs du secret du roi) forment, depuis Louis VI, une tradition ininterrompue et augmentée de règne en règne de hauts fonctionnaires de la langue et du style royaux. Ils appartiennent à une « confraternité de notaires et secrétaires de la Couronne et Maison de France », placée sous le patronage des quatre Évangélistes. À leur tête, le chancelier de France, mais aussi le secrétaire des finances (c'est la fonction de Florimond Robertet sous Charles VIII, Louis XII et François Ier, qui l'élèvera, après la mort du cardinal d'Amboise, au rang de « surintendant des affaires de France »). Ce corps d'écrivains royaux ne s'est pas borné à établir les « formules » juridiquement correctes des actes et lettres du roi. Il ne s'est pas borné non plus à continuer, sous l'autorité du chancelier, les *Grandes Chroniques de France*, commencées en français sous Louis IX par un moine de l'abbaye de Saint-Denis. De cet *utile* écrit, un grand nombre des officiers royaux sont passés au *doux* parlé et chanté ; ils ont consacré leurs loisirs à « illustrer » la langue royale par la poésie, le roman, la chronique. Le corps des secrétaires du roi, jusqu'à Valentin Conrart (qui devint au XVIIe siècle secrétaire perpétuel de l'Académie française), a été en réalité un « sacré collège » de la langue royale, travaillant tenacement à la fois son prestige politique et diplomatique et son éclat littéraire et poétique. Robert Bautier, qui a admirablement étudié cette tradition institutionnelle sans laquelle notre langue ne serait pas ce qu'elle est, a montré la contribution des secrétaires royaux aux lettres françaises[26]. Dans cette lignée, à juste titre, il accorde une place éminente à Alain Chartier, auteur français du *Songe du Vergier*, remarquable poète néolatin, en marge, mais aussi en rapport étroit avec elles, de ses fonctions de notaire et secrétaire du dauphin, puis du roi Charles VI[27].

Les tâches administratives des secrétaires, audienciers et autres dignitaires de la Chancellerie furent très souvent ennoblies par une œuvre d'écrivain de cour, où ces personnages mirent en œuvre les pouvoirs rhétoriques et poétiques de la langue du roi.

Avec Florimond Robertet, on se trouve donc dans un milieu de cour où la langue royale est non seulement honorée, mais traitée en arcane de l'empire, en Verbe vivant. Elle n'a rien à envier au latin, elle est depuis longtemps capable de plusieurs degrés de style. Dans sa *Déploration*, Marot déclare que son génie personnel le porte à « estendre le vol de sa plume au gré d'Amour d'un style bas et tendre » (c'est le degré *suavis et humilis* que la « roue de Virgile » attribue aux *Bucoliques*, et qui convient à la conversation et à la galanterie). Mais un événement aussi grave que la mort de Robertet l'a conduit à « corrompre du tout le naïf de [sa] Muse » pour

composer « Chanson mortelle en stile plein d'émoi ».
« Chanson » traduit en bon français « ode », « plein
d'émoi » est un merveilleux équivalent du *patheticus*
gréco-latin. Marot a donc dû s'accorder au grand
style lyrique. Il prend soin de le distinguer du grand
style tragique ou épique dont il est incapable, ou
plutôt dont le « génie de la langue » ne
s'accommode pas : sa Muse, écrit-il,

> *... ne veult qu'il s'amuse*
> *À composer en triste Tragédie.*

Quand Marot sera redevenu, pour les lettres françaises du XVIIᵉ et du XVIIIᵉ siècle, une autorité infaillible en matière de génie de la langue, un Malézieu
pourra dire au jeune Voltaire entreprenant son *Henriade* : « Le Français n'a pas la tête épique. » Le
champ des styles que la langue du roi et de sa cour
peut parcourir n'est pas le même que celui des
langues antiques : ce n'est pas pour autant une infériorité. C'est tout au plus une heureuse singularité,
qui la rend plus digne d'amour. La *Déploration* est
précédée par une pièce d'hommage à Marot par le
poète néo-latin Salmon Macrin, et il est très significatif que celui-ci n'hésite pas à placer le poète français,
si attentif à sa singularité moderne et française, au
même rang que les plus grands classiques de l'Antiquité :

> *Si Virgile avait écrit en grec,*
> *Il eût pu égaler le grand Homère :*
> *Si Clément Marot, honneur des Français,*
> *S'était adonné aux arts latins,*

> *Il eût à coup sûr égalé Virgile.*
> *Mais au grec Virgile préféra le latin,*
> *Plutôt que de trouver des égaux en grec.*
> *Et notre Virgile, dans la langue de la patrie,*
> *Préféra être prince, plutôt que de trouver*
> *Des égaux dans la langue latine.*
> *Aussi la Gaule lui doit-elle la même gratitude*
> *Que l'Hellade à Homère, et l'Ausonie à Virgile*[28].

Si l'on sait percevoir en filigrane de ce poème la doctrine de la *translatio* de Grèce à Rome, de Rome à la France, la course de relais d'Homère à Virgile, de Virgile à Marot, place le poète français hors de pair, premier parmi les modernes. S'il égale Homère et Virgile, ce n'est pas pour les avoir imités, c'est en se tenant dans son lieu propre, qui est aujourd'hui auprès du roi de France et dans sa langue, au centre de l'*imperium* et du *studium* des temps nouveaux. Aucune jactance, aucun esprit de rivalité inquiète ou jalouse avec les Anciens ne vient faire grincer cette tranquille certitude.

De son côté, le roi François Ier partageait au plus haut degré cette foi dans son office et dans le verbe qui le manifeste. Il l'incarnait même, par son heureux naturel. Guillaume Budé, dans ses *Commentaires de la langue grecque* (1529), vante sa « hauteur de stature », sa « dignité de visage, tempéré de majesté et clémence, attrayant à sa bienveillance les cœurs de la multitude », et sa « vivacité d'esprit docile, apercevante et subtile pour d'elle-même entendre et concevoir, prompte et tournable à tous les mouvements de la pensée ». En août 1537, le roi signe la justement fameuse ordonnance de Villers-Cotterêts, dont deux articles, cent dix et cent onze, reprennent et confirment les dispositions déjà prises dans les ordonnances de Moulins et de Roussillon[29]. Ces dispositions se bornent elles-mêmes à entériner et à étendre encore un état de fait, la rédaction de tous les actes de l'administration et de la justice royales dans la langue du roi. Depuis longtemps déjà, le Parlement de Paris s'était fait une règle du français dans ses *Remonstrances*, *réquisitoires*, et *plaidoyers*. En dépit des efforts de la Grande Robe au cours du xvie siècle pour s'élever au-dessus du jargon de la chicane et pour participer de l'éloquence royale, celle-ci a son laboratoire dans l'entourage immédiat du roi, dans sa Chancellerie, chez ses grands dignitaires, chez les nobles de cour et leurs poètes. L'ordonnance de Villers-Cotterêts prend cependant la peine de justifier l'extension à tout le royaume du recours administratif et judiciaire à la langue royale. L'argument mis en avant est d'ordre rhétorique : c'est par souci de « clarté » (la *perspicuitas* de Quintilien), et d'une clarté étendue à toutes les parties et à tous les sujets de l'*imperium* royal, même ignorants du latin, que les actes publiés au nom du roi doivent l'être « en langage maternel françois et non autrement, afin qu'il n'y ait cause de douter sur l'intelligence des dits arrêts ».

> Nous voulons [ajoute le roi] et ordonnons, qu'ils soient faits et écrits si clairement, qu'il ne puisse y avoir aucune ambiguïté ou incertitude ne lieu à demander interprétation.

Cette clarté généreuse que le roi doit à tous ses

sujets est en harmonie profonde avec cette « naïveté » dont Marot, après Jean Lemaire de Belges, fait
la saveur propre à la poésie française. Elle repose,
comme elle, sur une philosophie cicéronienne de la
parole, que Barthélemy Aneau, en 1549, dans son
Quintil Horatian, résume admirablement :

> Le précepte d'Horace [...] veut le Poème être
> tel que l'honneur d'icelui soit acquis des choses
> et paroles prises au milieu de la communauté
> des hommes, tellement que tout lecteur et audi-
> teur en pense bien pouvoir autant faire, et tou-
> tefois n'y puisse advenir[30].

Telle est la loi d'un style, qui, jugé sur l'autorité
écrite du roi, se déploie dans le bonheur oral de la
courtoisie et de la galanterie françaises, de la poésie
et du beau langage appropriés à la conversation française. Traduite dans l'ordre politique, cette philosophie de la lumière naturelle propre à la langue
écarte de la monarchie très chrétienne française tout
péril et tout soupçon de violence tyrannique. La
« clarté » française, rayonnement de la « majesté et
clémence » du roi, devient ainsi aimant politique,
dont secrétaires royaux et chanceliers du royaume,
toujours choisis parmi les grands lettrés, font une de
leurs préoccupations majeures. Cette clarté est
d'abord un sentiment religieux du royaume et de sa
langue, avant même de répondre aux exigences que
les humanistes placent dans la *perspicuitas* du latin de
Cicéron. C'est autour de cette notion solaire que la
langue du roi et de la cour va prétendre au rang de
« latin des modernes ». Un latin aussi « clair » pour

l'oreille que pour la lecture et qui, pour cette raison, peut même prétendre à l'emporter sur sa « sœur » vulgaire, le toscan.

La Toscane, à la différence de l'Île-de-France, n'est pas le siège d'une monarchie reconnue et respectée dans toute l'Italie. Faute de rois, elle eut des poètes. Dans un mouvement titanesque, qui fonde la littérature italienne, Dante a voulu au XIIIe siècle que la royauté de la poésie tînt lieu de la royauté absente et devînt le socle de la dignité du vulgaire. Ce monarque poétique en exil de sa patrie était aussi philosophe politique dans le *De Monarchia*, et professeur *extra muros studii* dans le *Convivio*, où il enseignait l'encyclopédie des sciences à tous, dans le langage de tous, le vulgaire. *La Divine Comédie* donnait à ce « vulgaire illustre » un classique comparable à ce que *L'Énéide* avait été pour la langue latine, avec ce degré de style supplémentaire que lui conférait *Le Paradis*, et sa flèche gothique fichée dans le cœur de Béatrice. Idéalement, tout était en place pour faire du toscan l'égal, peut-être même l'héritier chrétien du latin. Il manquait toutefois à cet édifice littéraire non seulement l'autorité du Sacerdoce, mais aussi celle de l'Empire, et même celle de l'Étude, car le *Convivio* de Dante n'est qu'une université à l'état sauvage. Dans sa dernière œuvre, écrite en latin, le *De vulgari eloquentia*, Dante résume son ambition et reconnaît les limites de celle-ci. Il a voulu fonder les assises d'un « vulgaire illustre » qui serait pour tous les Italiens ce qu'avait été le latin de Rome pour l'Empire des Césars. Il l'a fondé, en extrayant des dialectes toscans une langue poétique, littéraire, scientifique. Mais ces fondations restent dans l'ordre

du texte écrit, non de la parole. Elles autorisent une
littérature, et non pas un royaume ; une langue littéraire écrite, et non un lien social et politique vivant.
Bref *un autre néo-latin*. Il manque à Dante un
monarque et une cour laïcs qui fassent passer dans
l'usage oral, dans une sociabilité exemplaire et contagieuse, dans une *politeïa*, la langue qu'il a inventée et
qui est bien en effet une « place royale », mais où
seuls les Italiens lettrés peuvent s'entendre, et dans
l'ordre de la lecture, non pas de la conversation. Le
sentiment de deuil qui imprègne le *De vulgari eloquentia* était justifié. Après Dante, Pétrarque, lui aussi un
Toscan en exil, se partage entre le vulgaire, qu'il
réinvente sur un registre de « douceur » (sous
l'influence des Provençaux et du *dolce stil nuovo*), et
le latin, qu'il veut rendre à ses qualités de clarté,
pureté et élégance classiques, fondant ainsi la philologie humaniste et même l'humanisme tout court. Il
est divisé, comme le sera Boccace, son disciple,
comme le sera Bembo, son lointain héritier au
XVIᵉ siècle, entre les lettres latines, que le Sacerdoce
romain fait régner avec autorité sur l'Italie et sur
l'Europe chrétienne, et les lettres italiennes privées
d'un support politique central et incontesté. Lorsque
Bembo, au début du XVIᵉ siècle, veut assurer l'avenir
du « vulgaire illustre » parallèlement à la latinité
savante des philologues latinistes et hellénistes, il
publie chez Alde des éditions correctes de Dante et
de Pétrarque, et des modèles de prose déduits de ces
classiques écrits : ses propres dialogues, intitulés *Asolani*, et l'*Arcadia* de Jacques Sannazar. Ces œuvres
supposent aussi une imitation des classiques latins et
grecs, voire des poètes provençaux : ce sont des pro-

diges de culture littéraire. Ils sont bien la patrie, mais tout idéale, de tous les Italiens. Pour autant, la « question de la langue » reste en Italie un principe cruel de division et de querelles : les partisans de la langue toscane vivante protestent contre un italien littéraire qu'ils jugent éclectique et artificiel ; les dialectes municipaux conservent leurs partisans et leur littérature propre. Un diplomate cosmopolite comme Castiglione peut bien vouloir ancrer la langue littéraire italienne dans l'usage des gens de sa caste, aucune cour italienne n'est assez royale pour adopter et autoriser pleinement cet usage. Le latin reste l'arbitre et le vainqueur de ce Parnasse italien divisé contre lui-même. L'angoisse linguistique italienne gagne la France au XVIe siècle, tant le prestige de la Renaissance a fait de l'Italie un modèle.

La Deffence et illustration de la langue françoise

Ce n'est pas un hasard si le *De vulgari eloquentia* (connu jusqu'alors en Italie par une traduction en « vulgaire ») fut publié dans son texte original latin à Paris en 1576[31]. Le diagnostic politico-rhétorique que Dante avait formulé sur le « vulgaire illustre » pouvait alors être compris en France, ne serait-ce qu'à titre de repoussoir. L'éditeur en était Jacques Corbinelli, un Florentin exilé à la cour de France, et lui-même très engagé dans la « question » italienne de la langue. La postface de l'ouvrage était écrite par Guillaume Postel, le prophète quelque peu hérétique de la monarchie française, et ardent partisan de la « concorde des deux langages », français et toscan[32].

Depuis 1549, en effet, et la publication de la *Deffence et illustration de la langue françoise* de Du Bellay (en partie traduite d'un dialogue de l'Italien Sperone Speroni), la sérénité d'un Lemaire de Belges et d'un Marot a été troublée. Ronsard et ses amis, rompant avec la tradition des « rhétoriqueurs », mais non avec l'idée d'un « transfert à la France de l'Empire et de l'Étude », voient l'avenir glorieux de la langue française dans une émulation-imitation acharnée avec les modèles littéraires *écrits* des langues classiques. C'est une extraordinaire embardée au large de ce « naïf » de la langue, dont se réclamaient les rhétoriqueurs et qui, dans leur « bon français », traduisait le latin *ingenium* sans le calquer. Aussitôt, la réplique au manifeste de la Pléiade fuse : c'est le *Quintil Horatian* vengeur de Barthélemy Aneau[33]. Pour celui-ci, ce n'est pas en faisant violence au « naïf » de la langue qu'on la portera à la hauteur du grec et du latin. Ce zèle pédantesque détruit et stérilise l'art dont est capable naturellement l'idiome royal, il calomnie les institutions, la littérature, la sociabilité qui depuis des siècles ont été édifiées sur cet usage, et qui font depuis longtemps du royaume le successeur moderne de Rome et de la Grèce. Le malentendu entre ce conservateur et les Jeunes Turcs sortis de l'école de Jean Dorat tient tout entier dans le sentiment différent qu'ils ont du génie de la langue. Pour Barthélemy Aneau, c'est une « naïveté » que l'ancienne coutume du royaume a depuis longtemps révélée à elle-même, et élevée au rang d'un art original, distinct de celui des Latins et des Grecs, quoique compréhensible dans les catégories rhétoriques qu'ils nous ont léguées : Aneau est un excellent lecteur de Quintilien.

Pour Du Bellay, en revanche, interprète d'une anxiété « à l'italienne » qui est une part de la vérité de Ronsard, tout le chapitre « gothique » de l'histoire de la langue et des lettres vulgaires du royaume doit être repoussé avec un sentiment de honte. La « naïveté » traditionnelle et grossière doit être remplacée par une « fureur » qui emporte le poète à l'altitude où il retrouvera les grands modèles antiques, et leur arrachera, au bénéfice de la langue française, les secrets d'un grand art oublié. C'est, avant la lettre, l'équivalent du mouvement qui portera David à offrir au Comité de salut public, dans son *Marat* et son *Le Peletier*, le miroir sublime de la Rome de Brutus et de Caton. La première strophe des *Odes* de Ronsard associe étroitement la ferveur civique au service de la gloire du Roi-héros et le *furor poeticus* qui approprie au poète français le secret de Pindare :

> *Comme un qui prend une coupe*
> *Seul honneur de son trésor,*
> *Et de rang verse à la troupe*
> *Du vin qui rit dedans l'or,*
> *Ainsi versant la rosée*
> *Dont ma langue est arrosée*
> *Sur la race des* VALOIS,
> *En son doux nectar j'abreuve*
> *Le plus grand Roi qui se treuve*
> *Soit en armes soit en lois*[34].

Barthélemy Aneau, que cet « estrangement » poétique n'impressionne pas, fait remarquer que Ronsard prive la langue de cette « clarté » dont la vie commune du royaume bénéficie depuis longtemps :

Tant ceux qui ont écrit, que ceux qui ont à voix privée et publique très bien dit, et encore tous les jours très bien disent, ès grands cours Imperiales, Royales, Principales et Seigneuriales, ès grands Conseils, Parlements, et ambassades, ès Conciles, assemblées des Sages, et bien parlants, ès Sermons et Prédications, ès Consulats, Syndicats et gouvernements Politiques, ou en très bon et pur langage françois sont traitées et déduistes diverses graves choses et honnêtes, appartenantes et nécessaires à la vie commune et à la conservation de la sociabilité des hommes, et non pas plaisantes folies, et sotes amourettes, fables et propos d'un nid de souris en l'oreille d'un chat. Et plût à Dieu que iceux Sages et éloquents hommes tant défunts qu'encore vivants, desquels noms assez renommés je tais, eussent voulu prendre le labeur de mettre par écrit leurs belles et bonnes et prudentes oraisons, harangues, Actions, Conseils, Sentences et paroles, en telle ou meilleure forme d'écriture qu'ils les ont prononcées à vive voix, ainsi qu'ont fait les Consuls, Sénateurs et Impérateurs Grecs et Romains. Car par iceux serait mieux défendue et illustrée la langue française que par la subtile jonglerie de la plus complète partie des Poètes[35].

C'est bien la France comme civilisation royale, aussi complète et singulière dans son ordre et dans son temps que les civilisations antiques dans les leurs, que Barthélemy Aneau veut préserver, contre l'ému-

lation anxieuse de la Pléiade avec l'Antiquité littéraire. Cette civilisation française a trouvé son ressort
profond, chez le roi et chez ses sujets, dans une
langue vivante, depuis longtemps éloquente : la terreur déclenchée par Du Bellay menace d'abîmer
cette réalité en la sacrifiant à la chimère d'une poésie
à l'antique. Cette poétique « révolutionnaire »
déchire l'ancienne trame de la poésie proprement
française, qui, depuis des siècles, régit harmonique-
ment la civilisation du royaume, et fait son ornement
singulier :

> Nos majeurs certes n'ont été ni simples ni
> ignorants, ni des choses, ni des paroles. Guil-
> laume de Lorris, Jean de Meung, Guillaume
> Alexis, le bon moine de Lyre, Messire Nicolas
> Oresme, Alain Chartier, Villon, Meschinot et
> plusieurs autres n'ont point moins écrit, ni de
> moindres et pires choses, en la langue de leur
> temps propre, et entière, non pérégrine, et
> pour lors de bon aloi, et bonne mise, que nous à
> présent en la nostre[36].

Loin d'être un ramassis de vieilleries, les formes à
l'intérieur desquelles ces poètes ont œuvré équivalent aux formes antiques, mais sans les singer. Elles
sont nées du « naïf » propre à la langue qui a ses
caractéristiques propres :

> Rondeau est période, Ballade est nom Grec,
> chant Royal est Carme Héroïque, par principale
> dénomination. Virelai est Lyrique ou Laïque,
> c'est-à-dire populaire... Vrai est que le nom Ode

a été inconnu, comme pérégrine et Grec écorché, et nouvellement inventé entre ceux qui en changeant les noms cuident déguiser les choses : Mais le nom de chant et chanson est bien connu et reçu comme François[37].

La fidélité de Barthélemy Aneau au « bon aloi » de la langue va donc également à l'art rhétorique que ce naturel postule, à la santé politique coutumière du royaume, qu'il garantit, au patrimoine moral et littéraire français, qui n'ont rien à envier à personne et qui, à tant d'égards, parce que français et chrétiens, sont préférables à leurs antécédents païens et anciens.

Barthélemy Aneau n'éprouve aucun complexe, ni de supériorité ni d'infériorité, vis-à-vis de l'Antiquité et de l'Italie. Les relations de la langue française et de sa poésie avec le latin et l'italien sont de dialogue, et non pas de concurrence. Cette équanimité repose en réalité sur une certitude tranquille de la majesté du roi de France et de la vitalité française, qui en découle : celle-ci est à même, comme l'abeille d'Horace, de se nourrir de toutes fleurs sans se dénaturer. Le programme de Ronsard et de Du Bellay, inspiré par le modèle italien, mais accordé au mythe de la *translatio studii ad Francos*, soumet la France et sa langue à la haute pression pénible et nocive des « concours ». Les Jeux floraux[38], où Marot avait excellé, sont condamnés par Du Bellay au titre de divertissements provinciaux et bas, indignes des grands enjeux de l'heure. Ils perpétuent un passé paresseux et ignare. À leur place, un grand théâtre est dressé pour un grand championnat européen, dont les Anciens sont les entraîneurs et les arbitres, et dont les Français se doivent de remporter toutes les épreuves. C'est dans le *furor* de cette course héroïque, dont l'issue ne fait pas de doute, que l'énergie de la langue royale doit enfin sortir de sa longue léthargie, et se nourrir à la fois de la substance grecque et de la latine. À plus forte raison, ce zèle lui donnera la victoire sur ses rivales romanes, l'italien et l'espagnol. La candidature de l'anglais est encore loin d'être envisagée.

Cet esprit de concours, gagné d'avance, mais à toute force, par des forts en thème, correspond dans l'ordre littéraire à la rivalité des grandes dynasties qui postulent en Europe à l'Empire, à la suprématie diplomatique et militaire. Le *furor* de Ronsard répond bien à l'ambition héroïque d'Henri II, qui se voit en Hercule ou en Apollon, plutôt qu'en David ou en Christ. Même lorsque le drame de la guerre civile et religieuse aura fracassé ces grands desseins, l'opinion française restera profondément et peut-être définitivement marquée par cette idée d'un concours européen dont il faut toujours sortir vainqueur. Le génie de la langue nationale, dans cette dramaturgie scolaire, est conçu sur le mode héroïque, celui du « parallèle » au bout duquel le vainqueur est couronné de lauriers. L'épreuve majeure de ce grand concours est l'épopée. Pas d'Achille sans un Homère, pas d'Auguste sans un Virgile. Les Italiens avaient concouru avec une *Divine Comédie* dédaignée en France, une *Africa* de Pétrarque imitée de Stace plutôt que de Virgile, un *Orlando furioso* qui n'avait rien d'antique. Chantre d'Henri II, Ronsard entreprend une *Franciade*, il veut être Homère après avoir été Pindare. Il est le premier d'une longue série, que son échec ne découragea pas. Voltaire encore, avec tout son esprit, s'imaginera honorer Louis XV en écrivant pour lui une *Henriade*. L'autre épreuve est moins tendue, moins héroïque, mais pas moins difficile que l'épreuve épique : elle s'est imposée lentement dans le sillage de la Pléiade. Ronsard en a donné lui-même le signal dans ses *Discours sur les misères de ce temps* en 1562. Élève de Jacques Amyot, le roi Henri III fait de la grande éloquence à l'antique une affaire royale[39]. L'Académie du Palais consacre ses travaux à y entraîner le roi de France[40].

Henri III haranguera en vain les États généraux. Étienne Pasquier fera remarquer l'erreur politique sur laquelle repose toute cette fureur d'imiter les Anciens servilement : la majesté d'un roi de France s'impose d'elle-même, elle se diminue dans cet effort déplacé, et imité mal à propos de discours appropriés aux républiques antiques[41], pour persuader ses nobles, ses magistrats, ses sujets. Montaigne partage ce diagnostic politico-rhétorique.

L'idéal poético-rhétorique de la Pléiade était en effet la projection directe de l'enseignement humaniste et de ses exercices. Il est enraciné dans l'école nouvelle et il le restera jusqu'à la fin de l'Ancien Régime. Le XVIIe siècle et même le XVIIIe en sont toujours tributaires. Mais entre Ronsard et Racine, entre Du Vair et Fénelon, tout un travail de réflexion et d'ironie, renouant avec Marot et Barthélemy Aneau, réussit à dissocier l'école latine, qui exalte les orateurs des républiques antiques, et le commerce adulte approprié au royaume. Les antiquaires gallicans, Pithou, Pasquier, Fauchet, ont remémoré le passé médiéval et royal de la langue et des lettres françaises. Montaigne a parlé sa langue à la première personne, comme l'aurait fait un Ancien, mais comme le faisaient avant la crise d'aussi « bons Français » que Froissart ou Commynes. Malherbe a soumis ce naturel oral aux exigences d'un art qui ne doit rien au modèle latin, sinon des « idées du discours » rhétoriques, donc métalinguistiques : le « bon aloi » des mots, la clarté et l'euphonie de leur enchaînement naturel sont des règles appropriées au français. Par trois étapes, le génie de la langue, secouant les disciplines scolaires, mais pour mieux les soumettre à sa nature propre, renoue avec sa vieille tradition, retrouve sa vitalité, et gagne le fameux concours humaniste par deux tours de force que celui-ci n'avait pas d'abord prévus : l'aimantation regagnée par la couronne de France et la conversation des « honnestes gens » reprenant de plus belle autour de celle-ci.

La mémoire de la langue française

Dès le règne d'Henri III, et à l'écart de l'Académie du Palais, des antiquaires gallicans, tout en admirant Ronsard, ont en effet développé en faveur de la langue et des lettres nationales une argumentation historique en contradiction implicite avec les thèses de la *Deffence et illustration* de Du Bellay. La langue française a une longue histoire, les lettres françaises ont déjà joui d'un immense rayonnement au Moyen Âge : elles ont donc un génie propre, elles n'ont pas tout à attendre de leur greffe sur les langues et les lettres antiques restituées par l'humanisme savant.

Dans son *Recueil de l'origine de la langue et poésie françoise, ryme et romans*[42], Claude Fauchet établit que, loin d'être dans l'enfance, la langue du royaume a, dès le XIIᵉ siècle, régné sur l'Europe et sur le Moyen-Orient, à la faveur des croisades, des conquêtes normandes et du prestige de l'université de Paris. Elle s'est imposée en Angleterre et même dans cette Italie qui voudrait l'oublier :

> Dante [écrit-il], poète florentin, et Boccace, du même pays, y ont estudié, qui est cause pourquoy vous rencontrez dans les livres de cestuy-cy une infinité de paroles et manières de parler françoises [...] Si les Italiens, Espagnols, Alemans et autres ont esté contraints de forger leurs Romans et Contes fableux sur les telles quelles inventions de nos Trouveres, Chanterres, Conteor, et Jongleor (tant caressés par toutes cours d'Europe, pour leurs chansons de la Table ronde, Roland, Renaud de Montauban, et autres Pairs et Paladins de France) si Pétrarque et ses semblables se sont aidés des plus beaux traits de chansons de Thiebaut, Roy de Navarre, Gaces Brulez, le Chatelain de Coucy, et autres anciens poètes françois, que feront ceux qui vivent maintenant, quand ils viendront à feuilleter les œuvres de tant d'excellents poètes, qui sont venus depuis le règne du Roy François Iᵉʳ de ce nom[43].

La langue française, ayant déjà donné lieu à une

splendide littérature qui a été partout imitée, n'est donc pas un idiome vulgaire parmi d'autres. Elle n'a pas tout à attendre de l'imitation et de la traduction des langues classiques, même si elle peut bénéficier de cette « innutrition ». Cependant Ronsard et les poètes modernes, mieux encore que les traducteurs, sont fidèles à un mouvement d'ascension séculaire de la langue, car ils « employent les forces de leur vif esprit à l'augmentation de la Poesie françoise, laquelle ils vont tous les jours eslevant si haut, qu'il y a espérance, puisque là ils ont passé tous ceux qui depuis Auguste ont escrit en vers (je n'excepte pas les Italiens, encore moins les Espagnols) que nostre langue sera recherchée par les autres nations, autant qu'elle fut jamais[44] ».

Dans une lettre fameuse au savant Turnèbe[45], Étienne Pasquier se livre à une sévère critique de la « traduction », et en particulier de celle des orateurs antiques. La traduction est un « asservissement ». Elle est par ailleurs trompeuse, car elle incite à substituer à l'humanité française en acte, celle du royaume, un monde ancien et tout livresque, celui des républiques antiques : c'est ou bien une illusion ridicule, ou bien une imposture dangereuse. Enfin — et sur ce point Pasquier reprend une exigence d'Érasme —, « il ne doit estre permis à aucun de représenter Cicéron, s'il n'est un Cicéron en sa langue ». Nous sommes là dans une critique de l'humanisme scolaire qui est très proche de celle de Montaigne dans son essai *Contre Cicéron*.

Dans le livre VII de ses *Recherches de la France*, Pasquier ne rend un hommage vibrant à la « grande flotte de poètes que produisit le règne du Roy Henry deuxième » qu'en la replaçant dans le long cours d'une histoire littéraire très variée et déjà glorieuse. Il est le premier grand historien des lettres françaises médiévales, et pour lui, en dépit de la *Deffence*, la Pléiade est portée par un long fleuve de poésie, elle s'inscrit dans une continuité française. Le XVIIᵉ siècle, savant et mondain, trouvera dans ces chapitres des *Recherches* à la fois une anthologie et une apologie historique de la tradition nationale des lettres françaises. Il y trouvera par exemple, en dépit des fulminations cléricales contemporaines, un vibrant éloge de Rabelais :

> Je mettray [écrit Pasquier] entre les Poëtes du mesme temps, François Rabelais : car combien qu'il ait écrit en prose les faits Héroïques de Gargantua et Pantagruel, si estoit-il mis au rang des Poëtes, comme j'apprens de la response que Marot fit à Sagon, sous le nom de Fripelipes son valet :

> *Je ne voy point qu'un Saint Gelais*
> *Un Héroët, un Rabelais,*
> *Un Brodeau, un Scève, un Chappuys*
> *Voisent escrivant contre Luy.*

> Cestuy, ès gayetez qu'il mit en lumière, se mocquant de toutes choses, se rendit le nompareil. De ma patrie, recognoistray franchement avoir l'esprit si folastre, que je ne laissay jamais de le lire et ne leu onsques que je n'y trouvasse

matière de rire et d'en faire mon profit tout ensemble[46].

Ronsard, revenu du sublime pindarique, avait lui-même quelque peu renoué dans ses *Gayetez* (1553 et 1584) et son *Bocage royal* (1550, 1554 et 1580) avec la seconde rhétorique et Mellin de Saint-Gelais. Pasquier et Fauchet pouvaient donc, sans rompre en visière avec le plus grand poète français, le situer dans une tradition nationale ininterrompue. Le fil de cette tradition, c'était une poésie française dont Pasquier montre, au chapitre VII du livre VII de ses *Recherches*, qu'elle a son ordre propre, sensible à l'« aureille françoise » : celle-ci trouve le génie harmonique de la langue dans un « écoulement » et « glissement » doux qui tient du murmure des sources, et que rythme la succession régulière des rimes. Le français a partie liée avec l'écoulement des eaux.

Beaucoup plus qu'à ses doctes hellénismes et à sa trop savante mythologie, c'est à une invention d'ordre musical que Pasquier fait tenir le mérite de Ronsard : ce poète a généralisé et régularisé l'alternance des rimes masculines et féminines, que ses prédécesseurs ne respectaient pas. De même le loue-t-il d'avoir observé, à l'hémistiche des vers, qu'un *e* féminin doit être suivi d'une voyelle pour éviter d'être compté pour une syllabe. Mais ces traits de métier vont tous dans le sens d'une euphonie essentielle au français, radicalement différente de la métrique latine, et qui place, en dépit des recherches de Baïf, la sonorité de notre poésie sous le signe liquide des fontaines, des eaux courantes et des fleuves. Ce jeu de métaphores (qui est aussi une clé musicale) est naturellement complété par celui de la transparence, qui est déjà devenu le mythe central et convivial de la langue. Au livre VIII des *Recherches*, Pasquier s'attache à en retracer l'histoire. Les origines de la langue française sont sans doute mêlées et résultent de « corruptions ». Pasquier fait valoir cependant que le français est d'abord l'héritier du latin, au point que le mot « roman » s'est longtemps appliqué à la langue d'oïl, aussi bien qu'au genre littéraire en prose inventé par et pour les cours françaises. Pasquier insiste sur le fait que « jamais peuple ne fut si jaloux de l'autorité de sa langue comme fut l'ancien Romain », et il cite plusieurs témoignages, dont celui de Sidoine Apollinaire, qui tendent à établir que cette « jalousie » est passée dans le royaume « françois », dès les origines de celui-ci, héritier « roman » de la latinité. Liant « caractère des peuples » et génie de la langue, Pasquier attribue aux Italiens, « dégénérans de l'ancienne force du Romain » et faisant profession de délicatesse plus que de vertu, un « vulgaire tout efféminé et mollasse ». Les Gaulois, ayant « l'esprit plus brusque et prompt que les Romains », abrégèrent les mots latins, puis réformèrent l'âpreté qui en résultait « par un concours et heurt de consonantes », et changèrent « cette grossière façon de parler en une plus douce ». On passa ainsi d'*escripre* en *écrire*, d'*eschole* en *école*, d'*aspre* en *âpre*, de *douls* en *doux*, sans que la graphie suivît les progrès de la prononciation. La douceur de la langue, loin d'être en français un signe de faiblesse ou d'effémination, est le résultat d'un polissage du latin par la vigueur ingénieuse de l'esprit gaulois : cette douceur s'allie à la vivacité d'esprit. En retard sur l'oreille, l'orthographe française reste un précieux témoignage de l'état antérieur de la langue, le blason écrit visuel de son ancienne noblesse.

Au demeurant, la langue du roi a mis du temps à s'imposer. Pasquier écrit :

> Anciennement nous n'eûmes point une langue particulièrement courtisane, à laquelle les bons esprits voulussent attacher leurs plumes. Et voici pourquoi. Encore que nos Rois tinssent la supériorité sur tous autres princes, si est-ce que notre royaume étoit échantillonné en pièces, et y avoit presque autant de cours que de provinces. La cour du comte de Provence, celle du comte de Toulouse, celle du comte de Flandres, du comte de Champagne et autres princes et seigneurs, qui tous tenoient leurs rangs et grandeurs à part, ores que la plupart d'entre eux recognussent nos Rois pour leurs Souverains. De là vint que ceux qui avoient quelque assurance de leurs esprits, écrivoient au vulgaire de la cour de leurs Maîtres, qui en Picard, qui en Champenois, qui en Provençal, qui en Tolozan, tout ainsi que ceux qui étoient à la suite de nos Rois, écrivoient au langage de leur Cour. Aujourd'huy il nous en prend de toute autre sorte. Car tous ces grands duchés et comtés, étant unis à notre Couronne, nous n'écrivons plus qu'en un langage, qui est celui

de la cour du Roy, que nous appelons langage
françois[47].

Celui-ci est donc devenu, à proprement parler, la
« place royale » où le dialogue entre le roi et ses
sujets, entre le roi et ses grands feudataires, où la
conversation entre les sujets et les feudataires
royaux de diverses origines peut avoir lieu. Mais le
mythe de la transparence liquide, inséparable de la
fonction politique de la langue, est assombri chez
Pasquier par l'anxiété de l'écoulement et de la fuga-
cité :

> Dirons-nous que les langues ressemblent aux
> rivières, lesquelles demeurans toujours en
> essence, toutesfois il y a un continuel change-
> ment des ondes : aussi nos langues vulgaires
> demeurant en leur général, il y avoit change-
> ment continu de paroles particulières qui ne
> reviennent plus en usage[48].

Comment fixer ce fleuve d'Héraclite ? Pasquier,
sur le modèle italien, répond : par de grands
auteurs. « Je diray que s'il y a rien qui perpétue la
langue vulgaire qui est aujourd'hui entre nous, ce
seront ces braves poëtes qui ont eu vogue de nostre
temps. » Le pronostic était erroné. Mais Pasquier
avait généreusement contribué à la solution de la
difficulté en mettant l'accent sur la tradition rhétorique appropriée à la langue ; c'est là, en dépit de
ses métamorphoses lexicales, son « essence demeu-
rans toujours ».

Le sujet parlant français

Le coup d'État qui a ouvert la voie à la langue classique n'est pas l'œuvre d'un poète, mais d'un prosateur. Bien que les *Essais* de Montaigne ne soient pas directement une apologie de la langue, ils ont rendu celle-ci à sa véritable vocation, que le modèle italien lui masquait au XVIᵉ siècle. Elle était déjà alors devenue la « place royale » où convergent et trouvent leur unité les multiples idiomes professionnels et locaux du royaume. Les *Essais,* qui rendent à Paris un hommage éclatant, juxtaposent à cette place royale politique une place royale privée, un for intérieur accueillant, un banquet hospitalier à la plus haute diplomatie de l'esprit. En pleine guerre civile, la langue est soustraite par Montaigne aux vicissitudes de la cour et de la Couronne, à la tragédie politique et religieuse qui déchire le royaume. Le mythe « républicain » de la grande éloquence politique, répandu par l'école humaniste et latine et par son culte de Cicéron, est rejeté par Montaigne : il y voit même l'origine de la tragédie. La langue en péril est donc arrimée à un sujet privé, indépendant de la fortune publique, éloigné de la cour et ses disgrâces : le *gentilhomme français.* Pour la première fois depuis Rabelais et Marot, le français est parlé et écrit à la première personne *comme si* l'auteur lui-même était une autorité royale en miniature, libre de traduction, imitation et glose ; libre de sujétion. Et ce *je*, assuré de sa propre assise sans prétendre cependant à autre chose que d'être Montaigne, bon Français et bon sujet du roi de France, est le plus généreux et sociable interlocuteur qui soit : pour se faire connaître, il entre en conférence et conversation d'égal à égal avec les sages et les héros antiques, il confronte leurs dires avec sa propre expérience de moderne, il invite ses lecteurs à participer à la même quête de connaissance et de sagesse. D'un même mouvement, la langue vulgaire, que Montaigne a trouvée « sans énergie », se retrouve faite pour le libre commerce des consciences, des idées et des goûts en vue d'un objet commun : le bien vivre ensemble. En s'écartant du sublime à l'antique, qui éblouissait Ronsard et Henri III, en s'installant dans la lumière égale d'une improvisation personnelle et d'une conversation à haute voix entre pairs, elle a retrouvé son naturel.

Les *Essais* sont dans l'histoire de la langue et de son « génie » non pas une révolution, rien n'est plus étranger à l'humeur de Montaigne, mais une révélation. Jusque-là, le « vulgaire » avait cherché sa noblesse d'abord dans la poésie ; Montaigne fait découvrir aux Français à quel point leur langue a vocation à la prose, et plutôt qu'à la prose épique ou narrative, à la prose mélangée, variée, capable de tous les styles et de toutes les formes, de la conversation lettrée, sœur du lyrisme marotique. Désormais, même la poésie, en France, et cela pour deux siècles, sera au service de la conversation, de sa vivacité, de son urbanité, de sa gaieté, de sa clarté piquante et brillante. Les *Essais* ont donc pour nous Français le caractère fondateur que *La Divine Comédie* avait eu pour l'Italie. Ils inaugurent la sociabilité orale et la civilisation des mœurs dont notre langue sera le véhicule incomparable aux yeux de l'Europe, et autour desquelles va se cristalliser notre littérature. En outre, cette langue de la conversation que révèlent les *Essais* ne dépend plus des institutions qui, traditionnellement, géraient le patrimoine linguistique royal. Montaigne, tel qu'il se « peint » dans les *Essais*, est étranger à l'érudition professionnelle des gens de robe, milieu auquel il a appartenu mais dont il s'est détaché ; il n'est pas moins indépendant de la Chancellerie royale et de sa responsabilité officielle, même s'il accepte des missions diplomatiques qui servent la Couronne. Le français de la conversation montaignienne est la langue de la liberté dans le loisir noble et lettré. Ce degré d'indépendance à la fois noble et philosophique dont il donne l'exemple n'en est pas moins pour Montaigne un effet de la monarchie très chrétienne. Il voit en elle un régime « naturel », prouvé et approuvé par sa durée, n'ayant pas à recourir à la force rusée du *Prince* de Machiavel, et laissant à la nature noble la chance de « vivre noblement ». Les *Essais* lient la langue française à une philosophie privée du savoir vivre en commun que le royaume rend possible. C'est ce « gai savoir » des mœurs françaises, beaucoup plus que les victoires et le prestige de nos rois, qui va désormais rendre la langue contagieuse en Europe. Voltaire est l'héritier direct de Montaigne quand il écrit, le 12 septembre 1760, à Mme du Deffand :

> Ce qui fait le mérite de la France, son seul mérite, son unique supériorité, c'est un petit nombre de génies sublimes ou aimables qui font qu'on parle français à Vienne, à Stockholm, et à

Moscou. Nos ministres, nos intendants et nos premiers commis n'ont aucune part à cette gloire.

Les *Essais* ont dénoué les bandelettes antiques que l'humanisme docte avait au cours du XVIe siècle prétendu appliquer au français. Ils lui ont rendu le goût de converser avec autrui « dans le vierge, le vivace, et le bel aujourd'hui ». Or cette autorité nouvelle du sujet, mûrie dans la « conférence » d'égal à égal avec les autorités antiques, avait été conquise loin de Paris, loin de la cour, loin du roi. Le château de Montaigne annonce bien celui de Ferney. Mais cette parole de dialogue avait dû se conquérir par écrit, dans la solitude. Si elle servait bien malgré tout la vitalité orale et sociable de la langue, elle l'avait fait sans tenir compte de l'*oreille* de Paris et de la cour. Montaigne n'a été sauvé de ses gasconnismes et de son dédain pour l'élégance que par sa force contagieuse d'énonciation éloquente, par sa voix, vive et rauque, sonore même dans le texte imprimé. Les *Essais* manquaient néanmoins un des aspects essentiels du français, son bonheur *courtois*, ses saveurs harmoniques et euphoniques, et que seule la société des nobles, hommes et femmes, autour du roi dans l'urbanité parisienne, était à même de reconstituer. Dans ses *Recherches*, le Parisien Pasquier s'attarde sur cette fluidité élégante du français, que sa tradition poétique a servie. La phonétique même de la langue (par exemple : l'opposition entre l'*e* féminin et l'*é* masculin, qui introduit une sorte de danse nuptiale dans la structure même des sons de la langue) l'appelle à une musique courtoise. Celle-ci est absente du langage de Montaigne, qui aspire à la fête d'une amitié, d'une « conférence », entre hommes, que les *Essais* célèbrent, à laquelle ils invitent, mais dont ils portent aussi le deuil. C'est à perfectionner et enseigner la musique savante dont le français est capable que Malherbe va s'employer.

Enfin Malherbe vint

Malherbe n'a pourtant rien à envier à Montaigne pour la singularité virile et ombrageuse. Mais ce poète est d'abord un secrétaire de cour, qui commence sa carrière au service du Grand Prieur de Vendôme, Henri d'Angoulême, fils naturel de Charles IX, gouverneur de Provence de 1577 à 1586. Autour de ce prince et liée à sa chancellerie, toute une pléiade de magistrats-poètes donne la réplique à Malherbe : Gallaup de Chasteuil, Antoine Cadenet, Jacques Perrache, Jean de La Ceppède, François Du Périer. Cette cour provençale est en réalité une petite académie de la langue royale, qu'elle cultive avec d'autant plus d'exigence que le français administratif et littéraire est en Provence, terre d'oc, « en mission ». Après Henri d'Angoulême, Malherbe se lie à Guillaume Du Vair, qui devient en 1599 premier président du parlement de Provence. Du Vair est un magistrat du Parlement de Paris qui a, pendant les troubles civils, manifesté hautement sa fidélité à la Couronne et qui a été envoyé en Provence pour y rétablir l'autorité du roi. En 1594, il a publié un traité intitulé *De l'Éloquence française et pourquoy elle est demeurée si basse*, où il exalte la vigueur de la parole des hauts magistrats, piliers de la souveraineté royale. À la différence de Montaigne et de Malherbe, il croit en une grande éloquence française à l'antique.

Au service du fils de Charles IX, ou dans l'entourage de Du Vair, Malherbe retrouve néanmoins le même souci de restaurer l'une par l'autre la majesté du trône et celle de la langue royale. À partir de 1594, Pierre Forget du Fresne, grand audiencier de la Chancellerie royale, rédacteur de l'édit de Nantes, réunit autour de lui à Paris une petite académie destinée à cultiver la langue royale. Dans le même temps, il en renouvelle l'usage dans les actes royaux, sur la forme desquels il rédige un *Mémoire*. C'est à lui qu'est dédié en 1596 le *De optimo genere elocutionis*[49], où Charles Paschal associe la vigueur du royaume restauré par Henri IV à la clarté, à la pureté et au naturel de la langue française. Ce que Montaigne a recherché dans l'ordre privé, ces magistrats le recherchent maintenant dans l'ordre de l'État. Cette santé de la langue, inséparable de la santé politique, Paschal comme Montaigne et Malherbe la demandent à la leçon morale des stoïciens. Mais Paschal et Malherbe, comme Du Vair, sont plus sensibles que Montaigne à ce qui, dans la langue, répond à sa vocation *royale*, à son caractère de *lien politique* du royaume, héritier de l'*imperium* romain, et donc à son *élocution* cicéronienne. Il s'agit pour eux, sans trahir le « naturel » de la langue, de le porter au rang de « latin des modernes ». Ils veulent lui faire reconnaître les mêmes avantages que le latin le plus pur et le plus élégant, celui des orateurs ou des moralistes romains du Iᵉʳ siècle. Lorsque Du Vair donne en exemple ses traductions de Démosthène et

de Cicéron, lorsque Malherbe entreprend de traduire les *Épîtres à Lucilius* de Sénèque ou son traité
Des bienfaits, ce sont avant tout des exercices de version française, où les deux auteurs cherchent à
démontrer que les qualités de la prose classique
latine (clarté, pureté, densité, euphonie, naturel)
peuvent passer en français sans troubler le génie de
la langue, mais au contraire en le révélant. La quête
de l'autorité, celle du roi et de la leur propre, passe
pour cette génération de « bons Français » par la
mise en évidence des qualités « cicéroniennes » du
« bien dire » français.

La « doctrine de Malherbe », qu'il faut placer dans
le droit fil du travail séculaire sur la langue du roi,
depuis le XIIe siècle, a été interprétée par Ferdinand
Brunot en termes de « grammaire ». En réalité,
comme toute la tradition avec laquelle il renoue,
par-delà l'épisode de la Pléiade, Malherbe est avant
tout un *rhétoricien* de la langue française, préoccupé
pour elle des qualités *proprement oratoires* que l'humanisme italien révère dans la prose de Cicéron, mais
encore plus soucieux de ne pas en faire une langue
écrite, en deuil de la voix et de l'ouïe. Pour
comprendre l'enjeu de la réforme de Malherbe, il
faut avoir présente à l'esprit une des ambitions essentielles de la rhétorique antique, telle que le Moyen
Âge ecclésiastique et la Renaissance humaniste l'ont
maintenue, et qui a été l'idéal d'*art* commun au latin
et aux langues romanes[50]. C'est une ambition de
transfert, de *métaphore*. La langue naturelle ne s'élève
au rang de langue *éloquente* qu'en devenant *nombreuse*, en s'élevant à un *bonheur sonore*, à la musique
de la prose *(oratio numerosa)* et de la poésie *(oratio*

stricta). Plus encore que par l'ornement des figures
de pensée, c'est par la sonorité musicale qu'une
langue passe de la puissance élémentaire à l'acte
noble et persuasif, qui révèle sa *nature* en lui donnant
forme. Le latin des grands classiques était sans doute
une langue poétique et éloquente, les humanistes
l'ont imitée à ce titre en l'opposant au latin « mort »
et abstrait des scolastiques. Mais cette éloquence restait désespérément *écrite*. Elle n'était plus la métaphore artiste, mais vive, d'une langue parlée. Elle ne
l'était plus, puisque privée de la voix et donc de
l'*oreille* qui fait entendre les accents de quantité et
d'intensité des syllabes, les cadences et les modula-
tions dont ces accents sont susceptibles. Le latin,
même le plus beau, celui de Cicéron, idole de
Pétrarque, est une langue que le temps a rendue
sourde. Or, c'est l'oreille et la sonorité qu'elle perçoit qui font passer le discours de la communication
à la véritable contagion éloquente. Cette science
musicale du discours, qui remonte à Gorgias par-delà
Cicéron, n'était plus qu'un souvenir archéologique,
comme la musique perdue des Anciens. Cette
science implique non seulement la disposition des
mots *dans la phrase* (ce qui relève, à la rigueur, du
grammairien), mais dans le paragraphe et même
dans l'ensemble organique du discours. Cicéron,
dans l'*Orator*, que le Moyen Âge connaissait bien,
distingue entre la *junctura* (l'harmonie sonore des
liaisons d'un mot à l'autre), le *numerus* (le rythme
qui résulte de la succession des syllabes accentuées et
non accentuées) et la *concinnitas* (l'élégance des
figures de mots dites gorgianiques, qui balancent
l'équilibre interne d'une période et la structurent

musicalement). L'*oratio numerosa*, la *dictio ornata* dégagent de la langue naturelle une langue seconde ; elles extraient du plomb de l'une, l'or de l'autre ; elles remplacent la cacophonie tâtonnante par une musique civilisée et même savante. Elles modifient donc radicalement le rapport d'homme à homme, d'homme à femme, qui, de brutal et indifférent à autrui, se pénètre du désir et des moyens de plaire à l'oreille et, par l'oreille, à l'âme d'autrui. Elles éduquent, et font entrer dans une société noble. Pas d'éducation libérale, pas d'urbanité, pas de conversation, pas de galanterie, pas de sociabilité un peu raffinée et heureuse sans cette « douceur » qui révèle à la langue naturelle son propre bonheur d'expression, aux hommes et aux femmes qui la parlent leur vocation à l'intelligence réciproque et à la sympathie.

Or, et c'est là le point essentiel, qui hante aussi bien Dante, les grands rhétoriqueurs français et même les plus artistes parmi les humanistes italiens, cette *oratio numerosa* reste tout simplement une chimère ou une utopie lorsque l'on veut la pratiquer dans des langues mortes. Il y manque l'expérience native de la parole vive, qui est réservée aux langues naturelles et maternelles, les seules dont la substance sonore puisse être le *medium* entre vivants sans délai ni distance de l'écrit et de l'appris. À cet égard, les « ignorants » laïcs étaient depuis longtemps en avance au XVIe siècle sur les « clercs » humanistes, car ces « ignorants », qui baignent dès l'enfance dans leur langue maternelle, trouvent en elle leur milieu sonore, s'y orientent, s'y éveillent directement au désir de bonheur et de savoir. Les clercs ont dû se

séparer de ce milieu sonore maternel en s'initiant au
monde du latin savant et écrit, à une langue qui fut
éloquente, mais qui n'est plus que le spectre de cette
éloquence. Le latin des clercs, si littéraire qu'il se
veuille, est impuissant à agir directement dans le
« train commun des choses humaines ». L'amour de
la langue française, inséparable de l'amour du
royaume et de la communauté que cet amour
construit, incite donc à la pourvoir du « charme »
dont seul le français est désormais capable. De ce
charme, l'*oratio numerosa* (la prose nombreuse) des
rhéteurs fait la théorie ; les chefs-d'œuvre de la prose
antique en donnent l'idée. Mais pour faire coïncider
l'expérience française et la théorie antique, l'imitation servile d'un latin devenu sourd à lui-même ne
suffit pas. Il faut plutôt observer scrupuleusement
« ce à quoy le naturel usage de notre langue semble
répugner », et surtout « ce qu'elle a de propre et
particulier en soy, entre les Grecs et les Latins[51] ». Le
transfert artiste de la langue naturelle impure à une
langue pure, douce à l'oreille, n'a pas son lieu approprié dans le silence et la préméditation de l'écrit, où
l'on peut tout au plus se préparer, s'exercer. Ce
transfert ne trouve son sens et sa récompense que
dans la rencontre des voix, accompagnée de tout le
cortège des signes non verbaux, gestes, expressions
du visage, attitude, regard. Cet art savant doit donc
s'abolir lui-même dans la vivacité de l'*improvisation*
(la *subita dictio* des rhéteurs). Il trouve son couronnement dans la *facilité*, qui est en quelque sorte une
« seconde simplicité » orale où triomphe, avec la rhétoricité du langage, son « naturel ».

L'éducation oratoire des rhéteurs jésuites pouvait

bien préparer à ce moment de vérité, dans le laboratoire latin de leurs collèges. Ce n'était, en dernière
analyse, qu'un immense *progymnasma* ou *praeexercita-
mentum* (une préparation méthodique), dont l'expérience dans la langue maternelle était seule à pouvoir
éprouver les fruits. En entrant dans le monde, et en
oubliant son latin, l'élève déniaisé trouvait enfin dans
la langue vivante des « honnestes gens » les enjeux
sonores et vivants de la persuasion.

Le grand mérite de Malherbe (plus soucieux que
Montaigne d'illustrer la langue *royale*) est d'avoir
conçu l'*oratio numerosa* française sur le modèle classique défini par Cicéron et Quintilien. La rhétorique
toute française, dont il se fait l'avocat, ne demande
pas à son praticien d'oublier l'imitation de la clarté,
de la netteté et de l'élégance de la prose cicéronienne ou du vers virgilien, qu'on lui a apprises à
l'école : elle se contente de verser cette imitation
scolaire au crédit d'une « pureté » proprement française, guidée par une oreille sensible à la musique
particulière du français, accordée aux mœurs du
royaume.

Mais la doctrine de Malherbe ne s'adresse pas
seulement à des jeunes gens formés par les jésuites à
la discipline de la rhétorique cicéronienne. Elle
compte aussi sur l'oreille et le goût des femmes, qui
semblent avoir saisi très vite le rôle d'arbitre qu'elles
pouvaient jouer dans cette réforme de la langue
royale *parlée*. Elles sont le plus souvent formées dans
des couvents, et initiées à cette spiritualité (*rhetorica
divina*) de la Contre-Réforme dont l'*Introduction à la
vie dévote* de saint François de Sales est le chef-
d'œuvre en langue française. Jusqu'au XVIIIe siècle,

les petites filles et les jeunes filles françaises ont appris à prier dans leur langue maternelle selon une méthode qui épousait intimement le génie de la langue tel que le décrit Étienne Pasquier. Les métaphores de François de Sales le disent assez :

> L'oraison est l'eau de bénédiction qui, par ses arrosements, fait reverdir et fleurir les plantes de nos bons désirs, lave nos âmes de leurs imperfections et désaltère nos cœurs de nos passions [...] Notre Seigneur est la lumière du monde, c'est donc en lui, et pour lui que nous devons être éclairés et illuminés ; c'est la vive fontaine de Jacob pour le lavement de toutes nos souillures. Enfin, les enfants à force d'ouïr leur mère et de bégayer avec elles, apprennent à parler leur langage ; et nous, demeurant près du Sauveur par la méditation, et observant ses paroles, ses actions et ses affections, nous apprendrons moyennant sa grâce à parler, faire et vouloir comme lui[52].

Indemnes d'études latines, mais formées à cet exquis sentiment de la langue, les élèves des couvents de femmes parachèvent leur éducation par la lecture des romans, et *L'Astrée* d'Honoré d'Urfé, tout en conversations arbitrées par d'éloquentes nymphes, leur propose un modèle de « douceur » du langage, élevée au rang de discipline du cœur et des mœurs.

Portée par la vague puissante de l'« humanisme dévot », la réforme de Malherbe a transformé toute une société puis, par contagion, tout un royaume, en

une académie de prose orale nombreuse et élégante ; le poète a vu dans cette prose ornée et orale
le meilleur lien social qui puisse attacher les sujets du
royaume les uns aux autres et à leur roi.

Il fallait donc que cette exigence rhétorique appli-
quée à la langue pût passer de la petite élite de
lettrés et de magistrats dont Malherbe était l'interprète à la noblesse de cour. Une fois introduit auprès
du roi par ses amis Vauquelin des Yveteaux et Du
Perron, Malherbe fit coïncider son ambition personnelle avec une véritable croisade en faveur de la
réforme de la langue. Il s'emploie sans doute à ridi-
culiser Ronsard et le dernier représentant de sa tradition poétique, Philippe Desportes. Mais il s'attache
aussi, dans une cour où les Gascons sont nombreux
(à commencer par le roi Henri lui-même) et où le
prestige du poète gascon Du Bartas est grand, à créer
une mode de la « pureté » de la langue du domaine
royal. Pour s'imposer comme le « poète du roi », il
doit en effet se faire le maître de rhétorique de son
public. Sa poésie célèbre le roi, mais elle se présente
aussi et peut-être d'abord comme l'étalon du bon
usage lexical, syntaxique et euphonique d'un verbe
royal. Son orgueil de poète est ainsi inséparable de la
modestie du rôle qu'il attribue ironiquement à la
poésie : celle-ci est réduite au rôle de *norme d'élocution*
pour une langue que Malherbe veut d'abord *bien
parlée*. Seule l'extension de la langue ainsi réformée à
la performance orale et vivante, à la prose de la
conversation, pourra établir la supériorité de sa
propre poésie sur ses rivales. C'est le sens de ses
fameuses boutades sur le poète « joueur de quilles »,
sur les « crocheteurs du Port-au-Foin » (témoins

« naïfs » de la langue naturelle et orale de l'Île-de-France), et c'est aussi le sens de son mépris pour les poètes néo-latins de son temps.

> Il ne vouloit pas [écrira son disciple Racan] que l'on fît des vers autrement qu'en sa langue originaire, et disoit que nous n'entendions point la finesse des langues que nous n'avions apprises que par art, et à ce propos pour se moquer de ceux qui faisoient des vers en latin, il disoit que si Virgile et Horace revenoient au monde, ils bailleroient le fouet à Bourbon et à Sirmond[53].

Le poète et le « bon François » ici ne font qu'un : seule la langue « originaire » est capable du « naturel » poétique, ce qui suppose de la part du poète un véritable travail de métaphorisation, qui lui fait retrouver la pureté native et la sonorité essentielle de la langue sous la gangue et les accrétions accumulées par les sourds, les lourdauds et les pédants. Malherbe a réussi à faire de la noblesse de cour la collaboratrice de ce travail de blutage langagier. Les qualités natives de la langue sont devenues des lieux de la conversation mondaine. Le poète a réussi à faire partager son souci de la langue par tout un milieu *oral*, bien au-delà des officiers de Chancellerie et du Parlement. Il a commencé sa croisade dans le cercle de la reine Marie de Médicis, où fréquentent la princesse de Conti, la duchesse de Guise, le duc de Bellegarde, qui le consulte comme un oracle. Il l'a poursuivie dans le cercle de Charlotte Jouvenel des

Ursins, vicomtesse d'Auchy, qu'il célèbre sous le nom de « Caliste », dans le salon de Mme des Loges et celui de Mme de Rambouillet. L'*art* de la conversation devient dès lors inséparable en France de la délicatesse quasi musicale et de la curiosité la plus exacte portée à l'énonciation orale de la langue. Les femmes, aussi « ignorantes » que les crocheteurs, ont encore une meilleure oreille pour juger de cette musique, et pour en jouer.

Dès 1619, près de dix ans avant la mort de Malherbe, les *Mémoires* de l'abbé de Marolles témoignent du succès de la mode lancée par le poète. Elle durera en s'amplifiant jusqu'à la fin de l'Ancien Régime. La langue royale, de langue des secrétaires et des poètes royaux, devient l'orgueil et le joyau de toute une société de locuteurs nobles, exemplaire pour les lettrés eux-mêmes et pour tout le royaume. Marolles raconte la surprise d'un jeune Toulousain, Loys Masson, introduit dans son cercle qui est aussi celui de son ami le poète Pierre de Marbeuf :

> Il ne put [écrit Marolles] s'empescher de nous marquer son étonnement, nous ayant trouvez comme nous examinions certaines façons de parler la langue, ce qu'il estimoit de peu d'importance en comparaison d'autres choses, où, selon sa pensée, il auroit été bien plus juste que nous eussions employé du temps. Peut-estre qu'il avoit raison, mais il n'y en avoit pas un d'entre nous qui ne fust persuadé que, pour la perfection des sciences, il ne faut rien négliger,

et particulièrement en l'éloquence et la pureté du langage[54].

Les jeunes amis de Marolles sont d'anciens élèves des jésuites : ils ont été pliés par leurs maîtres à la discipline latine de l'élocution cicéronienne. Par un paradoxe qui le rend irrésistible, même pour les doctes, le français du roi et de Paris est en train de devenir, dans la conversation lettrée, la langue vivante à la fois la plus sourcilleuse sur sa propre singularité, son originalité, son naturel, et la plus attentive à s'approprier les traits de style que la philologie humaniste a exaltés dans la prose cicéronienne. On retrouve dans ce paradoxe l'antithèse du *puer senex*, l'enfant vieillard, un des lieux les plus étrangement obsédants de la tradition européenne. Le français, après Montaigne et Malherbe, se veut tout ensemble la langue la plus « naïve » et la plus raffinée, la moins « pédante » et la plus exactement fidèle aux critères d'un goût exercé, l'héritière moderne et vivante de l'atticisme grec et de l'urbanité romaine. Mais le français se veut royal non pas tant sous la « lime » du poète et de l'écrivain, que dans la parole impromptue de la « bonne société », dans le banquet contagieux qui place au centre de la nation française un paradis de la parole, dans lequel voudront entrer les provinces, les cours étrangères, les princes, les savants. La France est en train de devenir un royaume du bonheur d'expression. Elle finira même un jour par oublier que ce royaume de la conversation est aussi une royauté politique.

La parole française

Ce royaume, on n'y insistera jamais assez, subordonne l'écrit à l'oral. Tel est le principe sur lequel repose tout l'édifice des *Remarques sur la langue françoise, utiles à ceux qui veulent bien parler et bien écrire*, publiées en 1647 par Vaugelas et dédiées au chancelier Séguier. Le chancelier est alors le « protecteur » de l'Académie française, dont Vaugelas fait partie, et qui siège souvent dans l'hôtel de son protecteur, sous un plafond peint par le premier peintre du roi, Simon Vouet, d'un *Apollon sur le mont Parnasse*. L'harmonie n'a jamais été plus parfaite, à la veille de la Fronde qui va la mettre à l'épreuve, entre la tradition écrite de Chancellerie, au service direct de l'autorité royale, et la parole de la cour, des salons mondains, de la Ville lettrée. L'Académie, que Richelieu a peuplée de ses publicistes, mais qui a élu aussi des poètes et écrivains attachés à des princes ou à de hauts magistrats, est le rouage qui relie la langue officielle à celle du « grand monde », constellation de cercles privés gravitant autour du Louvre. Les *Remarques* de Vaugelas établissent la jurisprudence de cette communauté fondée par Malherbe[55]. Ce n'est pas une grammaire, telle que Richelieu avait demandé à l'Académie de l'établir, ni une rhétorique ni un dictionnaire de la langue royale. C'est tout cela à la fois. Comme leur titre trompeusement modeste l'indique, elles sont l'œuvre du seul Vaugelas, qui ne prétend pas préjuger des travaux de la Compagnie. Vaugelas se refuse pour sa part à donner des lois à une langue *vivante*, qui, à la différence des langues mortes et savantes, ne reconnaît d'autre « Maître et Souverain » que l'*usage* et l'*analogie*. Il ne s'agit donc pas d'un droit à la romaine, mais d'une coutume à la française, enregistrée d'après la « façon ordinaire de parler de la nation dans le siège de son Empire », non pas selon la pluralité, mais selon « l'élite des voix », en d'autres termes « de la plus saine partie de la cour ». « Quand je dis la cour, précise Vaugelas, j'y comprends les femmes comme les hommes, et plusieurs personnes de la Ville où le Prince réside, qui par la communication qu'elles ont avec les gens de cour participent à sa politesse[56]. »

Les magistrats de la langue du roi, depuis Philippe le Bel, avaient été ses secrétaires : poètes et écrivains de cour, ils avaient souvent complété la langue *utile* de l'administration royale par la langue *douce* et luxueuse du chant royal. Maintenant, quoique le chancelier Séguier et un secrétaire du roi, Valentin Conrart, veillent avec l'Académie française à vérifier ses opérations, c'est toute une société de conversation parisienne qui se voit investie de la responsabilité du bon usage *oral* de la langue, du bien parler français, modèle du bien écrire. Cette tribu d'« informateurs », dont Vaugelas s'est borné à enregistrer les préférences, prend très au sérieux son magistère. On ne peut plus, depuis Malherbe, être « du monde », à plus forte raison « du grand monde », si l'on n'est pas d'abord reconnu pour un « bon usager » du « beau » français, et pour un collaborateur (ou collaboratrice) doué(e) et éclairé(e) de son élégance, de sa pureté, de sa facilité, qui cherchent l'art dans le naturel. Ce corps restreint de magistrats cooptés

n'est pas le seul déterminant de l'usage : les
« Auteurs » et les « Maîtres de la langue », dit Vaugelas, corroborent leurs décisions. Mais ce sont en définitive les *locuteurs* de la « plus saine partie » de la
cour qui font jurisprudence. Vivante et parlée, la
langue française est appelée à évoluer. Mais les institutions et les maximes qui modèrent ce changement,
plus lexical que rhétorique, sont désormais en place.
Et le génie de la langue, maintenant qu'il a pris
conscience de lui-même et de l'art qui lui convient
en propre, ne cessera plus d'être senti et honoré :

> Il n'y a jamais eu de langue, où l'on ait escrit
> plus purement et plus nettement qu'en la
> nostre, qui soit plus ennemie des équivoques et
> de toute sorte d'obscurité, plus grave et plus
> douce tout ensemble, plus propre pour toutes
> sortes de stiles, plus chaste en ses locutions, plus
> judicieuse en ses figures, qui aime plus l'élé-
> gance et l'ornement, mais qui craigne plus
> l'affectation [...] Il n'y en a point qui observe
> plus le nombre et la cadence dans ses périodes,
> que la nostre, en quoy consiste la véritable
> marque de la perfection des langues[57].

La « naïveté » du français est maintenant capable
d'une « maturité » artiste qui range la langue du
royaume au rang des langues classiques, et qui
marque ce point de « perfection » dont elle ne
déviera plus, sinon par un changement accessoire de
feuillage lexical, signe de sa vie orale. La vieille
complainte que faisaient entendre encore un Montaigne et un Pasquier, sur le caractère fuyant et méta-

morphique de la langue « vulgaire », a fait place à une assurance nouvelle de stabilité rhétorique, garantie de surcroît par un jeu institutionnel souple, évolutif, mais fidèle à un certain nombre de « règles » qui guident en sûreté le « bon » et « bel » usage.

Le temps est venu d'une offensive apologétique de la langue royale, qui déclare maintenant sa prétention à remplacer le latin, après avoir prouvé qu'elle était, parmi les langues européennes, le seul « latin vivant », parlé par tout un peuple (étant admis, comme le précise Vaugelas, que peuple ne signifie pas plèbe, mais une communauté représentée fidèlement par sa noblesse). La première de ces apologies avait été publiée en 1620, sous le titre *La Langue françoise*. Dédiée à Guillaume Du Vair, elle était l'œuvre d'un officier du roi, Jean Godard, qui prenait bien soin de se déclarer « Parisien », sur le modèle de ces auteurs néo-latins d'Italie qui, pour attester la pureté cicéronienne de leur langue, faisaient suivre leur nom de l'adjectif *Romanus* : natif de Rome. La langue royale a atteint l'âge de l'allégorie. Elle est désormais pour Godard une belle « Nymphe », qui vit de sa vie propre et stable, distincte des « auteurs » qui la servent humblement dans leurs ouvrages. Or, se plaint-il, « personne [...] ne décrit point les traits de sa face, la délicatesse de son teint, la majesté de son front, les esclairs de ses yeux, la taille de son corsage, la gravité de son port, la grace de son maintien, la proportion de ses membres et la juste égalité qui se trouve en tout son corps[58] ».

« Brûlant d'amour » pour ce Verbe-Vénus, Godard

a donc voulu composer un « blason du corps » de la langue, et il écrit à Du Vair : « Puisque vous êtes le Cicéron de la France, tel que je suis je vous offre la langue françoise telle que je vous la peux offrir[59]. »

C'est un acte d'amour pour le royaume. Celui-ci a depuis ses plus lointaines origines été « bien disant ». Et le principe d'amour qui le maintient est sa langue :

> C'est un feu, c'est une fournaise, c'est un foudre qui fait puissamment fondre nos Âmes comme diverses pièces de métal et vient à les faire ensemble couler et coller en une même masse [...] Voilà pourquoy la Nature n'a point donné ni ne peut donner de plus ferme appuy pour soutenir la commune conversation des hommes que le langage[60].

Comme Vaugelas distingue entre « usage » et « bon usage », Godard distingue entre le « langage naturel » et celui qui, tout en restant naturel, a été rendu plus parfait par le « soin » et l'« art ». Godard ignore la mode aristocratique lancée par Malherbe, mais il ressent vivement la nécessité d'un Malherbe qui serait au français ce que Quintilien fut au latin. Il est temps, selon lui, que des écoles enseignent l'art de la bonne langue, comme c'était le cas en Grèce et à Rome. Il faut achever, par l'enseignement public du français, ce que François Ier a commencé dans l'ordonnance de Villers-Cotterêts, « puisque l'honneur de la Langue françoise est une dépendance de l'honneur du Sceptre françois ». Godard a donc écrit la leçon inaugurale d'un tel enseignement, où il célèbre les voyelles (A, E, U) et les consonnes (F, H, L, M, N, S, Y) caractéristiques de la phonologie proprement française et des sonorités qui lui sont propres.

Parole française et raison cartésienne

Il faut attendre la fin de la Fronde et le début du règne de Louis XIV pour que cet éloge baroque et vite oublié de la langue française trouve des successeurs, et que toute une série d'apologies annonce en fanfare à l'Europe que la langue du royaume est mûre pour devenir la langue de l'humanité. Cette offensive — qui se confond quelque peu avec celle des Modernes contre les Anciens — commence en 1668 par le *Discours physique de la parole*, de Géraud de Cordemoy, qui circule depuis quelques années en manuscrit dans les cercles cartésiens de Paris.

Bien que l'auteur du *Discours de la méthode* ne se soit guère prononcé ni sur la langue ni sur le style, le choix de la langue française pour le *Discours* (Leyde, 1637) et les maximes même de sa philosophie modifièrent profondément sinon le lieu du « génie » de la langue, du moins la réflexion à laquelle il se prête. Dès 1660, la *Grammaire générale et raisonnée*, dite de Port-Royal, œuvre d'Antoine Arnauld et de Claude Lancelot, s'arrachait à la confusion traditionnelle entre langue et style, entre langue et parole, et dotait le français d'une doctrine grammaticale « raisonnée » selon la méthode cartésienne. Deux ans plus tard, *La Logique, ou Art de penser* d'Antoine Arnauld et de Pierre Nicole, faisant l'économie de la rhétorique, greffait directement sur la langue un art de penser méthodique, lui aussi largement débiteur de Descartes. Un *trivium* cartésien était ainsi ajouté à la Physique, à la Géométrie et à la Métaphysique du philosophe. Géraud de Cordemoy, en 1668, esquisse la liaison entre ce nouveau *trivium*, tout français, et le lieu traditionnel du « génie » de la langue. Dans son *Discours*, il n'est question, en principe, que de la « parole », dans toute la généralité du terme. Cordemoy lui applique la distinction cartésienne entre *res extensa* et *res cogitans*. Il s'interroge sur la médiation mécanique qui permet aux âmes incarnées de communiquer entre elles. S'il s'agissait d'une médiation exclusivement mécanique, on n'aurait affaire qu'à des sons discontinus et dépourvus de sens. Le fait que les organes humains de la voix permettent de communiquer sa pensée aux autres atteste l'existence d'une âme. Ces signes convenus peuvent être utilisés pour tromper : autre preuve de l'existence d'une âme derrière le corps qui parle, et qui peut éventuellement lui servir de masque. Ce système de signes varie d'un groupement humain à l'autre. Mais il se trouve que Cordemoy, énumérant et décrivant les sons des voyelles et consonnes, et fournissant une scène célèbre au *Bourgeois gentilhomme* de Molière, s'appuie tout naturellement sur la phonétique propre au français. Il ne fait aucune allusion à la langue royale lorsqu'il évoque la *netteté* et la *facilité* de la communication entre les âmes : celle-ci croîtrait selon le degré d'affranchissement des âmes par rapport à la matière et aux organes physiques de la voix. Entre ces âmes délivrées du corps, la transparence des signes, à la limite, serait immédiate et parfaite.

Ce mythe proprement cartésien, qui humanise l'idée théologique de la communication angélique, est ainsi identifié, indirectement, au lieu du « génie » de la langue. Avec la même ruse délicate, Cordemoy se garde de renvoyer ouvertement au français lorsqu'il analyse l'*ordre naturel* des mots dans la phrase. Il pose celui-ci comme une évidence universelle, que l'on peut observer à l'état naissant chez tous les enfants. Mais il ajoute :

> Et l'on pourroit tirer de l'ordre naturel dans lequel les enfans apprennent à parler des notions pour juger entre toutes les langues celles qui sont les plus parfaites. Car sans doute, celles qu'on verroit dans leurs constructions ordinaires suivre le plus cet ordre naturel devroient passer pour les plus parfaites[61].

La conclusion s'impose : le français sort vainqueur de l'épreuve.

Ce déplacement cartésien de la topique de la langue produit sur-le-champ ses premiers effets. Dès 1667, citant le *Discours physique de la parole* encore manuscrit, un ami de Cordemoy, Louis Le Laboureur, publie un traité : *Des avantages de la langue françoise sur la langue latine*, qu'il dédie à l'académicien Habert de Montmor[62]. Fort habilement, Le Laboureur fait coïncider les traits de la langue telle que la postulait Vaugelas et cette clarté spirituelle que lui attribuait le cartésien Cordemoy. Chez Le Laboureur, l'allégorie de la langue s'anime, elle se déploie dans une sorte de mythe héroïque et pastoral. Les avantages du français sont liés à l'enfance,

dont Cordemoy disait qu'elle est déjà en possession
de la « raison tout entière ». Raison naissante,
l'enfance est encore indemne de ces préjugés et
déformations introduits par l'école. La langue française est donc le véhicule naturel de la raison cartésienne, innée chez tout enfant. Cela intéresse au plus
haut point l'enfance des futurs rois de France. Or,
l'enjeu occasionnel du débat est justement de savoir
si les premières années du Dauphin, fils aîné de
Louis XIV, seront consacrées aux « Muses latines »,
comme y invitait une ode d'un certain M. Du Périer,
cité avec indignation par Le Laboureur, ou bien aux
« Muses françoises », comme celui-ci le réclame. Pour
lui, le latin fausserait à sa source la raison du futur roi
de France, alors que le français serait le milieu propice à l'épanouissement de ses dons naturels. Moins
rigoureusement cartésien que Cordemoy, Le Laboureur n'hésite pas à recourir à un vitalisme aristotélicien pour lier plus étroitement l'éloge du français au
lieu de l'enfance. La langue latine, écrit-il, est « une
langue morte dont nous ne voulons point troubler le
repos[63] ». La nôtre, en revanche, « est vivante ». Et
cette « vie » de la langue, sa capacité de dire l'éclosion et la présence, se manifeste par la symétrie de sa
synchronie et de sa diachronie : son mode d'apprentissage répète pour chaque individu l'histoire de son
évolution collective. C'est le couple mère-enfant,
nourrice-enfant, qui fait renaître chaque fois la
langue maternelle, affinée ensuite dans le commerce
du monde. Ainsi la langue maternelle au cours de
son histoire est-elle passée de l'état encore imparfait
du temps de Villehardouin et d'Alain Chartier à
l'état de sa maturité actuelle, « polie » qu'elle a été

par l'« exercice », devenue à la fois plus « pure » et plus « riche ». Le lieu de l'enfance est de la sorte étroitement attaché au lieu du « changement » : c'était au XVIe siècle un argument contre la langue vulgaire[64]. C'est maintenant pour Le Laboureur, comme pour Vaugelas, un titre de noblesse évolutive de la langue maternelle, par opposition à la langue latine, morte, immobile, grammaticale, enfermée dans la transmission d'école par les pédants.

Le soleil français : transparence et lumière

Le lieu insistant de l'enfance, lié à celui de la vie et du changement, réapparaît dans la discussion par Le Laboureur de la rime française. Les adversaires de la primauté du français arguaient de la « puérilité » répétitive de la rime, par opposition à la savante musique de la métrique latine. Retournant l'argument, Le Laboureur fait de la rime un symbole du « naturel » de la langue qui, toute « mûre » et « adulte » qu'elle est devenue, préserve les traces de son enfance, de sa première fraîcheur de « raison naissante » :

> Je dy que ce qui luy sembloit puéril dans la rime étoit ce que j'appelois naturel, et ce qui l'étoit en effet : qu'il n'en falloit point chercher d'autres marques à mon sens que ces petits brocards qu'il disoit que les enfants rimoient entre eux et qu'ils faisoient sans autres maîtres que le Génie de la Nature, qui leur enseignoit ces rimes et leur faisoit aimer et rechercher la mélodie dès leur âge le plus tendre[65].

Ainsi, de même que n'étaient pas coupés pour Malherbe les échanges entre la langue des « crocheteurs du Port-au-Foin » de Paris et celle des gens du « grand monde », chez Le Laboureur la distance n'est point infranchissable entre la poésie de Malleville et de Voiture et les *nursery rhymes* (ou comptines) de l'enfance. En parlant du « Génie de la Nature », Le Laboureur a dans l'esprit une image féminine de Mère-Nourrice qui amplifie en quelque sorte la notion de « langue maternelle ». Le couple Mère-Enfant préside à son apologie de la langue française, et suppose le couple antithétique Pédant-Écolier, que La Fontaine décrira avec mépris quelques années plus tard dans la fable *L'Écolier, le Pédant et le Maître du jardin* (IX, 5) :

> *Et ne sais bête au monde pire*
> *Que l'écolier, si ce n'est le pédant.*

Non moins hostile au monde de l'école, Le Laboureur célèbre l'autorité langagière de la Nature. Il s'appuie sur elle pour accabler le latin, déchu de l'amour maternel et tombé aux mains des maîtres d'école :

> Et pour moy je croy que dans ce partage que la Nature a fait entre eux [latin et français] elle ressemble à ces Mères qui aiment les cadets plus tendrement que les aînez, et que la bonne Dame a réservé la rime comme quelque chose de plus délicieux que la mesure des Latins[66].

Cette « bonne Dame » anticipe sur *Les Fées* de Perrault, et nous suggère une interprétation allégorique et réflexive du chef-d'œuvre du coryphée des Modernes[67]. Il ne manque même pas dans cette topique de la langue maternelle une évocation de l'*eros* langagier dont les langues mortes ne peuvent être l'objet :

> Que si vous me demandez [écrit encore Le Laboureur] pourquoy les vers françois lassent et assoupissent quelquefois ceux qui les lisent ou qui les entendent, je vous répondrai que cela vient de deux causes, de la douceur qui les accompagne, et de l'excès, qu'on en fait : en un mot qu'ils sont trop charmants, et qu'au lieu d'en user sobrement, comme d'une chose précieuse et divine, on en fait débauche pour parler ainsi ; et que nous autres François, abusant de la facilité que nous avons d'entendre notre Poësie, nous ressemblons à ces enfans qui taittent et qui prennent tant de lait à la fois qu'ils s'endorment sur le sein de leur Nourrice. On ne se lasse pas autant sur l'Énéide que sur un de nos Poèmes, parce que ne l'entendant pas tout à fait si aisément, on ne le lit pas si avidement[68].

La délicate sensualité de cette analyse du « plaisir de l'ouïe » jette, me semble-t-il, une vive lumière sur la poétique du classicisme français, et sur la saveur propre aux *Fables* de La Fontaine, aux *Contes* de Mme d'Aulnoy. Les catégories de la rhétorique latine sont ici perçues et pour ainsi dire filtrées par un

amour de la langue vivante que soutiennent les
images de l'enfance, de la douceur du sein maternel,
et plus généralement de l'*eros* pastoral, lié à l'Âge
d'or, au paysage des origines. Mais ces images
excluent tout hédonisme purement sensuel. Cette
douceur, cette fraîcheur du français sont aussi transparence de la raison, dont elles épousent spontanément l'état naissant, l'élan d'aurore. Et ici Le Laboureur rejoint le cartésianisme de Cordemoy, qu'il cite
et dont il tient de quoi exalter la clarté française,
comparable à la transparence angélique, au-dessus
des autres langues :

> Notre langue est si belle quand on sait s'en
> servir. Si vous y prenez garde, Monsieur, elle
> tient plus de l'esprit et dépend moins des
> organes du corps que toute autre. Elle n'admet
> aucun accent, il ne faut ny parler de gorge, ny
> ouvrir beaucoup la bouche, ny frapper de la
> langue entre les dents, ny faire des signes et
> gestes comme il me semble que font la pluspart
> des Étrangers quand ils parlent le langage de
> leur pays et comme nous sommes obligés de
> faire lorsque nous voulons parler de mesme
> qu'eux. Outre cela, les diverses terminaisons de
> nos mots donnent à notre langue une *aménité*,
> une *variété* et une *grâce* que les autres langues
> n'ont point, et c'est ce qui rend la Poésie si
> belle, dont les vers, tantost masculins, tantost
> féminins, font par leur meslange et leur
> commerce si diférents, une harmonie que l'on
> ne trouve point autre part. En comparaison de
> nostre langue, vous n'entendez point dans le

Latin, dans l'Italien, dans l'Espagnol, et presque partout ailleurs, qu'une même fin de mots, et si ensuite vous considérez quelle est parmy nous la construction des mots, vous trouverez qu'ils tiennent entre eux l'ordre que la raison leur donne[69].

Ainsi la langue française devient le lieu d'une *coïcidentia oppositorum*, réunissant la « douceur » et la « clarté », le « je ne sais quoi » et la raison, le féminin et le masculin. La linguistique cartésienne, ici, vient au secours de la rhétorique cicéronienne, et Cordemoy parachève Vaugelas. Le français relève plus de la *res cogitans* que de la *res extensa*, et il peint plus directement et avec le moins de perte, dans son ordre naturel des mots, conforme à la spontanéité de la raison enfantine, les mouvements de la pensée. Descartes, dans le *Discours de la méthode*, estimait que la lumière naturelle, le bon sens, était gâtée dans l'enfance par les préjugés traditionnels transmis par l'école. Parmi ces préjugés qui offusquent l'élan spontané de la lumière naturelle, Le Laboureur n'hésite pas à ranger la langue latine, dont l'*ordo artificialis* de la phrase fait violence à l'ordre naturel de l'entendement, donc à la clarté et à la simplicité, alors que l'*ordo naturalis* de la phrase française, tel que l'a analysé la *Grammaire* de Port-Royal, en épouse d'emblée le mouvement. L'analyse d'un vers de Virgile, où les inversions de mots « embarrassent » le sens, vient appuyer l'argumentation de Le Laboureur. Et celui-ci, n'hésitant pas à recourir à une subtile démagogie auprès des gens du monde ignorant le latin, raconte une anecdote dont le héros est

l'un d'entre eux, un gentilhomme qui se faisait traduire mot à mot une *Épître* de Cicéron pour en avoir
le cœur net. Tels sont le désordre et la confusion de
cette version que le Cavalier s'écrie « qu'il étoit guéri
du latin, grâce à Dieu, et qu'il m'étoit bien obligé de
l'avoir ainsi consolé de son ignorance ; qu'il vouloit
demeurer François jusqu'à sa mort et s'en tenir au
langage de sa nourrice qui s'expliquoit bien plus
naturellement que Cicéron[70] ».

Ce « naturel » qui est à la fois celui des nourrices et
celui de la méthode cartésienne, la *sprezzatura* de
Castiglione et l'ordre naturel de la phrase des grammairiens de Port-Royal, thésaurise en quelque sorte
tous les « lieux » de l'apologétique de la langue. On
assiste ainsi à une sorte de « perte de la rhétorique »
dans la langue, dont les qualités intrinsèques se
confondent avec un idéal de style, et même avec un
idéal oratoire caché. C'est ce qui ressort de l'apologue cité par Le Laboureur à la gloire du français :

Notre langue n'a pas seulement l'avantage de
dire les choses par ordre, et comme on les
conçoit, mais il n'y en a point encore qui soit
plus civile qu'elle, ny qui soit plus tendre et plus
affectueuse. Vous vous souvenez, Monsieur, de
ce qu'un sage Resveur a dit autrefois des
langues Espagnole, Italienne, et Françoise : c'est
qu'elles avoient été toutes trois dès la création
du monde, que Dieu s'estoit servi de l'Espagnole pour défendre à Adam de toucher à ces
pommes fatales, que le Diable s'est servi de
l'Italienne pour leur persuader d'en manger, et
qu'Adam et Ève après l'avoir cru se servirent de

la Françoise envers Dieu pour excuser leur déso-
béissance. Il est vray que cette dernière langue a
une propriété toute particulière pour fléchir un
esprit irrité, mais elle ne réussit pas moins bien
dans les autres emplois. Elle est singulière pour
les affaires, excellente pour l'art oratoire,
tendre, pathétique et admirable pour les affec-
tions de l'esprit. C'est le véritable langage des
passions, et je diray avec la permission des Italiens que ne j'en vois point qui convienne mieux
à l'amour[71].

Langue de la « nouvelle science » et de la civilité
mondaine, langue de la raison et langue des passions, langue des enfants et langue des purs esprits,
le français apparaît ainsi comme un héritier supérieur et vivant, moderne, du latin. Autant de « lieux
de l'éloge » qui se proposent comme « lieux de
l'invention », et que la littérature française des
années suivantes, avec La Fontaine et Perrault, va
porter jusqu'à la plus haute poésie.

La grandeur et la grâce royales

Louis Le Laboureur, confondant langage, langue
et parole dans la même dévotion pour la langue
française, n'avait en fait défini qu'un idéal de style
convenable à la langue, ou plus exactement identifié
à la langue. Cet idéal de style, c'était au fond la
grâce, liée à la simplicité et à la clarté. Il est curieux
d'observer que, un peu moins de dix ans plus tard,
une autre apologie de la langue, œuvre cette fois de

l'académicien François Charpentier, projette sur le français le même idéal de style, mais d'un registre plus élevé, et propre à célébrer la gloire du roi. Dans la *Defense de la langue françoise pour l'inscription de l'Arc de triomphe, dédiée au Roy par M. Charpentier, de l'Académie Françoise*[72], il s'agit encore de plaider la cause du français contre le latin. Ce qui est en cause, ce n'est plus l'éducation du dauphin-enfant, mais l'éducation de la nation française et de l'ensemble de l'Europe par l'exemple de l'héroïsme du roi lui-même. Dans les deux cas, il est vrai, la fonction royale est au cœur du débat. Le français, répétons-le, est la langue royale, et elle ne saurait l'oublier. Faut-il, pour les inscriptions d'un arc de triomphe élevé à la gloire des victoires du roi, recourir au latin, comme le propose un autre académicien, l'abbé de Bourzeis, ou au français, comme le propose Charpentier ? Pour celui-ci, défendre la cause du français, c'est défendre d'un même mouvement celle du roi, et celle, dit-il, de « toute la France ».

Il y a une relation si étroite [écrit-il en reprenant un « lieu » cher aux linguistes cartésiens et augustiniens] entre l'Esprit d'un peuple et sa langue qu'elle ne peut estre mesprisable que ce ne soit un sujet de blasme pour luy. Nos Paroles sont les Images de nos Pensées ; s'il y a de la difformité ou de la confusion dans ces images, il faut que ces mesmes imperfections se rencontrent dans la pensée qui les produit. Et comme on peut juger de la beauté ou de la laideur d'une personne par son Portrait, de mesme on peut juger de la grandeur et de la

petitesse du Génie d'une Nation par sa langue
[...] Celle où il paroistra plus de Majesté et plus
d'Élégance est celle dont le peuple a le plus
d'élévation dans l'Âme et le plus de politesse
dans les mœurs[73].

Dans ce discours dédié au roi, la métaphore des
grammairiens de Port-Royal, Parole Peinture de la
Pensée, devient un argument apologétique en faveur
de la langue française comme capable du grand style,
de la « majesté » propre à éterniser le nom du roi et à
faire de ses exploits des exemples de vertu héroïque.
Charpentier poursuit :

> Car enfin il ne s'agit pas de condamner la
> langue latine, comme on se le pourroit imagi-
> ner. Il s'agit seulement d'examiner si la langue
> françoise, à qui il appartient d'offrir à Votre
> Majesté l'hommage de ses sujets, comme la
> langue latine offrit aux Césars les hommages du
> Sénat et du Peuple Romain, est aujourd'hui si
> défectueuse qu'il faille la priver de ce droit qui
> luy est acquis, et qu'on ne doive pas luy confier
> l'Inscription de ce Monument[74].

Ce plaidoyer en faveur du grand style de la langue
française est aussi un plaidoyer *pro domo sua* de l'Académie française, dont le genre majeur est devenu
sous Louis XIV le panégyrique du roi. Il ne s'agit
plus, comme dans le traité de Le Laboureur, de
chercher dans la langue la grâce du style galant, mais
la grandeur du style épidictique. Dès lors, l'apologie
de la langue change de paysage et de lieux. Le décor

pastoral, avec ses mères et ses enfants, ses plaisirs naïfs et sa transparence naturelle, fait place à l'horizon de la grande histoire, à l'échelle de l'Europe :

> La langue française est aujourd'hui la Langue d'un grand Royaume ; une langue qui n'est point renfermée dans les limites de la France, qui est cultivée avec ambition par les estrangers, qui fait les délices de la politesse de toutes les Nations du Nord[75].

Charpentier n'hésite pas à la tenir pour plus « universelle » que le latin au temps où florissait l'Empire romain, et à plus forte raison que le néo-latin des « Doctes », parlé ou écrit par une infime minorité alors qu'il n'est pas de cour en Europe dont « la plus saine partie » ne parle et n'écrive la langue du roi. Or, les Romains n'ont pas hésité à préférer leur langue au grec pour leurs inscriptions, alors que le grec était en ce temps-là la langue universelle et vivante de la culture. C'est que les inscriptions ont été senties à juste titre par les Romains comme un des chaînons essentiels du lien politique. Il doit en être de même en France :

> Ce grand Arc de Triomphe sera un Orateur véritable plus éloquent que les Orateurs ordinaires, et qui parlera tant que le Marbre sera durable [...] Il ne sauroit manquer de persuader et de produire deux effets dont nous avons parlé, je veux dire de porter de l'Émulation dans le cœur de son Fils, et le respect dans ceux de ses sujets[76].

Et Charpentier de reprendre l'éloge de la langue à la fois dans son rapport au latin et à l'italien. Il insiste sur l'idée de l'« ordre naturel », repris des grammairiens de Port-Royal et de Le Laboureur :

> De plus il est indubitable que les constructions de la langue françoise sont plus naturelles, plus droites et plus conformes à la raison que celles de la langue latine et de la langue grecque mesme, et que les transpositions continuelles des mots qui se rencontrent dans les langues anciennes sont des sources inépuisables d'Équivoques. Quintilien mesme s'en plaint[77]...

Dès lors, le français est capable de beautés dont le latin et le grec n'étaient pas susceptibles : utilisant le traité *Du sublime*, que Boileau avait traduit en 1674, Charpentier soutient que la poésie biblique, supérieure à la poésie grecque et latine, prouve que « l'Éloquence et la Beauté d'esprit » peuvent se trouver ailleurs qu'à Athènes et à Rome. Un « sublime » proprement français n'est donc pas à exclure : « Car, écrit Charpentier, c'est une erreur ridicule et dangereuse tout ensemble que de s'imaginer que la Nature vieillisse, et tombe en décadence. Nous voyons le mesme Soleil qui a esclairé nos pères et il n'a point changé de cours[78]. » Et la *Defense de la langue françoise* s'achève sur une sorte de *Te Deum* à l'heure présente de la civilisation française, où réapparaît l'image de la jeunesse, de la fécondité, mais alliée à la grandeur historique :

Enfin nous voicy dans un Siecle où la face de la France se renouvelle, non pour prendre l'apparence d'une Jeunesse foible et inexpérimentée, mais d'une Jeunesse pleine de force et de connaissance. Les grandes choses que Sa Majesté a faites pour le bonheur du Royaume attirent sur nous non seulement les yeux, mais mesme la jalousie de toute la Terre et fait avec raison nommer ce grand Monarque un second Auguste. Comme Auguste, il est l'Amour des Peuples ; le Restaurateur de l'Estat ; le Fondateur des Lois et de la Felicité Publique. Comme Auguste, il a embelli toutes les villes du Royaume, et surtout celle de Paris [...] Tous les autres Beaux-Arts se ressentent de ces Progrez Merveilleux. La Poésie, l'Éloquence, la Musique, tout est parvenu à un degré d'excellence où il n'avoit point encore monté[79]...

Entre les *Avantages* de Le Laboureur en 1667 et la *Defense* de Charpentier en 1676, apparaissent en 1671 les *Entretiens d'Ariste et d'Eugène* du Père Bouhours. Le second de ces entretiens est consacré à « La langue française ». Le Laboureur présentait une esthétique de la grâce, Charpentier une esthétique de la grandeur et du sublime au titre d'un éloge de la langue. Le Père Bouhours est à mi-chemin entre les deux panégyristes, et conjugue les deux esthétiques. Mais, pour lui aussi, la rhétorique devient invisible et s'enfuit pour ainsi dire dans la transparence naturelle de la langue. L'entretien commence par un bilan enthousiaste de l'extension à toute l'Europe et, par le biais des missions jésuites francophones, à l'Asie et à l'Amérique, de la langue du roi de France. Le lieu de l'éloge dont le secrétaire pontifical Lorenzo Valla avait fait usage au xve siècle dans la préface des *Elegantiae* (partout où l'on parle la langue de Rome, l'Empire romain est toujours debout), le lieu qu'avait amplifié en 1640 l'*Imago Primi Saeculi Societatis Jesu* (partout où les jésuites enseignent le latin et la foi catholique, l'Église romaine a regagné son universalité) sont repris par le Père Bouhours et transférés à la louange de la langue française. L'entretien s'achève sur la figure centrale de cet empire universel du français, le roi de France, dont le style français est suprêmement exemplaire :

> Mais sçavez-vous bien que nôtre grand Monarque tient le premier rang parmi ces heureux génies [les « honnestes gens » de la cour qui « parlent comme des maistres »], et qu'il n'y a personne dans le Royaume qui sçache le François comme il le sçait ? Ceux qui ont l'honneur de l'approcher admirent avec quelle netteté et avec quelle justesse il s'exprime. Cet air libre et facile dont nous avons parlé, entre dans tout ce qu'il dit ; tous ses termes sont propres, et bien choisis, quoyqu'ils ne soient point recherchez ; toutes ses expressions sont simples et naturelles, mais le tour qu'il leur donne est le plus délicat, et le plus noble du monde. Dans ses discours familiers, il ne luy échappe pas un mot qui ne soit digne de luy, et qui ne se sente de la majesté qui l'accompagne partout : il agit et il parle toujours en Roy, mais en Roy sage, et éclairé,

qui observe en toute rencontre les bienséances que chaque chose demande. Il n'y a pas jusqu'au ton de sa voix qui n'ait de la dignité, et je ne sçay quoy d'auguste qui imprime du respect et de la vénération. Comme le bon sens est la principale règle qu'il suit en parlant, il ne dit jamais rien que de raisonnable ; il ne dit rien d'inutile ; il dit en quelque façon plus de choses que de paroles ; cela paroist tous les jours dans ces réponses si sensées, et si précises, qu'il fait sur le champ aux Ambassadeurs des Princes et à ses sujets. Enfin, pour tout dire en un mot, il parle si bien que son langage peut donner une véritable idée de la perfection de notre langue[80].

La parole de l'orateur royal résume et incarne à la fois le génie de la langue et l'esprit de la rhétorique proprement française. Simplicité, naturel, facilité, clarté s'accordent avec la majesté ; un sens infaillible de l'*aptum* et du *decorum* gouverne cette alliance de la grâce et du sublime ; enfin la parole du roi est la peinture exacte de sa pensée, qu'elle exprime de façon parfaitement claire et économique. Bref, l'orateur royal apparaît comme le détenteur de l'étalon or de la bonne langue et du bon style qui, inséparables, servent désormais de clé de voûte à l'empire universel du français. Cette confusion de l'éloge de la langue et de l'éloge du roi ne va pas tarder à être adoptée par l'éloquence de l'Académie française. Le 3 février 1671, Pellisson, s'adressant à l'Académie, déclare : « De plus près comme de plus loin, on découvre à tous moments davantage sa véritable grandeur [celle du roi]. Jamais que des sentiments, jamais que des expressions de Roy[81]. » Et le 25 août 1673, l'abbé Tallemant le Jeune, reprenant presque les mots du Père Bouhours, dira devant l'Académie :

> Comme c'est principalement à la pureté de la langue que s'applique cette Compagnie, l'Éloquence naturelle de Louis, l'heureuse facilité qu'il a à s'expliquer, le choix et la pureté des paroles dont il se sert, et ce charme inexplicable qu'il répand dans toutes les choses qu'il dit l'ont fait à juste titre Protecteur de l'Académie, il nous a fait un honneur et une grâce extrêmes d'accepter cette qualité, mais quand il l'auroit dédaignée, il eût toujours été vray qu'il en eût été le plus digne, et ce n'est pas la moindre gloire qui brille dans sa personne que la gloire de bien parler, qui le rend le premier d'entre nous, comme toutes ses autres grandes qualitez le rendent le premier d'entre les autres hommes[82].

Le roi est donc la grâce incarnée de la langue française, au sens où s'efforçait de la définir Le Laboureur en 1667. Mais il est aussi le sublime incarné dont est capable aussi bien cette langue. En 1683, dans son discours de réception à l'Académie, Barbier d'Aucour s'écriera, en parlant du langage royal : « Puissance plus qu'humaine, et qui ne peut estre comparée qu'à celle qui, en créant le monde, a dit : "Que la lumière soit faite" et la lumière fut faite [...] S'il parle, c'est une parole efficace qui semble produire les choses mêmes qu'elle signifie[83]. » Mais il est un autre garant de la langue et de son éloquence

que le roi et l'Académie. Le Père Bouhours, dans le
même *Entretien de la langue françoise*, accorde aux
femmes l'autre place stratégique dans l'élaboration
et le maintien du « meilleur style » français identifié
à la langue du royaume. Cette place des femmes dans
la « doctrine sociale » de la langue reprend ici, sur
un mode plus élevé, le lieu de la « maternité » développé en 1667 par Le Laboureur. Pour le Père Bouhours, les femmes se tiennent au plus près des
« sources » de la langue, elles en détiennent le
registre « naïf » et affectif. À l'autre bout de la
chaîne, le roi, sans rien renier de cette « naïveté »
originale et fondamentale, porte la langue au
registre de la « majesté » et de la « raison ».

> Il est vray, reprit Ariste, qu'il n'y a rien de plus
> juste, de plus propre, de plus naturel que le
> langage de la pluspart des femmes françoises.
> Les mots dont elles se servent semblent tout
> neufs, et fait exprès pour ce qu'elles disent,
> quoy qu'ils soient communs : et si la nature
> elle-mesme vouloit parler, je croy qu'elle
> emprunteroit leur langue pour parler naïfve-
> ment[84].

Et c'est justement cette « naïveté » de la langue,
dont les femmes ont le secret et la tradition, qui fait
du français, langue par ailleurs des affaires d'État et
de tout ce qui touche à la majesté royale, la langue
par excellence des affects et de la sensibilité :

> Disons encore, ajouta Eugène, que la langue
> françoise a un talent particulier pour exprimer

les plus tendres sentiments du cœur ; cela
paroist jusque dans nos chansons qui sont si
passionnées et si touchantes, et où le cœur a
bien plus de part que l'esprit, quoyqu'elles
soient infiniment spirituelles ; au lieu que la
plupart des Italiennes et des Espagnoles sont
pleines de galimatias et de Phebus... Je dirois
presque que nostre langue est la langue du
cœur et que les autres sont plus propres à exprimer ce qui se passe dans l'imagination, que ce
qui se passe dans l'âme. Le cœur ne sent point
ce qu'elles [les deux autres langues] disent, et
elles ne disent point ce que le cœur sent[85].

Au service de cette langue qui est à la fois celle des
femmes et celle du roi, celle de la sensibilité et celle
de la raison, le Père Bouhours fait jouer tous les lieux
de l'éloge élaborés par Vaugelas et Le Laboureur. Le
français garde la juste mesure dans l'ornement, alors
que l'espagnol abuse de l'hyperbole et l'italien du
diminutif, l'une majorant, l'autre minimisant la juste
perception des choses. Le français, en revanche, réunit les incompatibles en un merveilleux accord ; cette
langue sait être noble et majestueuse, sans cesser
d'être « la plus simple et la plus naïve langue du
monde ». C'est que la langue du roi de France
« représente naïvement tout ce qui se passe dans
l'esprit » : « Il n'y a qu'elle à mon gré, écrit le Père
Bouhours, qui sçache bien peindre d'après nature et
qui exprime les choses précisément comme elles
sont. » D'où son usage modéré et quasi invisible des
figures, et la proximité de sa prose et de sa poésie,
qui ont toutes deux les mêmes qualités d'« une eau

pure et nette et qui n'a point de goût, qui coule de
source, et qui va où sa pente naturelle la porte ».
Cette image que nous avons déjà trouvée au XVIᵉ
siècle chez Pasquier va devenir un leitmotiv des *Fables*
de La Fontaine, à leur façon une apologie de la
langue française. Le vers célèbre :

L'onde était transparente ainsi qu'aux plus beaux jours,

est un énoncé, qui renvoie d'abord à lui-même et au
génie de la langue qu'il manifeste. La « naïveté »
transparente et liquide de la langue dans la lumière
est liée à ce privilège de « suivre exactement l'ordre
naturel » et d'exprimer les pensées « en la manière
qu'elles viennent à l'esprit ». Toutes les autres
langues — le jésuite Bouhours évite de citer le latin
dont sa Compagnie est le plus fidèle champion —
affectent un arrangement des mots « bizarre », un
« désordre » et une « transposition » étranges qui
font souffrir l'oreille comme la pensée.

Bref, pour le Père Bouhours, qui reste soigneusement à l'écart de la grammaire de Port-Royal, la
langue française est un peu la « pierre philosophale »
de la rhétorique humaniste. Dans le conflit qui a
opposé, parmi les humanistes néo-latins, cicéroniens
et sénéquistes, partisans du style périodique et partisans du style coupé, le français réussit un dépasse-
ment qui unit les contraires : il sait être à la fois
« serré » et « poli », il sait joindre la « brièveté » avec
la « clarté », la « pureté » et la « politesse ». De
même, dans le débat classique entre douceur cicéronienne et force démosthénienne, le français offre
une médiation qui réunit les deux qualités ailleurs

inconciliables. À la « douceur des lettres et des
mots », au « nombre » et à la « cadence des périodes », il sait allier quelque chose de « fort » et de
« masle » qui l'empêche de tomber dans la mollesse
de l'italien en évitant toutefois la dureté de l'allemand. Le français sait être en même temps sérieux et
enjoué, chaste sans pruderie et avec agrément. Il est
non seulement supérieur aux autres langues
modernes, mais même au latin, dans la perfection
que cette langue avait atteinte au temps des premiers
empereurs. Son abondance, son *ubertas*, a été émondée de tout son superflu par les retranchements
opérés par l'Académie, mais elle était si riche et
généreuse, et elle demeure si féconde en mots et
expressions nouvelles, que cet émondage l'a purifiée
sans la stériliser.

Une rhétorique toute française

La linguistique cartésienne de Port-Royal, la rhétorique latine des Jésuites transportée en français ne
sont pas les seuls symptômes de la fierté nouvelle qui
exalte la langue. Le mythe « gaulois », que *L'Astrée* a
transmis à ses lecteurs mondains[86], soutient l'idée
d'une « rhétorique françoise », qui ne devrait rien ni
aux Latins ni aux Grecs, mais tout au génie de la
langue. On la trouve formulée en tête de la *Rhétorique
françoise, où pour principale argumentation, on trouve les
secrets de nostre langue*, de René Bary, conseiller et
historiographe du roi[87]. L'ouvrage, un traité de
« seconde rhétorique » tardive, mais destinée moins
à des poètes qu'aux « honnestes gens » et à leur

parole ornée, est en effet précédé par un *Discours* de
M. Le Grand, sieur des Herminières, substitut du
procureur général du Parlement et lui aussi conseiller du roi. On ne peut rejeter plus hautement que ce
magistrat toute dette du « beau français » envers le
latin, et notamment envers la rhétorique latine :

> Vous avez cet avantage [écrit-il à l'adresse de
> Bary], que vous prenez tout dans votre propre
> fonds, que vous avez la gloire d'enseigner une
> doctrine qui ne vous a jamais été enseignée, et
> qu'étant le seul précepteur de vous-même, on
> peut dire de vous ce que Platon disait de Moïse
> [*sic*], que votre savoir paroît estre une rémi-
> niscence, et que vous semblez seulement vous
> estre ressouvenu des choses, et les avoir naturel-
> lement apprises.

La rhétorique « secrète » que révélerait Bary est
donc toute française, comme celle des prophètes
était tout hébraïque, même si elle a eu des équiva-
lents à Rome et à Athènes. Ces cités païennes
n'étaient d'ailleurs que des plagiaires. On retrouve
chez M. Le Grand la conviction de Pierre-Daniel
Huet : « La science de l'oraison n'a pas seulement
esté la gloire de l'Italie et l'ornement de la Grèce ;
elle fut aussi dans les premiers temps le miracle de la
Chaldée et la merveille de la Palestine. » Les Grecs et
les Romains ont été en réalité les élèves des prophètes hébreux. Aucun païen n'a égalé la vraie subli-
mité de Moïse. En revanche, une étroite parenté
rapproche cette éloquence biblique de l'éloquence
française, qui ne doit rien, elle non plus, au

« commerce » avec les Anciens grecs et romains.
C'est pourquoi les pédants, farcis de grec et de latin,
sont incapables de parler éloquemment le français :

> Sans doute [écrit M. Le Grand] les esprits qui
> sont chargés du grec et du latin, qui sçavent tout
> ce qui est inutile à leur langue, qui accablent
> leurs discours de doctes galimatias et de pédan-
> teries figurées, ne peuvent jamais acquérir cette
> pureté naturelle et cette expression naïve qui est
> essentielle et qui est nécessaire pour former une
> oraison vraiment françoise. Tant de diverses
> grammaires, tant de locutions différentes se
> combattent dans leur teste, il se fait un chaos
> d'idiomes et de dialectes : la construction d'une
> phrase est contraire à la syntaxe de l'autre : le
> grec souille le latin, et le latin souille le grec ; et
> le grec et le latin melez ensemble corrompent le
> françois [...] Ils ont l'habitude des langues
> mortes et ils n'ont pas l'usage de la vivante.

Il ne s'agit pas seulement pour M. Le Grand de
condamner rétrospectivement l'« innutrition » prati-
quée par Ronsard et Du Bartas, ce qu'il fait longuement sur les traces de Malherbe. Il décrit une situation de diglossie dont il a lui-même bénéficié et
qu'ont connue tous ceux qui ont dû passer du « pays
latin » à la vie civile et mondaine, d'un horizon linguistique scolaire à celui qui est propre au royaume.
Tant que la hiérarchie entre « clercs » et « laïcs »,
entre « lettrés » et « ignorants » était assez puissante
pour balancer même la hiérarchie des rangs et des
fortunes, ce décalage linguistique avait paru naturel.

Mais maintenant que le langage de cour et du grand monde a conquis, avec le milieu qui en détermine le « bon usage », une autorité et un prestige qui n'hésitent plus à s'étendre jusqu'aux disciplines les plus « réservées » aux doctes (avant cinq ans, paraîtront les *Provinciales*), le souci de parler un français naïf hante les doctes eux-mêmes, pour peu qu'ils souhaitent faire bonne figure dans le monde et à la cour.

Un autre témoignage relatif à ce seuil redoutable entre l'univers latin des écoles et le « monde » nous est offert par Pellisson, l'historien de l'Académie française, l'un de ceux qui ont avec le plus de talent (par sa préface aux *Œuvres* de Sarrasin en 1654) embrassé le programme littéraire classique que La Fontaine résuma de son côté par le célèbre :

> *Et maintenant il ne faut pas*
> *Quitter la nature d'un pas.*

Il écrit :

> On me présentoit au sortir du Collège je ne sais combien de romans et de pièces nouvelles, dont tout jeune, et tout enfant que j'étais, je ne laissois pas de me moquer, revenant toujours à mon Cicéron et à mon Térence, que je trouvais bien plus raisonnables.

Le sage Pellisson n'est jamais revenu, quant au fond, sur ce jugement de *puer senex*. Mais il a prouvé par la suite (et tous nos « classiques », même les plus fidèles aux Anciens, sont passés par là) qu'il pouvait être aussi un maître dans la *naïveté* du français et dans l'air galant qui imprègne les lettres mondaines, miroir de la conversation des salons.

Il n'est pas sûr que M. Le Grand pas plus que René Bary aient retrouvé autant qu'ils le prétendent les « secrets » de la langue française dont ils font si grand cas dans la *Rhétorique* de 1653. Mais le souci de M. Le Grand d'apparaître du « bon côté », du côté de l'*oraison vraiment française*, qui tient maintenant le haut du pavé, est si vif qu'il croit nécessaire de conclure son *Discours* en invoquant de nouveau le mythe gaulois, attestant ainsi l'autorité intacte dont cette légende jouit en plein XVIIᵉ siècle :

> Ceux qui sont persuadés que l'art de bien dire est estranger aux François, ignorent que de droit naturel la gloire de bien parler et de bien écrire leur soit acquise, et que de temps immémorial ils sont en possession de la véritable éloquence. Ils n'ont pas entendu parler de nos Druides, ny de la Poétique de nos Bardes, ils n'ont pas entendu parler de cet Hercule gaulois qui tenoit les hommes enchaînés par l'oreille, c'est-à-dire qui captoit les esprits par la force de son discours ; et ils n'ont pas entendu dire que ce fut un Lelius Plotius, de la Nation gauloise, qui montra le premier la Rhétorique dans la ville de Rome.

L'histoire de la langue et de la littérature françaises qu'esquisse alors M. Le Grand est celle d'une longue et lente renaissance, mais celle-ci commence à l'époque romane, et ne s'épanouit pleinement qu'avec Malherbe et Racan. Cette lente germination du français a fait surgir, outre une grammaire et une rhétorique qui se veulent entièrement différentes de celles qui conviennent aux langues classiques, tout un ordre de civilisation qui n'a rien de commun avec Rome et la Grèce :

> Quelle différence n'y a-t-il pas entre l'Aréopage d'Athènes et le Parlement de Paris : entre les Philippiques des uns et les Remonstrances des autres : entre les Démosthène qui haranguent et les Bignon qui requièrent ? Quelle différence n'y a-t-il point entre la Mystagogie Orphique et la Théologie chrétienne ; entre les Rhapsodies d'Homère et les Homélies de saint Chrysostome ? Entre une Annonciation de l'Ange Gabriel et un mandement de Mercure ? Entre les supplices des diables et les peines des Euménides ?

Tout est déjà en place, dès 1653, pour une querelle des Anciens et des Modernes dont l'enjeu, en définitive, est la supériorité et l'autonomie absolues du français et de la France. Parvenu à son point de maturité, ayant reconquis sa naturelle pureté, le français surgit et triomphe avec la science toute neuve qu'il se veut seul à révéler, comme la jeunesse et le génie parmi les spectres des langues mortes et leur savoir pédantesque qui hante encore l'Europe. La langue du Roi-Soleil sera aussi celle des Lumières.

L'universalité de la langue

Les grandes négociations qui mirent fin à la guerre de Trente Ans, et assurèrent une relative « prépondérance française » en Europe, attestèrent à la fois le poids international du royaume et l'expansion de sa langue. Même si les traités continuent d'être rédigés en latin, le vaste et souvent pittoresque réseau de missions plus ou moins secrètes, de liaisons et de correspondances qui les préparent, les « congrès » qui les décident, les banquets, les réceptions des ambassadeurs qui les accompagnent, font une place considérable à la langue française, reconnue dès le traité de Westphalie comme la langue de la conversation européenne[88]. Comme le pape, pour la première fois dans un traité de cette importance, et qui réglait pour longtemps le sort de la Chrétienté, n'avait pas été convié à Münster, le latin et l'italien cédaient leur rôle au français. Les guerres de Louis XIV, et les traités qui les conclurent, Nimègue, Ryswick, Utrecht, confirmèrent définitivement qu'une Europe française, acquise à la langue et, avec la langue, aux mœurs sociables et galantes du royaume, dépassait largement les frontières de celui-ci, et échappait à son contrôle. Elle servait sans doute le prestige de la Couronne, mais pas nécessairement ses intérêts. La conversation à la française et en français, indispensable attribut de toute éducation européenne, était en effet devenue le médiateur de l'équilibre européen, l'instrument de dosage et compromis indispensable pour faire tenir ensemble et adapter les uns aux autres tant d'intérêts dynastiques et d'intrigues divergentes. L'expérience interne à la France, qui avait fait de la conversation dans le royaume un instrument diplomatique de haute précision et délicatesse pour atténuer et calmer les conflits entre les nombreux « corps » jaloux avec lesquels la Couronne devait compter, s'étendait ainsi à la totalité du jeu dynastique, politique et militaire du continent. Même la Russie, avec Pierre le Grand, veut mériter sa place dans cette espèce de congrès européen permanent en français. Le débat d'idées philosophiques et politiques dont la révocation de l'édit de Nantes et la révolution anglaise de 1688 sont l'occasion, débat fort dangereux à long terme pour l'Ancien Régime français, l'est d'autant plus qu'il se déroule en français, et prend le public français pour arbitre[89]. Le philosophe de la révolution de 1688, John Locke, est traduit en français par Pierre Coste, publié en Hollande et diffusé en France[90]. Spinoza est lui aussi traduit et répandu en France[91]. L'universalité naissante du français commence, dès le règne de Louis XIV, à se retourner contre la royauté française. Elle a beaucoup contribué à dissocier le sentiment d'appartenance à la nation (dont la Révolution voudra faire la Grande Nation) du loyalisme politique et mystique envers la Couronne.

L'abbé Desfontaines, sous Louis XV, pouvait écrire :

> Quelle est la source de cet attrait pour la langue, joint à l'aversion pour la nation ? C'est le bon goût de ceux qui le parlent et qui

l'écrivent naturellement ; c'est l'excellence de leurs compositions, c'est le tour, ce sont les choses. La supériorité des Français en délicatesse et en raffinement de luxe et de volupté a fait encore voyager notre langue. Ils adoptent nos termes avec nos modes, et nos parures dont ils sont extrêmement curieux. Nos ameublements, nos équipages, nos livrées, ont le même sort. Chez plusieurs peuples voisins, la table n'auroit ni la délicatesse, ni la propreté, si elle n'était servie comme en France ; et le convive passeroit pour un esprit grossier, si en parlant de bonne chère, il n'employait pas notre langue[92].

Le XVIIIe siècle français ne songe plus à se livrer à l'apologie de la langue. La crise ouverte par la *Deffence* de Du Bellay et ce qu'elle supposait d'infériorité du français par rapport au latin est depuis longtemps surmontée. Les Modernes ont pris tant d'assurance que l'abbé Desfontaines, redoutable polémiste, a beaucoup de difficulté à se faire entendre lorsqu'il soutient que le français a tout intérêt à coexister pacifiquement avec une forte littérature néo-latine, comme c'était le cas au « siècle de Louis le Grand[93] ». La Grammaire et la Logique de Port-Royal sont adoptées par les Encyclopédistes comme les deux piliers du *trivium* moderne et français, que complète depuis 1670 l'*Art de parler* de l'Oratorien Bernard Lamy. Mais pour l'Europe, comme pour le public français, l'apologie du français se confond depuis les *Conversations* de Mlle de Scudéry (1680) avec l'apologie et la définition de la conversation à la française, le genre

gigogne et conquérant qui est devenu la forme d'éloquence particulière au royaume. La littérature française est devenue un jeu de miroirs reflétant et exal-
tant ce bonheur social et oral d'expression, qui
réunit dans une même causerie ininterrompue la
capitale et les provinces, la France et qui a gagné les
autres cours d'Europe. C'est le triomphe de Philinte
sur Alceste. La langue telle qu'elle a été définie par
Vaugelas et Bouhours, naturel et élégance, clarté,
mais clarté ingénieuse, est plus que jamais une
langue faite pour la communication orale, associée à
tous les signes non verbaux qui rendent cette
communication gracieuse, et même toutes les dispositions morales qui font naître savamment la sympathie, le « désir de se faire aimer » (Trublet)[94], le
« désir de plaire » (Moncrif)[95]. La France est devenue
le salon de l'Europe, et la cour de France devient de
plus en plus dépendante de ces grâces et de cet esprit
mondains, adoptés par les académies et cénacles de
province, comme par les capitales et les cours étrangères[96].

La figure de l'orateur et le genre de la grande
éloquence, dont la vie parlementaire anglaise res-
taure le prestige depuis 1688, regagnent cependant
le terrain perdu depuis la fin du XVIe siècle, et depuis
les attaques de Montaigne « contre Cicéron ». Voltaire, suivi par son disciple Antoine-Léonard Thomas[97], réussit à concilier l'esprit de conversation
propre au royaume et l'autorité du tribun et de
l'orateur imités de Londres et de Rome. Mais c'est
Rousseau qui fait resurgir, en l'associant à la vertu
d'Alceste, toute l'amplitude du grand style oratoire à
l'antique. Il devient le Démosthène ou le Diogène

qui admoneste âprement le vaste salon des Lumières depuis ses montagnes, préludant au grand orage de l'éloquence des assemblées et des clubs révolutionnaires. C'est par sa véhémence révolutionnaire, très vite au service des armes conquérantes, que la langue française va cette fois étonner l'Europe, qui s'était accoutumée à la parler et à l'entendre dans le registre de la douceur galante, toute au service de l'intrigue, du jeu d'esprit, de la diplomatie, de la fête. Étrange et fulgurant retournement, comme un raz de marée succédant tout à coup à une mer étale et au murmure régulier des vagues sur la grève.

C'est dans le bref entre-deux de la fin de la conversation d'Ancien Régime et du début du forum révolutionnaire qu'il faut situer le fameux *Discours de l'universalité de la langue française* de Rivarol (1784)[98]. Comme les *Discours* de Rousseau, qui avaient reçu les lauriers de l'académie de Dijon, celui-ci répond à une question mise au concours par l'académie de Berlin. On l'oublie trop souvent, Rivarol avait dû partager le prix avec un *Discours* en allemand, envoyé par le professeur Jean-Christophe Schwab, membre de l'académie de Stuttgart. Le discours de Schwab est beaucoup plus solidement argumenté que celui de Rivarol, qui a pour lui le tranchant parisien et l'allégresse orale. Schwab a le mérite de mettre en évidence le sens décisif, dans l'histoire européenne, de la victoire du français sur le latin de la chancellerie et de la diplomatie pontificales, pierre angulaire d'un ordre théologico-politique : l'universalité du français fonde un ordre international laïc. Le professeur allemand fait valoir les raisons extrinsèques de cette victoire : l'idée de royaume, prévalant sur celle

d'Église romaine, a suivi la prépondérance des armes
françaises. Mais cette prépondérance, devenue évidente au terme de la guerre de Trente Ans, n'a pas
pour autant cherché à créer un empire. Elle a fondé
un équilibre européen dont le roi de France n'a
gardé que le souverain arbitrage. Les règles de ce jeu
libéral ont été établies par le traité de Westphalie,
« chef-d'œuvre » de la diplomatie française, et point
de départ véritable du « catholicisme » laïc de la
langue royale en Europe. Les raisons intrinsèques de
cette victoire si modérée tiennent à la langue française qui est elle-même, selon Schwab, un chef-
d'œuvre de diplomatie rhétorique, alliant la stabilité
et la vitalité (que contrôle l'*analogie*, chère à César
grammairien et à Vaugelas), la sobriété et l'élégance.
Une langue qui est par elle-même un style, et qui
réduit ainsi l'écart que les autres langues européennes sont obligées d'établir entre l'usage naturel
et l'usage orné, entre le propre et le figuré. « Pour
lire Dante, il faut un commentaire ; pour lire Pascal,
il suffit du bon sens. » Les règles qui président à cette
stabilité vivante de la langue française résultent, écrit
Schwab, d'un « consentement de la nation » et non
d'une réglementation imposée. L'Académie française symbolise ce consentement unanime ; elle
l'enregistre, elle ne saurait le forcer.

Incapable de la grande synthèse historique, pré-
hégélienne, de Schwab, Rivarol organise son argumentation autour de l'idée, chère déjà au P. Bouhours, de concours entre les grandes langues et les
grandes nations de l'Europe. Laquelle était appelée à
succéder au latin comme langue de communication
européenne ? Tour à tour les chances de l'allemand,

de l'espagnol, de l'italien, et maintenant de l'anglais
sont évaluées. Rivarol ne dissocie pas les atouts politiques et géographiques propres à chaque nation des
qualités inhérentes à leurs langues. Pour l'italien, par
exemple, il fait remarquer l'écart extrême entre la
poésie et la prose, l'une trop serrée, l'autre trop
lâche, et impropre au naturel de la conversation. Il
en vient ainsi à se demander, après Voltaire, ce que
peut être le « génie d'une langue » :

> Il est difficile de le dire. Ce mot tient à des
> idées très composées ; il a l'inconvénient des
> idées abstraites et générales ; on craint, en le
> définissant, de le généraliser encore. Mais, afin
> de mieux rapprocher cette expression de toutes
> les idées qu'elle embrasse, on peut dire que la
> douceur et l'âpreté des articulations, l'abon-
> dance ou la rareté des voyelles, la prosodie et
> l'étendue des mots, leurs filiations et enfin le
> nombre et la forme des tournures, et des
> constructions, qu'ils prennent entre eux, sont
> les causes les plus évidentes du génie d'une
> langue, et ces causes se lient au climat et au
> caractère de chaque peuple en particulier
> (pp. 91-92).

Pour Rivarol, comme pour Voltaire, comme pour
tous les apologistes du français d'autrefois et
d'aujourd'hui, le génie de la langue est dans sa capacité plus ou moins déclarée de répondre aux exigences de la *dictio ornata*, telle que l'entend le Cicéron de l'*Orator*. Son critère est résolument
rhétorique. Mais ce critère rhétorique, favorable au

français, coïncide avec des aperçus historiques à bien
des égards concordants avec l'analyse de Schwab :

> La France a attiré par ses charmes plus que
> par ses richesses ; elle n'a pas eu le mélange,
> mais le choix des nations ; les gens d'esprit y ont
> abondé et son empire a été celui du goût. Les
> opinions exagérées du Nord et du Midi
> viennent y prendre une teinte qui plaît à tous. Il
> faut donc que la France craigne de détourner
> par la guerre l'heureux penchant de tous pour
> elle : quand on règne par l'opinion, a-t-on
> besoin d'un autre empire ? (pp. 94-95).

Cette heureuse domination en Europe a mis mille
ans pour s'imposer, et il a fallu autant de temps à la
langue pour être digne de cette tâche d'unité et de
convivialité :

> Il faut donc qu'une langue s'agite jusqu'à ce
> qu'elle repose dans son propre génie, et ce
> principe explique un fait assez extraordinaire.
> C'est qu'aux treizième et quatorzième siècles, la
> langue française était plus près d'une certaine
> perfection qu'elle ne le fut au seizième siècle
> [...] Mais contre tout espoir, la renaissance des
> lettres la fit tout à coup rebrousser vers la barba-
> rie (p. 100).

Aperçu profond, que l'histoire littéraire française a
négligé de développer. Un autre aperçu, non moins
pénétrant, est peut-être la plus forte contribution de
Rivarol au « lieu commun » du génie de la langue Il
écrit :

Depuis cette explosion [le Grand Siècle], la France a continué de donner un théâtre, des habits, du goût, des manières, une langue, un nouvel art de vivre et des jouissances inconnues aux États qui l'entourent, sorte d'empire qu'aucun autre peuple n'a jamais exercé. Et comparez-lui, je vous prie, celui des Romains, qui semèrent partout leur langue et l'esclavage, s'engraissèrent de sang, et détruisirent jusqu'à ce qu'ils fussent détruits (p. 106).

Cette influence civilisée ne doit rien à la force, et tout à une sorte de sympathie naturelle. Elle s'exerce par le canal d'une langue dont Rivarol résume, avec une vigueur extraordinaire, tous les traits « cicéroniens », tels que la tradition apologétique les a peu à peu définis et reconnus depuis Malherbe. Les phrases fameuses, passées en articles du *Credo* national, se succèdent :

Tout ce qui n'est pas clair n'est pas français (p. 111).

Dégagée de tous les protocoles que la bassesse inventa pour la vanité et la faiblesse pour le pouvoir, elle en est d'autant plus faite pour la conversation, lien des hommes et charme de tous les âges ; et, puisqu'il faut le dire, elle est de toutes les langues la seule qui ait une probité attachée à son génie. Sûre, sociable, raisonnable, ce n'est plus la langue française, c'est la langue humaine (p. 117).

Après avoir atteint cette « perfection », ne faut-il pas redouter une « corruption » ? On reconnaît, en sourdine, le lieu de la *translatio imperii et studii*, et Rivarol veut écarter toute idée d'une poursuite, par-delà Paris, de cette longue odyssée du « génie » d'est en ouest. La comparaison avec l'Angleterre, qui est l'un des leitmotive obsédants du *Discours*, tourne à la déroute de celle-ci. Mais la péroraison de Rivarol est plus une conjuration sonore de l'incertain avenir qu'une certitude raisonnée ou même qu'un acte de foi tranquille :

> L'Angleterre, témoin de nos succès, ne les partage point. Sa dernière guerre avec nous la laisse dans la double éclipse de sa littérature et de sa prépondérance ; et cette guerre a donné à l'Europe un grand spectacle. On y a vu un peuple libre conduit par l'Angleterre à l'esclavage, et ramené par un jeune monarque à la liberté. L'histoire de l'Amérique se réduit désormais à trois époques : égorgée par l'Espagne, opprimée par l'Angleterre et sauvée par la France (p. 124).

Ce triomphe sur l'Angleterre et sur la langue anglaise, grâce à l'alliance entre le roi de France et les *Insurgents* d'Amérique, était beaucoup moins définitif que ne l'imaginait Rivarol. Et celui-ci, qui pourtant luttera courageusement pour sauver la Couronne en 1789-1791, a oublié dans son discours de mentionner même fugitivement la royauté. La France et sa langue universelle, dès 1784, dans l'esprit même d'un des plus fidèles sujets du roi, se sont dissociées de leurs racines royales. Elles sont déjà des abstractions prêtes à recevoir l'énergie nouvelle de la religion des droits de l'homme.

NOTES

LA COUPOLE

1. *Mémoires d'outre-tombe*, éd. LEVAILLANT, Paris, Flammarion, 1949, t. V, p. 602.

2. Jacques DAVY DU PERRON, *Oraison funèbre sur la mort de Monsieur de Ronsard* (1586), éd. critique par Michel SIMONIN, Genève, Droz, 1985. Sur les académies dans la France des Valois, voir F. YATES, *French Academies in the XVIth century*, Londres, Warburg Institute, 1960.

3. Paul BÉNICHOU, *Le Sacre de l'écrivain*, Paris, Corti, 1973.

4. Sur le prix Balzac d'éloquence, décerné pour la première fois en 1671, voir Bernard BEUGNOT, *Guez de Balzac, bibliographie générale*, Montréal, Presses universitaires de Montréal, pp. 27, 84, 118, 148 et *Supplément, ibid.*, 1969, p. 71.

5. Marcel PROUST, *Contre Sainte-Beuve*, préface de Bernard de Fallois, Paris, Gallimard, coll. « Idées », 1954.

6. Arsène HOUSSAYE, *Histoire du quarante et unième fauteuil de l'Académie française*, Paris, Hachette, 1856. Houssaye fut surtout un romancier. Son fils Henry, qui entra à l'Académie, fut un historien. D'une génération à l'autre, la famille a changé de « monde ».

7. Maurice MARTIN DU GARD, *Mémorables*, Paris, Flammarion, 1957, t. I, p. 277. Voir aussi *Correspondance Marcel Proust-Jacques Rivière (1914-1922)*, Paris, Plon, 1955, pp. 105-107 (mai 1920). Voir encore lettre à Maurice Barrès (juin 1921) : « Je ne vous parle pas, après un si grand sujet, de mes petites ambitions académiques. Vous m'aviez conseillé à la première vacance de déclarer aussitôt ma candidature, pour qu'on n'ait pas son siège fait. Mais j'ignore sous quelle forme se fait

une déclaration de candidature ; puis le fauteuil de M. Aicard n'est même peut-être pas encore déclaré vacant. Enfin, on m'a vaguement dit que Claudel se présenterait. Je ne le connais pas et n'ai aucune raison de m'effacer devant lui. Mais sa notoriété si grande, et aussi ses amitiés politiques m'ôteraient sans doute toute chance. » Rappelons que Proust avait obtenu le prix Goncourt en novembre 1919, et la Légion d'honneur le 29 septembre 1920.

8. Cité par PROUST, dans *Contre Sainte-Beuve*, éd. cit., p. 202.

9. Voir surtout, dans les *Nouveaux Lundis* (lundi 20 janvier 1862), « Des prochaines élections à l'Académie », consacrée aux spéculations relatives à la succession de Scribe et de Lacordaire. Sainte-Beuve s'y pose en interprète de la tradition académique, « combinant » les « inspirations et influences » de l'Ancien Régime, de la Révolution et de la Restauration. C'est dans cet article qu'il décrit la « Folie Baudelaire », candidat possible à la succession de... Scribe. C'est finalement Octave Feuillet qui sera élu.

10. Voir, entre autres, la préface de J. Thuillier au recueil *Les Grands Prix de Rome au XIXᵉ siècle*, Paris, 1982 et Donald D. EGBERT (publié par David VAN ZANTEN : *The Beaux-Arts Tradition in French Architecture, as illustrated by the Grand Prix de Rome*, Princeton University Press, 1980.

11. Paul MESNARD, *Histoire de l'Académie française depuis sa fondation jusque 1830*, Paris, Charpentier, 1857. On lira avec profit le très utile ouvrage du duc DE CASTRIES, *La Vieille Dame du quai Conti, une histoire de l'Académie française*, Paris, Librairie Académique Perrin, 1978.

12. Voir ci-dessus, n. 9.

13. Lucien BRUNEL, *Les Philosophes et l'Académie française au XVIIIᵉ siècle*, Paris, Hachette, 1884.

14. Simone DE BEAUVOIR, *Les Mandarins*, Paris, Gallimard, coll. « Folio », 1972 (1ʳᵉ éd., couronnée du prix Goncourt, 1954), t. I, p. 190.

15. Sur le cercle de la rue de Rome, qui se réunit tous les mercredis autour de Mallarmé, à partir de 1885, voir Henri MONDOR, *Vie de Mallarmé*, Paris, Gallimard, 1946, et les souvenirs d'Édouard DUJARDIN, *Mallarmé par l'un des siens*, Paris, 1936, qui cite les souvenirs de Bernard Lazare, d'Albert Mockel, d'Henri de Régnier, de Camille Mauclair. VALÉRY, dans *Variété* (*Œuvres*, Gallimard, Bibliothèque de la Pléiade, 1957, t. I, pp. 619-706), a donné lui aussi une version de ces conférences « académiques » autour de celui que Dujardin comparait à Socrate.

16. C'était la vertu aristotélicienne et thomiste qui légitimait le mécénat et qui faisait du luxe, même ostentatoire, la manifestation pour le vulgaire de la grandeur d'âme.

17. Bien qu'il faille distinguer entre les « corps » dont l'origine se perd dans la nuit des temps, et « compagnies » de fondation royale il reste que les « compagnies » tendent à se penser en termes de « corps ». Et sur ces termes, renvoyons au livre d'Ernst Kantorowicz, *King's Two Bodies, a study in medieaval political theology*, Princeton University Press, 1957, qui a montré la dette de toute la théorie médiévale des « corps » envers la théologie du « corps mystique » de l'Église.

18. Voir Jean Bodin, *Les Six Livres de la république*, 1. III, chap. vii (« Des corps, collèges, états et communautés ») : « Par ainsi nous pouvons dire que tout corps ou collège est un droit de communauté légitime sous la puissance souveraine. » Bodin, tout en admettant que les « corps » contribuent à entretenir l'amitié (au sens aristotélicien) et donc la santé politique d'une société, et qu'ils ne peuvent être supprimés que pour des raisons très justes et très fortes, s'applique néanmoins à énumérer les cas où l'État est en droit de les réprimer ou de les abolir, sitôt qu'ils trahissent leur finalité en se mêlant de discordes publiques, ou en les aggravant. Les juris-consultes d'Ancien Régime, développant ces vues de Bodin dans un sens encore plus favorable à la puissance de l'État, en viendront à admettre que l'État est libre de supprimer les corps pour de simples raisons d'opportunité, et non plus par mesure de justice. Ce qui préparait la « table rase » révolutionnaire.

19. 1641 vit à la fois l'ouverture de la salle de théâtre du Palais-Cardinal et la promulgation d'une ordonnance royale équivalent à un brevet d'honorabilité civile pour les comédiens. Il n'en demeurait pas moins que plus d'un évêque et plus d'un théologien maintinrent la doctrine « sévère » selon laquelle tout comédien était, de par sa seule profession, excommunié. Molière ne put de ce fait briguer l'Académie. Mais au cours de la querelle Balzac-Goulu (1626-1630), il était apparu que pour beaucoup de clercs, d'Église et de Parlement, les écrivains en langue vulgaire, surtout s'ils avaient un souci d'art, n'étaient que des sophistes, et, à la limite, des libertins, dangereux pour les bonnes mœurs.

20. On se reportera aux travaux classiques de Ferdinand Brunot sur ce sujet : son *Histoire de la langue française* et sa thèse, *La Doctrine de Malherbe d'après son commentaire de Desportes*, Paris, 1901.

21. Malherbe, *Œuvres*, éd. A. Adam, Paris, Gallimard, Bibliothèque de la Pléiade, 1971, pp. 156-157.

22. Gombauld, Chapelain et Godeau, trois poètes appartenant au cercle de Conrart dès avant sa « découverte » par Boisrobert et par Richelieu, avaient dès cette époque « sacrifié » à la louange poétique du cardinal. Boisrobert publiera, en 1634, *Le Sacrifice des Muses au grand cardinal*, recueil de poèmes « malherbiens » célébrant Richelieu.

23. Voir Maximin Deloche, *Autour de la plume du cardinal de Richelieu*, Paris, 1920 (B.N. 8° Ln²⁷ 81157).

24. Paul Pellisson-Fontanier, *Relation contenant l'histoire de l'Académie françoise*, Paris, P. Le Petit, 1653.

25. Voir Zygmunt Marzys, « Pour une édition critique des *Remarques sur la langue française* de Vaugelas », *Vox Romanica*, n° 34, 1975, pp. 124-139.

26. Sur cette victoire de la Cour et cet échec du Parlement, voir notre *Âge de l'éloquence*, Genève, Droz, 1980, III° partie, *passim*.

27. Marin Le Roy de Gomberville, *Tableau du bonheur de la vieillesse, opposé au malheur de la jeunesse*, Paris, Lacquehoy, 1614.

28. Voir G. Hall, éd. critique des *Visionnaires*, de Desmarets de Saint-Sorlin, Paris, S.T.F.M., 1963.

29. Il avait été en effet le rival de Corneille dans la querelle du *Cid*, et l'auteur de plusieurs tragédies goûtées de Richelieu.

30. G. de Scudéry, *Alaric ou la Rome vaincue*, poème héroïque, Leyde, 1656.

31. Voir R. Zuber, *Les Belles Infidèles ou la Formation du goût classique*, Paris, Armand Colin, 1968.

32. Paul Valéry, *Œuvres*, Paris, Gallimard, Bibliothèque de la Pléiade, t. I, 1957, « Remerciement à l'Académie française », p. 728. Tout le discours est à lire, tant il résume à la fois le goût « mallarméiste », le goût « *NRF* », et le goût académique en un tour de force diplomatique de haute volée.

33. Sur Colbert et les académies, voir le catalogue de l'exposition *Colbert*, Hôtel de la Monnaie, 1983, pp. 355-363 et 447-480. Il est clair que Colbert, en contraste avec le style personnel, grand seigneur, de Foucquet, a une conception institutionnelle du mécénat proprement royal. Voir également, dans les *Actes* du colloque « Un nouveau Colbert », Paris, SEDES, 1985, l'étude de J. Thuillier, « Réflexions sur la politique artistique de Colbert » pp. 275-286.

34. Charles Du Périer (Aix [?] — Paris, 1692), ode *Ad Delphinum*,

Paris, s.d. (BN Yc 2770). Il eut un commerce de traduction de fables (entre autres de La Fontaine) avec Charles Perrault et le père Commire.

35. Le fameux *Discours* de RIVAROL, lui aussi lié à une académie à la française, celle de Berlin, a été étudié par BALDENSPERGER, *Comment le XVIIIᵉ siècle voyait l'universalité de la langue française*, dans ses sources et dans sa réception immédiate. Toute l'histoire du mythe célébrant la langue est indissociable de l'histoire des Académies.

36. Sur Amable DE BOURZEIS (1606-1672), voir O. H. DE BOURZEIS, *Un académicien oublié, l'abbé de Bourzeis*, Paris, 1879.

Sur François CHARPENTIER (1620-1702), voir « Éloge de M. Charpentier », *Journal des Savans*, 1702, pp. 506-508 et D'ALEMBERT, « Éloge de François Charpentier », *Histoire des membres de l'Académie française*, Paris, 1787, t. II, pp. 127-159.

37. François CHARPENTIER, *Défense de la langue françoise pour l'inscription de l'arc de triomphe...*, Paris, 1676. L'infatigable Charpentier est aussi l'auteur d'un *Discours de l'utilité et de l'excellence des exercices académiques*, 1695.

38. ID., 1683, 2 vol. in 16°. Sur toute cette querelle, voir notre étude « L'apologétique de la langue française classique », *Rhetorica*, II, n° 2, 1984, pp. 139-161.

39. « Discours prononcé par M. l'abbé Tallemant le Jeune le 23 décembre 1676, pour servir de réponse à celui du R. P. Lucas, jésuite », dans *Recueil des harangues prononcées par Messieurs de l'Académie françoise dans leurs réceptions*, Paris, Coignard, 1698, pp. 295-307. L'abbé TALLEMANT fait l'historique des débats sur cette question à l'intérieur de la Petite Académie, et il révèle que, si l'on s'y était mis d'accord pour exclure tout « déguisement à l'antique » du roi et de sa famille, la langue des inscriptions fit difficulté, et le débat fut très animé entre Bourzeis et Charpentier.

40. Sur les origines de la querelle et sur la contribution décisive que lui apporta Charles Perrault, voir, outre Hubert GILLOT, *La Querelle des Anciens et des Modernes en France, de la Défense et illustration de la langue française aux Parallèles des Anciens et des Modernes*, Paris, Champion, 1914, les articles de P. BONNEFON dans la *Revue d'histoire littéraire de la France*, 1904, 1905, 1906.

41. Je suis contraint, faute de place, de ne pas faire justice à la *querelle d'Homère*, qui pousse à ses dernières conséquences la querelle des Anciens et des Modernes. On en trouvera une admirable analyse dans Noémi HEPP, *Homère en France au XVIIᵉ siècle*, Paris, Klincksieck,

1968, pp. 629-754. Sur le renversement au cours du XVIIe siècle de l'antique rapport entre temps et savoir (renversement réduit souvent au déclin de l'argument d'autorité), on pourra se reporter aux études réunies dans *XVIIe siècle*, n° 131, 1981. Krzysztof POMIAN a publié récemment, dans une perspective légèrement différente, un ouvrage essentiel pour quiconque s'intéresse au sujet : *L'Ordre du temps*, Paris, Gallimard, coll. « Bibliothèque des Histoires », 1984.

42. Antoine FURETIÈRE, *Second Factum par Messire Antoine Furetière, abbé de Furetière, abbé de Chalevoy, contre quelques-uns de l'Académie française*, À Amsterdam, chez Henry Desbordes, 1686, pp. 26-27.

43. ID., *Second Placet et très humble remonstrance à Mgr Le Chancelier*, s.l. n.d. (BN X 2551[3-8]).

44. MÉNAGE, *Requête...*, Paris, s.d. (1649), non paginé.

45. Antoine-Léonard THOMAS, *Essai sur les éloges*, Paris, 1773, chap. XXXVII. Voir ses *Œuvres complètes*, Paris, Berlin, 1819, 2 vol., t. II, p. 207.

46. Dominique BOUHOURS, *Entretiens d'Ariste et d'Eugène*, Paris, 1671, cit. d'après l'éd. de Paris, Éd. de 1947, p. 92.

47. *Panégyrique du roi prononcé le 25 août 1673 par M. l'abbé Tallemant le Jeune*, Paris, Coignard, 1693, p. 48. Il n'est pas surprenant que l'abbé TALLEMANT, partisan du français dans la querelle des inscriptions, panégyriste enthousiaste et infatigable de Louis XIV, ait été l'auteur du *Panégyrique funèbre de Charles Perrault*, prononcé à l'Académie française, Paris, 1704.

48. PASCAL, *Pensées*, éd. LAFUMA, Paris, Éd. du Seuil, 1963, « De l'esprit géométrique et l'art de persuader », pp. 358-359.

49. L'abbé D'OLIVET (Pierre-Joseph THOULIER, 1682-1723) est le continuateur de Pellisson, dans son *Histoire de l'Académie française depuis 1652 jusqu'à 1720*, Paris, 1729. Voir l'éd. Charles-L. LIVET des deux *Histoires*, Paris, 1858. Il existe, dans les *Portraits intimes du XVIIIe siècle* d'Edmond et Jules DE GONCOURT (Paris, 1858), un portrait de l'abbé d'Olivet tout à fait succulent (t. I, pp. 237-287).

50. Sur l'exclusion de l'abbé de Saint-Pierre, voir, outre les diverses *Histoires de l'Académie française*, les *Chroniques des élections à l'Académie française*, Paris, Firmin-Didot, 1886, pp. 66-67 (l'abbé de Saint-Pierre, par son élection en 1695, avait symbolisé la victoire des Modernes) ; pp. 88-89 (son éviction marque le début de l'influence du cardinal Fleury, élu en 1717, sur la Compagnie).

51. Sur cette réforme de Duclos, voir Paul MESNARD, *op. cit.*, pp. 80-81, et L. BRUNEL, *op. cit.*, p. 58.

52. Publié en 1773, cet essai est une justification *a posteriori* de la réforme de Duclos. Mais c'est aussi une étude de qualité sur le *genre* panégyrique.

53. Cité par Paul MESNARD, *op. cit.*, p. 83.

54. *Considération sur les mœurs de ce siècle...*, Paris, Perrault, 1751, p. 229.

55. *Mélanges de littérature, d'histoire et de philosophie*, t. II, Berlin, p. 156 (« Éloge de Richelieu »), p. 162 (« Exhortation aux gens de lettres »).

56. Cité par Lucien BRUNEL, *op. cit.*, p. 41.

57. Lettre du 13 février 1767, de Ferney (éd. Besterman des *Œuvres complètes* « définitive », D 13951).

58. Réponse de Palissot, vers le 20 février, *ibid.*, D 13984.

59. Sur le réseau des académies au XVIIIᵉ siècle en France, on se reportera à l'ouvrage fondamental de Daniel ROCHE, *Le Siècle des Lumières en province. Académies et académiciens provinciaux, 1680-1789*, Paris, Mouton, 1978, 2 vol.

60. BARBEY D'AUREVILLY, *Le XIXᵉ siècle des œuvres et des hommes*, éd. J. PETIT, Paris, Mercure de France, 1966, t. II, p. 38 (« Médaillon de Sainte-Beuve »).

61. Sur la querelle Chamfort-Morellet, et sur le rôle de Morellet et de Suard dans le salut des archives, et dans la résurrection de l'Académie, voir les *Mémoires inédits de l'abbé Morellet sur le dix-huitième siècle et sur la Révolution*, éd. LEMONTEY, Paris, Ladvocat, 1821, 2 vol.

62. Sur les projets de réforme de l'enseignement conçus par Talleyrand et Condorcet, voir *Une éducation pour la démocratie, textes et projets de l'époque révolutionnaire*, présenté par Bronislaw BACZKO, Paris, Garnier, coll. « Les classiques de la politique », dirigée par Claude Nicolet, 1982.

63. Sur l'abolition des académies et la création de l'Institut, voir *Varii auctores, L'Institut de France*, Paris, H. Laurens, 1907, Georges PERROT, « L'Institut », pp. 37-94.

64. Voir dans la série Le 38 de la Bibliothèque nationale les textes de DAUNOU relatifs à la réforme de l'enseignement et à la création de l'Institut. Par exemple son rapport au comité de Salut public (1793, BN 8° Le 38 2371).

65. Sur l'histoire du collège des Quatre-Nations, voir Alfred FRANKLIN, *Histoire de la bibliothèque Mazarine et du palais de l'Institut*, Paris, Welter, 1901.

66. Institut de France, Classe de Langue et de Littérature fran-

çaise, *Présentation à S.M. l'Empereur et Roi, en son Conseil d'État, du rapport historique sur l'état et les progrès de la littérature, le 27 février 1808*, Paris, 1808 (la députation était composée de MM. Chénier, président, Volney, vice-président, Suard, secrétaire perpétuel, MM. Morellet, Boufflers, Bernardin de Saint-Pierre, Andrieux, Arnault, Villars, Cailhava, Domergue, Lacretelle, Layon, Raynouard et Picard).

67. Voir l'article cité ci-dessus, n. 9, où Sainte-Beuve assume pleinement la différence entre l'Institut fondé par la Révolution, et l'Académie française d'Ancien Régime.

68. STENDHAL, *Racine et Shakespeare*, éd. FAYOLLE, Paris, Garnier Flammarion, 1970, p. 82 (« Avertissement » à *Racine et Shakespeare*, II, publié en 1825).

69. Voir l'ouvrage essentiel d'André TUDESQ, *Les Grands Notables de France, étude historique d'une psychologie sociale*, Paris, PUF, 1964, et Daniel HALÉVY, *La Fin des notables*, Paris, 1880.

70. BARBEY D'AUREVILLY, *op. cit.*, p. 35.

71. Voir Jacques VÉRON, « L'Académie française et la circulation des élites, une approche démographique », *Population*, n° 3, mai-juin 1985, pp. 454-471.

72. Sur la diffusion du genre romanesque au XIXe siècle, on se reportera à *L'Histoire de l'édition française*, Paris, Promodis, t. II (1660-1830). Sur la querelle que l'Académie du XIXe siècle fit au genre romanesque, voir les remarques de Paul BOURGET, « Le roman à l'Académie », dans *Trois siècles de l'Académie française par les Quarante*, Paris, Didot, 1935, pp. 213-221.

73. Sur la situation matérielle de l'écrivain au XIXe siècle, voir in *L'Histoire de l'édition française, op. cit.*, Bernard VOUILLOT, « La Révolution et l'Empire : une nouvelle réglementation », pp. 526-535. La Convention avait dissous la Communauté des libraires et imprimeurs de Paris en 1791. Elle avait aboli aussi bien le privilège d'auteur que le privilège de libraire. En revanche, en 1793, sur rapport de Lakanal, elle prend un décret (21 juillet) qui définit la propriété littéraire. C'est là-dessus que va s'établir la réglementation des droits d'auteur au cours du XIXe siècle, et que peut se fonder Balzac pour appeler à la création d'une Société des gens de lettres, chargée de défendre leurs droits et d'assurer leurs intérêts.

74. Voir SAINTE-BEUVE, art. cit., p. 399 : Octave Feuillet est cité pour ses doubles succès « à la lecture et au théâtre » : le mot « lecture », qui renvoie à cette institution du XIXe siècle que fut le « cabi-

net de lecture », est un euphémisme pour ne pas prononcer le mot obscène de « roman ». Dans les sections que Sainte-Beuve, à la fin de son article, imagine — à l'exemple de son cher Daunou — dans une Académie française idéale, on trouve I. Langue et Grammaire ; II. Théâtre ; III. Poésie lyrique, épique, didactique ; IV. Histoire ; V. Éloquence ; VI. Éloquence et art d'écrire. Et Sainte-Beuve d'ajouter en queue de liste, *cum grano salis*, une VIIe section, *Roman, nouvelles, etc.* avec le commentaire suivant : « Ce genre si moderne et auquel l'Académie a jusqu'ici accordé si peu de place. »

75. Sur cette « ascension sociale » du roman et du romancier, qui suit lentement le triomphe *économique* du roman (et de romanciers comme Dumas, Sue, Féval), les études manquent. Hugo, manifestement, demandait du prestige à la poésie, et des revenus au roman, de style populaire, où il excella. Dans les romans de Paul Féval, les digressions consacrées à l'injustice des critiques et à la prétention des romanciers « mondains » sont fréquentes. Paul Bourget a le premier réussi à vivre en homme du grand monde et à se déclarer romancier. L'Académie a montré un flair social et littéraire parfait en l'élisant en 1892. Sans la vindicte d'*artiste* d'Edmond de Goncourt contre l'Académie, mais aussi, sans l'anoblissement du roman et son académisation par Bourget, point de Proust. On se reportera avec intérêt — mais non sans précautions — à l'article de Priscilla P. Clark, « Stratégies d'auteurs au XIXe siècle », Romantisme, n° 17-8, 1977, pp. 92-103.

76. Auteur des *Fleurs de Tarbes ou la Terreur dans les lettres* (1941), où il réhabilitait avec humour la rhétorique contre la « terreur », Jean Paulhan fut élu à l'Académie le 27 février 1964, ce qui refroidit ses relations avec les Gallimard. Dans son discours de réception, Paulhan opposa, de façon prophétique, la sagesse grammaticale de l'Académie aux prétentions de la linguistique ancienne et moderne.

LA CONVERSATION

1. *Portraits de femmes* [...], nouvelle édition, revue et corrigée, Paris, 1870, p. 476.

2. Sur le dialogue platonicien, voir Victor Goldschmidt, *Les Dialogues de Platon : structure et méthode dialectique*, Parionne, Monfort, 1984 ; Monique Dixsaut, *Le Naturel philosophe : essai sur les dialogues de Platon*, Paris, Les Belles Lettres, 1985 ; M. C. Stokes, *Plato's Socratic*

Conversations : Drama and Dialectic in Three Dialogues, Londres, Athlone Press, 1986. Kenneth SEESKIN, *Dialogue and Discovery : a Study in Socratic Method*, Albany, State University of New York Press, 1987.

Aristote a lui aussi une théorie de la conversation (voir « Les sanglots d'Ulysse », article paru dans *Mesure*, Paris, José Corti, 1990, pp. 169-183).

3. Emmanuel KANT, *Anthropologie du point de vue pragmatique*, Paris, Vrin, 1964, Ire partie, livre III, p. 128 et IIe partie, p. 155.

4. ID., *ibid.*, IIe partie, p. 156.

5. Mme DE STAËL, *De l'Allemagne*, éd. S. BALAYÉ, Paris, Garnier-Flammarion, 1968, Ire partie, chap. XI, « De l'esprit de conversation ». Tout le chapitre est à lire, et au goût difficile de Delécluze, c'était le chef-d'œuvre de son auteur. En réalité, c'est une variation intelligente et brillante sur les lettres de Saint-Preux à Julie dans *La Nouvelle Héloïse*.

6. MONTESQUIEU, « Mes pensées », in *Œuvres complètes*, Paris, Gallimard, Bibl. de la Pléiade, 1949, t. I, p. 1417, n° 1740.

7. Mme DE STAËL, *Dix années d'exil*, chap. XVI, éd. S. BALAYÉ et P. GAUTIER, Paris, U.G.E., 1966, p. 213 : « Toute la compagnie en Russie a des manières parfaites mais il n'y a ni assez d'instruction pour les nobles, ni assez de confiance entre les personnes qui vivent sans cesse dans l'influence d'une cour et d'un gouvernement despotiques pour que l'on puisse connaître les charmes de l'intimité. »

8. ID., *De l'Allemagne*, op. cit., Ire partie, chap. XI, pp. 105-106.

9. Christophe STROTZESKI, *Rhétorique de la conversation, sa dimension littéraire et linguistique dans la société française du XVIIe siècle*, trad. Sabine Seubert, Paris-Tubingen-Seattle, Biblio 17, P.S.C.L., 1984.

10. Voir, entre autres, Antoine GOMBAUD, chevalier DE MÉRÉ (*Œuvres*, éd. Ch. BOUDHORS, Paris, Roches, 1930, t. II, pp. 102-103), qui évite même de mentionner les genres oratoires, et dissocie sa définition de la conversation des « Conseils et Conférences » de délibération ou d'affaires, « où d'ordinaire il ne faut ni rire ni badiner ».

11. TALLEMANT DES RÉAUX, à propos des *Œuvres* posthumes de VOITURE publiées en 1648, cite cet échange de répliques entre Mme de Rambouillet et l'un de ses hôtes titrés : « Monsieur de Blairancourt disoit à Madame de Rambouillet, que voyant qu'on ne parloit que de ce livre, il l'avoit lu, et qu'il trouvoit que Voiture avoit de l'esprit. "Mais, Monsieur", luy respondit Madame de Rambouillet, "pensiez-vous que c'estoit pour sa noblesse ou pour sa belle taille

qu'on le recevoit partout comme vous avez veû ?" » (*Historiettes*, éd. ADAM, Paris, Gallimard, Bibl. de la Pléiade, 1960, 2 vol., t. I, « Voiture », p. 499).

12. Mme DE STAËL, *De l'Allemagne*, *op. cit.*, Ire partie, chap. XI, pp. 109-110.

13. ID., *Dix années d'exil*, *op. cit.*, chap. XVI, p. 214.

14. ID., *De l'Allemagne*, *op. cit.*, Ire partie, chap. IX, pp. 93-94.

15. La Renaissance italienne et européenne a accordé une attention soutenue aux dialogues de l'Antiquité tardive, qui rapportent des conversations entre érudits et qui résument sous cette forme coupée et brillante l'encyclopédie des « derniers » lettrés, avant l'âge barbare. *Les Nuits attiques* d'Aulu-Gelle, le *Banquet des Sept Sages* de Plutarque, les *Deipnosophistes* d'Athénée, les *Saturnales* de Macrobe comptent parmi les lectures les plus fréquentes des humanistes (voir Michel JEANNERET, *Des mets et des mots, banquets et propos de table à la Renaissance*, Paris, José Corti, 1987).

16. C'est le titre d'un des grands dialogues néo-latins de la Renaissance italienne, écrit par Angelo Decembrio vers 1450, et imprimé seulement en 1540. *Politia* (latinisation de la *politeia*) signifie ici « bonne société », « société polie », celle qui doit régner entre lettrés dans leurs entretiens. Sur la conversation italienne au XVIe siècle, voir Carlo OSSOLA, « L'homme accompli : la civilisation des cours comme art de la conversation », dans *Le Temps de la réflexion*, IV, octobre 1983, pp. 77-89.

17. Le mot latin qui répond le mieux à notre « conversation » est *sermo*. *Conversatio*, qui n'est pas un mot cicéronien, apparaît au Ier siècle avec le sens, non d'entretien, mais de « mode d'être ensemble », « genre de vie commun », entre amis, entre militaires, etc. C'est l'italien *conversazione* qui a orienté le français *conversation* vers le sens spécialisé d'entretien, voire d'entretien entre gens civilisés. La conversation est générale. L'entretien porte sur un sujet déterminé.

18. C'est toute la différence entre un traité comme celui de René BARY (*L'Esprit de cour ou les conversations galantes*, dédié au roi, 1662) et les *Essais* du chevalier DE MÉRÉ sur la conversation, l'esprit, les agréments (1677), ou encore le chapitre de « La conversation » du *Testament* de FORTIN DE LA HOGUETTE (1648), qui dissocient la cour du monde où l'on converse avec plaisir et esprit.

19. François DE SALES, *Introduction à la vie dévote*, liv. III, chap. XVII, « De l'honnesteté des paroles et du respect que l'on doit aux per-

sonnes ». Voir Ruth MURPHY, _Saint François de Sales et la civilité chrétienne_, Paris, Nizet, 1964, pp. 123-142, 171-197.

20. On lira avec fruit le beau livre de Paule CONSTANT, _Un monde à l'usage des demoiselles_, Paris, Gallimard, 1987, qui donne un arrière-plan sur la « longue durée » aux études de Carolyn C. LOUGEE, _Le Paradis des Femmes : Women, Salons, and Social Stratification in 17th Century France_, Princeton, N. J., Princeton University Press, 1976 et de Paul HOFFMAN, _La Femme au XVIIIᵉ siècle_, Paris, Ophrys, 1977. Ian MCLEAN, _Women Triumphant : Feminism in French Literature, 1610-1652_, Oxford, Clarendon Press, 1977.

21. On se reportera à Natalie ZEMON DAVIS, in _Histoire des femmes en Occident_, sous la direction de Georges DUBY et Michelle PERROT, Paris, Plon, 1991, t. III, chap. VI, « La femme "au politique" », pp. 175-192.

22. Voir Ferdinand BRUNOT, _La Doctrine de Malherbe d'après son commentaire sur Desportes_, thèse, Paris, Masson, 1891, rééd. Paris, Armand Colin, 1969 et le chapitre qu'il lui consacre dans son _Histoire de la langue française des origines à nos jours_, t. III, _La Formation de la langue classique_ (1905 et suiv. ; le t. III, en 2 parties, est paru en 1909 et 1911), rééd. Paris, 1966, Iʳᵉ partie, livre I, chap. I. Voir « L'_Histoire de la langue française_ de Ferdinand Brunot », par Jean-Claude CHEVALIER.

23. On connaît l'élégante flatterie de Descartes envers les gens du monde : « Le bon sens est la chose du monde la mieux partagée. » Dans sa biographie du philosophe, dont la correspondance avec la princesse Élisabeth est un chef-d'œuvre de galanterie, préfigurant les _Entretiens_ de FONTENELLE, Adrien BAILLET invoque son souci de « convertir » aussi, dans leur langue, les femmes, entendons les femmes du monde. Son vœu sera amplement exaucé, de Mᵐᵉ de Bonneval à Mᵐᵉ du Châtelet, le cartésianisme sera diffusé et discuté par de nombreuses « femmes savantes » (_La Vie de Monsieur Descartes_ [1691 ; abrégée : 1692], rééd. Vanves, La Table ronde, 1946, p. 291).

24. MONTAIGNE, _Essais_, éd. A. MICHA, Paris, Garnier-Flammarion, 1969, t. III, liv. III, chap. VIII : « De l'art de conferer », p. 137.

25. LA ROCHEFOUCAULD, _Maximes_, éd. TRUCHET, Paris, Garnier, 1967, p. 26 (nᵒ 86).

26. ID., _ibid._, p. 112 (nᵒ 501).

27. CORNEILLE, _Mélite_, acte I, sc. II, v. 153-159 (pp. 93-94, éd. G. COUTON, _Théâtre complet_, Paris, Garnier-Flammarion, 1971, t. I).

28. Chevalier DE MÉRÉ, « De l'esprit », in _Œuvres, op. cit._, t. II, pp. 57-95.

29. Voir l'article de Benoît LECOQ, « Le café ».

30. Anne Thérèse DE LAMBERT, *Réflexions nouvelles sur les femmes* (1727), Paris, Côté-femmes Éditions, 1989, pp. 41-42.

31. Voir *Mémoires du président Hénault*, éd. Fr. ROUSSEAU, Paris, 1911 (réimpr. Genève, Slatkine Reprints, 1971), p. 120.

32. Voir Frédéric DELOFFRE, *Marivaux et le marivaudage*, Paris, Les Belles Lettres, 1955, p. 16.

33. ID., *ibid*, p. 69.

34. *Menagiana ou les bons mots, les pensées critiques, historiques, morales et d'érudition, de M. Ménage, recueillies par ses amis*, 2ᵉ éd., Paris, Delaulne, 1694, t. I, p. 374.

35. Voir Bernard BEUGNOT, « Forme et histoire, le statut des ana », in *Mélanges Couton*, Lyon, Presses universitaires de Lyon, 1981, pp. 85-101.

36. Le « trait », la « pointe », est la figure de rhétorique par excellence de l'esprit. Son grand théoricien avait été l'Espagnol Baltasar Gracián, *La Pointe, ou l'Art du génie*, trad. franç. M. Gendreau-Massaloux et P. Laurens, Lausanne-Paris, L'Âge d'homme, 1983.

37. J'emprunte ces « traits » au florilège rassemblé par Marguerite GLOTZ et Madeleine MAIRE, *Salons du XVIIIᵉ siècle*, Paris, Hachette, 1945.

38. Jean-Jacques ROUSSEAU, *La Nouvelle Héloïse*, IIᵉ partie, quatorzième lettre, in *Œuvres complètes*, éd. B. GAGNEBIN et R. RAYMOND, Paris, Gallimard, Bibl. de la Pléiade, 1964, t. II, pp. 232-233.

39. Mˡˡᵉ DE SCUDÉRY publie à partir de 1680 plusieurs volumes de *Conversations* extraites de ses romans, devenus illisibles par excès de longueur. Ce florilège eut un immense succès, et fut traduit dans plusieurs langues. C'est un des meilleurs traités du XVIIᵉ siècle sur le sujet.

40. Pierre D'ORTIGUE, sieur de VAUMORIÈRE, *L'Art de plaire dans la conversation*, Paris, 1688 ; plusieurs éd. augmentées.

41. J.-J. ROUSSEAU, *La Nouvelle Héloïse*, *loc. cit.*, p. 232.

42. ID., *ibid.*, VIᵉ partie, cinquième lettre, p. 659.

43. *Ibid.*, Vᵉ partie, troisième lettre, p. 577.

44. Denis DIDEROT, lettre du 16 septembre 1761 à Mᵐᵉ d'Épinay, in *Correspondance*, éd. G. ROTH, Paris, Éd. de Minuit, 1957, t. III, p. 305.

45. Cité par M. GLOTZ et M. MAIRE, *op. cit.*, pp. 248-249.

46. André MORELLET, *Mémoires de l'abbé Morellet [...] sur le dix-huitième siècle et la révolution* (1ʳᵉ éd., 1821), rééd., Paris, Mercure de France, 1988, p. 58.

47. DIDEROT, lettre du 15 septembre 1760 à Sophie Volland, in *Correspondance, op. cit.*, t. III, p. 67 (ou *Lettres à Sophie Volland*, éd. J. VARLOOT, Paris, Gallimard, 1984, pp. 113-114).

48. *Mélanges extraits des manuscrits de Madame Necker*, Paris, 1798, t. I, p. 112.

49. Mme D'ABRANTÈS, *Histoire des salons de Paris, tableaux et portraits du grand monde, sous Louis XVI, le Directoire, le Consulat et l'Empire, la Restauration et le règne de Louis-Philippe*, Paris, Garnier, 1893, t. II, p. 167. Sur la « rupture de la vie de société » et l'égaillement de ses acteurs dans l'émigration, il faut lire F. BALDENSPERGER, *Le Mouvement des idées dans l'émigration française (1789-1815)*, Paris, Plon, 1924, 2 vol., notamment t. I, p. 1-116.

50. ID., *ibid.*, pp. 177-180.

51. *Ibid.*, p. 213.

52. Comte Pierre-Louis ROEDERER, *Mémoires pour servir à l'histoire de la société polie...*, Paris, Firmin-Didot, 1825.

53. SAINTE-BEUVE, *Portraits de femmes*, Paris, Garnier, 1886, p. 3.

54. ID., *ibid.*, p. 16.

55. *Ibid.*, p. 10, n. 1.

56. *Ibid.*, p. 54.

57. Mme ANCELOT, *L'Hôtel de Rambouillet, comédie en trois actes mêlés de chants*, Paris, Beck, 1842, dédiée à Mme Récamier, pour l'inauguration du théâtre de Vaudeville, acte I, sc. IX.

58. ID., *Un salon de Paris, de 1824 à 1864 (Et in Arcadia ego)*, Paris, Émile Dentu, 1866, p. 95.

59. *Ibid.*, p. 250.

60. Marcel PROUST, *Contre Sainte-Beuve*, éd. P. CLARAC, Paris, Gallimard, Bibl. de la Pléiade, 1971, p. 225.

61. Mme ANCELOT, *op. cit.*, p. 265.

62. Honoré DE BALZAC, *Autre étude de femme*, éd. P.-G. CASTEX, Paris, Gallimard, Bibl. de la Pléiade, 1976, pp. 675-676.

63. Article « Conversation » de Jules JANIN dans le *Dictionnaire de la conversation et de la lecture* (1832-1851, sous la direction de W. DUCKETT), 2e éd., Paris, Firmin-Didot, 1867-1868, t. VI, pp. 455-458.

64. *Ibid.*, colonne 457.

65. Sur l'importance du café dans la vie sociale des gens de lettres et artistes au XIXe siècle, voir Benoît LECOQ, « Le café » ; et plus généralement, Jerrold SEIGEL, *Bohemian Paris, Culture, Politics, and the Boundaries of the Bourgeois Life*, New York, Viking Penguin, 1986 (trad. franç. Paris, Gallimard, 1991, sous le titre : *Paris bohème, 1830-1930*).

66. Léon Daudet, *Salons et journaux*, Paris, Grasset, 1932, pp. 253-255.

67. Sur Juliette Récamier, on se reportera à Pierre-Émile Buron, *Le Cœur et l'Esprit de Madame Récamier*, Saint-Malo, Combourg, 1981, et Françoise Wagener, *Madame Récamier, 1777-1849*, Paris, J.-Cl. Lattès, 1986.

68. Mme Ancelot, « Salon de Madame Récamier », in *Les Salons de Paris, foyers éteints*, Paris, Tardieu, 1857, pp. 167-205.

69. Id., *ibid.*, p. 189.

70. Chateaubriand, *De quelques ouvrages historiques et littéraires*, in *Œuvres complètes*, Paris, Ladvocat, 1826, t. XXI, p. 399.

71. *Mme Swetchine, Sa vie et ses œuvres*, par le comte de Falloux, Paris, Didier, 1861, 2 vol.

72. Voir Simone Balayé, *Madame de Staël : Lumières et liberté*, Paris, Klincksieck, 1979, et Ghislain de Diesbach, *Madame de Staël*, Paris, Perrin, 1983.

73. Sainte-Beuve, *Portraits de femmes*, op. cit., p. 146.

74. Id., *ibid.*, pp. 145-146.

75. Chênedollé, note inédite citée par Sainte-Beuve, in *Chateaubriand et son groupe littéraire*, Paris, Garnier, 1861, t. I, p. 189.

76. Charles de Rémusat, *Mémoires de ma vie*, Paris, Plon, 1958, t. I, p. 449.

77. Sainte-Beuve, *Portraits de femmes*, op. cit., p. 63.

78. Id., *ibid.* En dépit de son hostilité rousseauiste envers la conversation de salon, Chactas, chez Mme de Duras, est passé par l'école du monde.

79. *Ibid.*, p. 74.

80. Comtesse de Boigne, *Mémoires*, éd. J.-Cl. Berchet, Paris, Mercure de France, 1986, t. I, p. 271.

81. Id., *ibid.*, t. II, p. 6.

82. Stendhal, *Lucien Leuwen*, éd. H. Debray et M. Crouzet, Paris, Flammarion, 1982, pp. 96-97.

83. Delécluze, *Journal (1824-1828)*, éd. R. Baschet, Paris, Grasset, 1948, p. 372. Toutes ces pages de Delécluze composent un aperçu de la littérature française du XVIIe au XIXe siècle qui est du calibre de Sainte-Beuve.

84. Abbé Delille, « De la conversation », in *Œuvres*, éd. Michaud, Paris, 1824, t. XII (1re éd., 1806). Les notes de cette édition sont extrêmement précieuses. Contemporaines du livre de Roederer sur *La Société polie*, elles contribuent, avec une érudition certaine, à

composer le mythe historiographique de la conversation qui hante le XIXe siècle.

85. Abbé MORELLET, « De la conversation », essai à la suite des *Éloges de Madame Geoffrin, contemporaine de Madame du Deffand, par MM. Morellet, Thomas et d'Alembert, suivies de lettres de Madame Geoffrin et à Madame Geoffrin*, Paris, Nicolle, 1812. Cet essai est un des chefs-d'œuvre du genre.

86. Eugène DELACROIX, *Journal, 1822-1863*, Paris, Plon, 1980, pp. 516-517.

87. Jules BARBEY D'AUREVILLY, « Le récit-conversation », in *Les Diaboliques*, édité et préfacé par M. CROUZET, Paris, Imprimerie nationale, 1989, p. 13 sq.

« LE GÉNIE DE LA LANGUE FRANÇAISE »

1. Voir Heinrich LAUSBERG, *Elemente der literarischen Rhetorik*, Munich, Max Hueber Verlag, 1967 (1re éd., 1949), trad. ital. Lea Ritter Santini, Bologne, 1969, p. 30. L'*ingenium* (que Voltaire traduit par « raison ingénieuse » ou « esprit », c'est, dans l'invention du discours à propos *(aptum)*, la part de l'originalité, due au talent naturel.

2. *Encyclopédie*, Paris, 1755, t. V, p. 973.

3. *Dictionnaire philosophique*, éd. MALAUD, t. XIX, p. 9.

4. *Philosophical Essays concerning Human Understanding* (1748), « On the rise and progress of arts and sciences », trad. franç. Renée Bouveresse, sous le titre *Essais esthétiques*, Paris, Vrin, 1973, Ire partie, pp. 76-79.

5. GUERNES DE SAINTE-MAXENCE, *Vie de saint Thomas Beckett*, v. 6165, éd. Emmanuel WALBERG, Paris, Champion, 1936, p. 190.

6. Éd. Axel WALLENSKÖD, Helsingfors, 1891, IIIe chanson, strophes 1 et 2, p. 223.

7.   *... Ke men langage ont blasmé li Franchois*
         Et mes canchons, oiant les Campenois,
         Et le Contesse encor, dont plus me poise.

         Le Roïne n'a pas fait ke cortoise,
         Ki me reprist, ele et ses fius, li Rois.
         Encor ne soit me parole franchoise,
         Si le puet on bien entendre en franchois ;

> *Ne chil ne sont bien apris ne cortois,*
> *S'il m'ont repris, se j'ai dis mos d'Artois,*
> *Ce je ne fui pas noris a Pontoise.*

8. Citation faussement attribuée à Jean de Meung ; voir Paulin PARIS, *Manuscrits français de la Bibliothèque royale*, Paris, 1836, t. V, p. 45, qui rend ces vers à un Anonyme de Meung, auteur d'une traduction en français de la *Consolation* de Boèce, début XIVᵉ siècle, ms fr. 586.

9. Liv. III, chap. XIII.

10. Cité par Jean BATANY, « L'amère maternité du français médiéval », *Langue française*, n⁰ 54, mai 1982, p. 37.

11. Colette BEAUNE, *Naissance de la nation France*, Paris, Gallimard, 1985, p. 300 sq. Voir aussi, dans les « Lieux de mémoire », « La fille aînée de l'Église », de René RÉMOND.

12. Michel ZINK, « Le roman », in *Grundriss der romanischen Literaturen des Mittelalters*, vol. VIII, 1, *La Littérature française aux XIVᵉ et XVᵉ siècles*, sous la direction de Daniel POIRION, Heidelberg, Carl Winter, 1988, pp. 199-200 ; E. BAUMGARTNER et Ch. MÉLA, in *Précis de littérature française du Moyen Âge*, sous la direction de Daniel POIRION, Paris, PUF, 1983, pp. 83-127. Rappelons que, dans *Le Livre dou Tresors* (éd. critique Francis T. Carmody, University of California Press, 1948, p. 18), le maître de Dante écrit du « roman » français qu'il est « la parleure [...] plus delitable et plus commune à tous langages ».

13. Voir Bernard CHEDOZEAU, *La Bible et la Liturgie en français*, Paris, Éd. du Cerf, 1990. Catalogue de l'exposition de la Bibliothèque nationale *Dieu en son royaume. La Bible dans la France d'autrefois, XIIIᵉ-XVIIIᵉ siècle*, sous la direction de François DUPUIGRENET DESROUSSILLES, Paris, Éd. du Cerf, 1991 ; voir, en particulier, p. 15, Bible de Jean de Sy.

14. *Ibid.*, pp. 30, 37, 142 sq.

15. Jean de PANGE, *Le Roi très chrétien*, Paris, 1949. Voir aussi Dora M. BELL, *L'Idéal éthique de la royauté en France au Moyen Âge d'après quelques moralistes du temps*, Paris, Droz-Minard, 1962.

16. Voir Jean BATANY, art. cité.

17. Michel ZINK, *op. cit.*

18. Paul ZUMTHOR, *Le Masque et la Lumière. La poétique des grands rhétoriqueurs*, Paris, Éd. du Seuil, 1978. Jacques ROUBAUD, *Impressions de France. Incursions dans la littérature du premier XVIᵉ siècle, 1500-1550*, Paris, Hatier, 1991.

19. Ugo DOTTI, *Vita di Petrarca*, Bari, Laterza, 1987, pp. 397-398 ; trad. franç., *Pétrarque*, Paris, Fayard, 1991, pp. 319-320.

20. Jean LEMAIRE DE BELGES, *L'Épistre du Roy à Hector de Troye et aucunes autres œuvres assez dignes de veoir*, Paris, Marnef, 1521, feuillet 6 rº sq. du cahier C : « S'ensuyt le traicté intitulé : la Concorde des deux langaiges. »

21. ID., *Œuvres*, éd. J. STECHER, Louvain, 1885, t. III, pp. 121-122.

22. Baldassar CASTIGLIONE, *Le Livre du Courtisan*, présenté et traduit par Alain Pons, Paris, Gérard Lebovici, 1987, liv. Iᵉʳ, chap. XLII, p. 81. Sur « La galanterie », voir l'article de Noémi HEPP, dans les « Lieux de mémoire », au vol. 2.

23. *Essais*, liv. III, chap. V.

24. Clément MAROT, *Déploration sur le trépas de messire Florimond Robertet*, in *Œuvres poétiques complètes*, éd. Gérard DEFAUX, Paris, Garnier, 1990, t. I, pp. 207-223.

25. Cité par Gérard DEFAUX dans les notes de son édition, *ibid.*, p. 614.

26. Robert-Henri BAUTIER, *Chartes, sceaux et chancelleries. Études de diplomatique et de sigillographie médiévales*, Genève, Droz, et Paris, Champion, coll. « Mémoires et documents de l'École des chartes », 1990.

27. Sur Alain Chartier, voir *The Poetical Works of Alain Chartier*, éd. J. C. LAIDLOW, Cambridge, Cambridge University Press, 1974 ; Marion SCHNARB-LIÈVRE, *Le Songe du Vergier*, Paris, Éd. du CNRS, 1982, et Pascale BOURGAIN-HEMENEK, *Les Œuvres latines d'Alain Chartier*, Paris, Éd. du CNRS, 1977.

28. Reproduit dans son texte original latin dans l'édition DEFAUX, *op. cit.*, p. 206.

29. Jean DUBU, « De l'ordonnance de Villers-Cotterêts à la *Deffence et Illustration de la Langue Françoise* : affirmation politique et revendication littéraire », in *Langues et nations au temps de la Renaissance*, sous la direction de Marie-Thérèse JONES-DAVIES, Paris, Klincksieck, 1991, pp. 137-151.

30. Éd. Francis GOYET, in *Traités de poétique et de rhétorique de la Renaissance*, Paris, Le Livre de poche, 1990, p. 211.

31. Marc FUMAROLI, « *Aulae arcana*. Rhétorique et politique à la cour de France sous Henri III et Henri IV », *Journal des savants*, avril-juin 1981, pp. 137-189.

32. Claude-Gilbert DUBOIS, *Celtes et Gaulois au XVIᵉ siècle : le développement littéraire d'un mythe nationaliste*, Paris, Vrin, 1972, pp. 54-83.

33. Sur le *Quintil Horatian*, *op. cit.*, on se reportera à l'analyse de Kees MEERHOF, *Rhétorique et poétique au XVIᵉ siècle, Du Bellay, Ramus et les autres*, Leyde, Brill, 1986, chap. VI, pp. 135-164.

34. *Les Odes*, Premier Livre, ode II, « A luy-mesme » [Au Roy Henry II], éd. Gustave COHEN, Paris, Gallimard, Bibliothèque de la Pléiade, 1950, p. 368.

35. In *Traités de poétique...*, *op. cit.*, pp. 204-205.

36. *Ibid.*, pp. 196-197.

37. *Ibid.*, pp. 209-210 et 211.

38. Les Jeux floraux restent peu étudiés. Le meilleur ouvrage est celui de J. C. DAWSON, *Toulouse in the Renaissance*, New York, 1923. On trouvera des indications précieuses sur le passage des confréries poétiques médiévales aux académies humanistes dans J. B. TRAPP, « Le poète lauréat », *Gashiedenis in het Onderwijs*, 21 juin 1962, pp. 737-756.

39. Voir Philippe-Joseph SALAZAR, « Le monarque orateur », préface à l'édition du *Projet d'éloquence royale* de Jacques AMYOT, Paris, Les Belles Lettres, 1992, p. 12 sq.

40. Frances A. YATES, *The French Academies of the Sixteenth Century*, Londres, 1947 ; Robert J. SEALY, *The Palace Academy of Henry III*, Genève, Droz, 1981.

41. Voir Marc FUMAROLI, *L'Âge de l'éloquence. Rhétorique et « res literaria » de la Renaissance au seuil de l'époque classique*, Genève, Droz, 1980, p. 494.

42. Claude FAUCHET, *Recueil de l'origine de la langue et poésie françoise, ryme et romans*, Paris, Mamert Patisson, 1581, rééd. in *Les Œuvres de feu M. Claude Fauchet*, Paris, Leclerc et Hugueville, 1610, pp. 533-591.

43. *Ibid.*, éd. *princeps*, pp. 47 et 48-49.

44. *Ibid.*, p. 48.

45. *Les Lettres d'Estienne Pasquier*, Lyon, Jean-Antoine Huguetan, 1607, ff⁰ˢ 4 r⁰ -11 r⁰.

46. Estienne PASQUIER, *Les Recherches de la France*, Paris, Laurens Sonnius, 1621, p. 614.

47. *Ibid.*, pp. 680-681.

48. *Ibid.*, p. 684.

49. M. FUMAROLI, « *Aulae arcana...* », art. cité.

50. Voir Eduard NORDEN, *Die antike Kunstprosa von VI. Jahrhundert vor Chr. bis in die Zeit der Renaissance*, Leipzig, B. G. Teubner, 1898, rééd. Darmstadt, 1958.

51. Antoine FOUQUELIN, *Rhétorique françoise*, 1555 : on se reportera au chapitre que lui consacre K. MEERHOF, *op. cit.*, pp. 234-261.

52. FRANÇOIS DE SALES, *Introduction à la vie dévote*, éd. André RANIER, in *Œuvres*, Paris, Gallimard, Bibl. de la Pléiade, 1969, IIᵉ Partie, p. 79.

53. RACAN, *Vie de Monsieur de Malherbe*, Paris, Gallimard, coll. « Le Promeneur », 1991, pp. 42-43. Sur Malherbe et sa doctrine, voir, outre Ferdinand BRUNOT, *La Doctrine de Malherbe...*, Paris, Masson, 1891, l'article fondamental de Harald WEINRICH, « Vaugelas und die Lehre vom guten Sprachgebrauch », *Zeitschrift für Romanische Philologie*, n° 76, 1960, pp. 1-33, et l'édition par Zygmunt MARZYS, avec introduction et notes, de la *Préface des Remarques de la langue française*, de VAUGELAS, Neuchâtel-Genève, 1984.

54. MAROLLES, *Mémoires*, Paris, 1656, p. 115, cité dans notre *Âge de l'éloquence, op. cit.*, pp. 329 et 535.

55. Voir Marc FUMAROLI, « L'apologétique de la langue française classique », *Rhetorica*, vol. II, n° 2, été 1984, pp. 143-144.

56. *Remarques sur la langue françoise, utiles à ceux qui veulent bien parler et bien écrire*, 4ᵉ éd. revue et corrigée, Paris, Courbé, 1659, p. XXIII.

57. *Ibid.*, p. XXVII.

58. Jean GODARD, *La Langue françoise*, Lyon, N. Jullieron, 1620. Jean Godard était l'auteur d'une tragédie intitulée *La Franciade* (1594) : voir R. E. ASHER, « Rois légendaires et nationalisme dans la poésie du XVIᵉ siècle français », in *Culture et politique en France à l'époque de l'Humanisme et de la Renaissance*, sous la direction de Franco SIMONE, Turin, Accademia delle Scienze, 1974, pp. 244-245. Ce passage est extrait de la dédicace à Guillaume Du Vair, alors garde des sceaux, p. 13.

59. *Ibid.*, p. 19.

60. *Ibid.*, p. 31.

61. GÉRAUD DE CORDEMOY, *Discours physique de la parole*, 1668, rééd., Genève, Slatkine Reprints, 1973, p. 57. Voir M. FUMAROLI, « L'apologétique de la langue française classique », art. cité, pp. 145-146.

62 M. FUMAROLI, *ibid.*, p. 146 sq.

63. Le lieu de l'enfance (par opposition au lieu de la mort) lie la langue française à l'abondance de vie, et donc à l'*ubertas* oratoire. Le Laboureur inverse la topique de son adversaire, qui faisait du latin une « langue matrice, riche, abondante et pleine de figures », par opposition au français « langue dérivée, qui ne possède rien en propre [...] et bonne que pour la France [...] Même [ajoute Le Laboureur] il prétendoit qu'elle avoit quelque chose de puéril, et qu'il n'en falloit pas d'autres preuves que les petits brocards que les enfants rimoient entre eux ». Tout un système d'images antithétiques est implicite ici, Le Laboureur valorisant l'enfance comme

plus proche des sources jaillissantes de la parole, Du Périer valorisant l'âge adulte, plus maître de soi et en possession de tous ses moyens. L'apologétique de la langue maternelle va donc de pair avec une réhabilitation de l'enfance et de « l'état d'enfance », si caractéristique par ailleurs de l'école française de spiritualité. Elle va de pair aussi avec une réhabilitation de la femme, alliée naturelle de l'enfance dans la « performance » heureuse, sans inhibition « savante », de la langue « vulgaire » qui est aussi la langue du roi.

64. MONTAIGNE, *Essais*, liv. III, chap. v, Paris, Gallimard, Bibl. de la Pléiade, 1958, p. 958 : « Il [le vulgaire] succombe ordinairement à une puissante conception. Si vous allez tendu, vous sentez qu'il languit soubs vous et fleschit et qu'à son deffaut, le Latin se présente au secours... » ; Étienne PASQUIER, *Les Recherches de la France*, Paris, Sonnius, 1621, p. 684, sur le « changement de langage ».

65. Louis LE LABOUREUR, *Des avantages de la langue françoise sur la langue latine*, 1667, p. 19.

66. *Ibid.*, p. 18.

67. Voir Marc FUMAROLI, « *Les Fées* de Charles Perrault ou De la littérature », dans *Mélanges présentés à Paul Bénichou. Le statut de la littérature*, Genève, Droz, 1982.

68. L. LE LABOUREUR, *op. cit.*, p. 19. L'efflorescence du lieu de l'enfance, intimement lié au lieu du génie de la langue, dans les œuvres littéraires du règne de Louis XIV, ne se limite pas à La Fontaine, Perrault, Quinault, Mme d'Aulnoy, que je cite ci-après. Le chef-d'œuvre du règne, la tragédie d'*Athalie*, est construit autour du lieu de l'enfance, non seulement par le rôle central qu'y joue l'enfant-roi, Éliacin-Joas, mais aussi par la place qu'y tiennent les chœurs d'enfants, dont la mélodie douce, aux confins parfois de la mièvrerie, répond bien à la saveur esthétique décrite dans ce très curieux passage par Le Laboureur. Et *Athalie* fut écrite pour Louis XIV et sur la commande du roi, qui ne se lassa pas de voir la pièce jouée et chantée par les jeunes pensionnaires de Saint-Cyr.

69. ID., *ibid.*, p. 22.

70. *Ibid.*, p. 26.

71. *Ibid.*, p. 27.

72. Paris, Barbin, 1676.

73. *Ibid.*, « Dédicace au Roy ».

74. *Ibid.*

75. CHARPENTIER, *Defense de la langue française...*, *op. cit.* Discours premier, pp. 22-23.

76. ID., *ibid.*, p. 151.

77. *Ibid.*, p. 266.

78. *Ibid.*, p. 283-284. Dans toute son argumentation, Charpentier fait preuve d'une remarquable érudition historique et littéraire, entre autres dans sa discussion des origines et de la dignité respectives de l'italien et du français. Il cite Brunetto Latini *(Livre dou Tresors)* et Dante *(De vulgari eloquentia)* : « Sur quoy [écrit-il] le sieur Corbinelly, qui a le premier publié ce petit traité du Dante, sur le Manuscript unique qu'il avoit entre les mains, et qui l'a enrichi de quelques annotations italiennes, curieuses et savantes, ne peut s'empêcher de faire cette réflexion à l'avantage de nostre langue : "Granda lode, dit-il, della lingua francese, delettabile come dice per la favola dei Romanzi che in detta Lingua si trovono." » Et Charpentier de réclamer la première paternité de la forme sonnet pour les Français (Thibaut, roi de Navarre), longtemps avant Pétrarque. Un autre point capital de son argumentation en faveur du français est qu'il hérite non seulement de la poésie latine et grecque, mais de la « sublime » poésie biblique qui est supérieure à celle-ci ; il est le lieu d'une synthèse inconnue à Athènes et à Rome. Ici encore, on saisit une des intentions les plus profondes de Racine dans *Athalie*, chef-d'œuvre d'une Jérusalem devenue française.

79. *Ibid.*, p. 328.

80. Dominique BOUHOURS, *Entretiens d'Ariste et d'Eugène* (1671), Paris, Armand Colin, coll. « Bibliothèque de Cluny », 1947, p. 92.

81. *Panégyrique du Roy prononcé le 3 Février 1671 par M. Pellisson*, Paris, Le Petit, 1671 ; Paris, éd. Coignard, 1693.

82. *Panégyrique du Roy prononcé le 25 Août 1673 par Monsieur l'abbé Tallemant le Jeune*, Paris, éd. Coignard, 1693, p. 48.

83. *Discours de réception à l'Académie de Jean Barbier d'Aucour, le 29 Novembre 1683*, Paris, Le Petit, 1683.

84. *Entretiens...*, éd. citée, p. 39. Cette royauté féminine en matière de langue française est liée chez Bouhours à l'une des saveurs essentielles de celle-ci, la « naïveté » ; voir aussi *Les Caractères* de LA BRUYÈRE, I, 40 : bien que pour La Bruyère l'autorité des « bons auteurs » l'emporte sur le « commerce du monde », comme référence de la bonne langue, il est d'autant plus significatif que ce misogyne maintienne la supériorité des femmes au moins dans un « genre d'écrire », la lettre, qui se tient au plus près de la parole vive et où la saveur principale est le « naturel », l'absence de « recherche ».

85. *Entretiens...*, éd. citée, p. 39.

86. Marc FUMAROLI, « La raison et l'esprit de la langue », *La Revue des Deux Mondes*, n° 11, novembre 1991, p. 37 sq.

87. 1653, plusieurs fois rééditée.

88. Voir Lucien BÉLY, *Les Relations internationales en Europe, XVIIe-XVIIIe siècle*, Paris, PUF, 1992, IVe partie, chap. II, pp. 339-350. Voir aussi, du même auteur, *Espions et ambassadeurs au temps de Louis XIV*, Paris, Fayard, 1990, chap. II, « L'art de la négociation », pp. 289-538.

89. Paul HAZARD, *La Crise de la conscience européenne, 1680-1715*, Paris, Boivin, 1935, p. 58 sq.

90. *De l'Éducation des enfans...*, Amsterdam, 1695 ; *Que la Religion chrétienne est très-raisonnable telle qu'elle nous est représentée dans l'Écriture Sainte*, Amsterdam, 1696.

91. *Réflexions curieuses d'un esprit très désintéressé sur les matières les plus importantes au salut, tant public que particulier* (trad. du *Tractatus theologico-politicus*, par Gabriel de Saint-Glain), Cologne, 1678, également paru sous d'autres titres, la même année, à Leyde et à Amsterdam.

92. *L'Esprit de l'abbé Desfontaines ou Réflexions sur différents genres de science et de littérature, avec des jugements sur quelques ouvrages tant anciens que modernes*, Londres, Clement, 1757, t. I, p. 306, « De la Langue Françoise ».

93. *Ibid.*

94. Nicolas-Charles TRUBLET (1697-1770), *Essais sur divers sujets de littérature et de morale*, Ire partie, Paris, Briasson, 1735, p. 19 : « De la conversation. »

95. François-Auguste Paradis de MONCRIF (1687-1770), *Essai sur la nécessité et les moyens de plaire*, Paris, 1738.

96. Voir ici « La conversation », p. 110-210.

97. Antoine-Léonard THOMAS (1732-1785) compta parmi les admirateurs les plus fervents de Voltaire. Il se fit connaître par ses prix d'éloquence de l'Académie française, avant d'y entrer en 1766. Son *Éloge de Sully* passa pour un manifeste réformateur (1763). Son *Essai des Éloges* parut en 1771.

98. RIVAROL, *De l'universalité de la langue française*, dans l'édition des *Œuvres*, Paris, Didier, 1852, pp. 79-124.

Index[1]

Les renvois au texte sont séparés des renvois aux notes par un point-virgule.

Le numéro de la note où le nom est mentionné est indiqué entre parenthèses.

ABLANCOURT (Nicolas PERROT D') [1606-1664] : 42.

ABRANTÈS (Laure PERMON, duchesse d') [1784-1838] : 173, 179, 181, 183 ; 330 (n. 49-51).

Achille, personnage de l'*Iliade*, d'Homère : 245.

ADÈLE OU ALIX DE CHAMPAGNE (m. en 1206), mère de Philippe Auguste : 221.

AICARD (Jean) [1848-1921] : 318 (n. 7).

ALAIN-FOURNIER (1896-1914) : 102, 104.

ALAMANNI (Luigi) [1495-1556] : XXXV.

Alceste, personnage du *Misanthrope*, de Molière : 307.

ALCIAT (André) [1492-1550] : 37.

ALDE (XVIᵉ s.) : 238.

ALEMBERT (Jean LE ROND D') [1717-1783] : 71-75, 101, 137, 163, 171 ; 321 (n. 36), 332 (n. 85).

ALEXIS (Guillaume) [XVᵉ s.] : 243.

ALIGRE (chancelier Étienne d') [1550-1635] : 55.

AMBOISE (Georges II, cardinal d') [1460-1510] : 231.

Amélie, personnage de *René*, de Chateaubriand : 11.

AMELOT DE LA HOUSSAYE (Nicolas) [1634-1706] : 56.

AMYOT (Jacques) [1513-1593] : 246 ; 335 (n. 39).

1. Établi par Alain BRUNET.

ANCELOT (Jacques) [1794-1854] : 180.

ANCELOT (Marguerite CHARDON, Mme) [1792-1875] : 178, 179, 181, 183, 185, 192, 193, 204 ; 330 (n. 57-59, 61), 331 (n. 68 et 69).

ANDRIEUX (François) [1759-1833] : 324 (n. 66).

ANEAU (Barthélemy) (v. 1505-1561] : 236, 240-242, 244, 246.

ANGENNES (Julie d') [1607-1671] : 149.

ANGLÈS (Auguste) : 103.

ANNE D'AUTRICHE [1601-1666] : XXVIII ; 43, 139.

ANNE DE BEAUJEU [1462-1522] : 141.

ANONYME DE MEUNG : 221 ; 333 (n. 8).

ANTIGONE, nom sous lequel Ballanche célèbre Mme RÉCAMIER, voir ce nom.

ARAGON (Louis) [1897-1982] : 15, 104.

ARÉTIN (L') [1492-1556] : XXXI, XXXII.

ARGENSON (René-Louis de VOYER, marquis d') [1694-1757] : 67.

Ariel, personnage de *La Tempête*, de Shakespeare : 190.

ARIOSTE (L') [1474-1533] : XXXI.

Ariste, personnage des *Entretiens d'Ariste et d'Eugène*, du P. Bouhours : 295.

ARISTOPHANE (v. 445-v. 386 av. J.-C.) : 116.

ARISTOTE (384-322 av. J.-C.) : XXXIII ; 13, 15, 214, 227 ; 326 (n. 2).

ARMAN DE CAILLAVET (Mme) . 15, 100.

ARNAULD (Antoine, dit le Grand) [1612-1694] : 85, 163, 276.

ARNAULT (Antoine Vincent) [1766-1834] : 324 (n. 66).

AROUET LE JEUNE, voir : VOLTAIRE.

AROUET LE PÈRE (François) : VIII.

ARTHÉNICE, surnom donné à Mme de RAMBOUILLET (voir ce nom).

ASHER (R. E.) : 336 (n. 58).

Astier-Réhu (Laurent), personnage de *L'Immortel*, de A. Daudet : 98.

Atala, personnage d'*Atala*, de Chateaubriand : 11.

ATHÉNÉE (IIIe s. apr. J.-C.) : 327 (n. 15).

AUCHY (Charlotte JOUVENEL DES URSINS, vicomtesse) [1570-1646] : 268, 269.

AUGER (Louis Simon) [1772-1829] : 92.

AUGIER (Émile) [1820-1889] : 99.

AUGUSTE (61 av. J.-C.-14 apr. J.-C.) : 245, 249, 291.

AUGUSTE DE PRUSSE (prince) : 195.

AULNOY (Mme d') [v. 1650-1705] : 282 ; 337 (n. 68).

AULU-GELLE (IIIe s. apr. J.-C.) : 327 (n. 15).

AVENEL (Paul) [1823-1902] : 188.

Babette, héroïne du *Festin de Babette*, de Karen Blixen : 120.
BACHET DE MÉZIRIAC (Claude) [1581-1638] : 34.
BAÏF (Jean Antoine) [1532-1589] : 251.
BAILLET (Adrien) [1649-1706] : 56, 328 (n. 23).
BALAYÉ (Simone) : 331 (n. 72).
BALDENSPERGER (Fernand) : 321 (n. 35), 330 (n. 49).
BALK (baron de) : 195.
BALLANCHE (Pierre Simon) [1776-1847] : 192.
BALLESDENS : 54.
BALZAC (Honoré de) [1799-1850] : 20, 22, 93, 94, 96, 97, 173, 182, 185, 197, 206 ; 324 (n. 73), 330 (n. 62).
BALZAC (Jean Louis GUEZ DE) [1597-1654] : 16, 138 ; 319 (n. 19).
BARANTE (Prosper de) [1782-1866] : 195, 198.
BARBARO (Francesco) [1388-1454] : XXV.
BARBEY D'AUREVILLY (Jules) [1808-1889] : 79, 89, 173, 175, 206, 207 ; 323 (n. 60), 324 (n. 70), 332 (n. 87).
BARBIER D'AUCOUR (Jean) [1635-1694] : 54, 294 ; 338 (n. 83).
BARNAVE (Antoine) [1761-1793] : 194.
BAROCHE (Pierre Jules) [1802-1870] : 95.
BARRÈS (Maurice) [1862-1923] : XIV ; 15, 20, 99, 100 ; 317 (n. 7).

BARRY (Mme du) [1743-1793] : 164.
BARTAS (Guillaume du) [1544-1590] : 267, 300.
BARY (René) [XVIIᵉ s.] : 298, 299, 302 ; 327 (n. 18).
BATANY (Jean) : 333 (n. 10 et 16).
BAUDEAU (abbé Nicolas) [1730-1792] : 165.
BAUDELAIRE (Charles) [1821-1867] : 18, 20, 21, 90, 92, 182, 187 ; 318 (n. 9).
BAUDOIN (Jean) [1564-1650] : 42.
BAUMGARTNER (E.) : 333 (n. 12).
BAUTIER (Robert-Henri) : 232 ; 334 (n. 26).
BAUTRU (Guillaume de) [1588-1665] : 34.
BAYLE (Pierre) [1647-1706] : 134, 135.
BAZIN (René) [1853-1932] : 99.
Béatrice, personnage de *La Divine Comédie*, de Dante : 237.
BEAUHARNAIS (Eugène de) [1781-1824] : 192.
BEAUMONT (Pauline de) [1768-1803] : IX, XV, XIX, XXXIX ; 198.
BEAUNE (Colette) : 333 (n. 11).
BEAUVAU (Mme la maréchale de) : 155.
BEAUVOIR (Simone de) [1908-1986] : 15, 25, 103, 104 ; 318 (n. 14).
BECKETT (Samuel) [1906-1989] : 208.
BECKETT (Thomas) [1117 ou 1118-1170 : 221 ; 332 (n. 5).

BELL (Dora M.) : 333 (n. 15).

BELLEGARDE (Roger, duc de) [m. en 1579] : 268.

BÉLY (Lucien) : 339 (n. 88).

BEMBO (Pietro, cardinal) [1470-1547] : XXXI, XXXII ; 229, 238.

BÉNICHOU (Paul) : 18 ; 317 (n. 3), 337 (n. 67).

BENSERADE (Isaac de) [v. 1613-1691] : 40-41, 44, 54, 152.

BERGMAN (Ingmar) [né en 1918] : 120.

BERNADOTTE (Jean) [1763-1844] : 192.

BERNARD (Claude) [1813-1878] : 99.

BERNARD (Juliette), voir : RÉCAMIER (Mme).

BERNARDIN DE SAINT-PIERRE (Henri) [1737-1814] : 172 ; 324 (n. 66).

BERNIN (LE) [1598-1680] : 84.

BEUGNOT (Bernard) : 317 (n. 4), 329 (n. 35).

BEYLE (Henri), voir : STENDHAL.

BIGNON (Jérôme) [1589-1656] : 303.

BLAIRANCOURT (M. de) : 326 (n. 11).

Blanca, personnage de *Les Aventures du dernier Abencérage*, de Chateaubriand : 11.

BLANCHOT (Maurice) [né en 1907] : 105.

BLIXEN (Karen) [1885-1962] : 119.

BOCCACE (1313-1375) : V, XXIV ; 207, 238, 248.

BODIN (Jean) [1530-1596] : 29, 30, 76 ; 319 (n. 18).

BOIGNE (comtesse de) [1789-1866] : 130, 198-201 ; 331 (n. 80 et 81).

BOILEAU (Nicolas) [1636-1711] : 16, 31, 40, 44, 49, 50, 54, 56, 58, 60, 63, 64, 74, 150, 159, 165, 290.

BOISROBERT (François de) [1592-1662] : 29, 40 ; 320 (n. 22).

BOISSIER (Gaston) [1823-1908] : 88.

BONALD (Louis, vicomte de) [1754-1840] : III, XV, XVI, XIX.

BONAPARTE (Louis) [1778-1846] : 192.

BONAPARTE (Lucien) [1775-1840] : 192.

BONAPARTE (Napoléon) [1769-1821] : XV ; 82, 91, 194. — Voir aussi : NAPOLÉON Iᵉʳ.

BONNAT (Léon) [1833-1922] : 194.

BONNEFON (P.) : 321 (n. 40).

BONNEVAL (Mme de) : 328 (n. 23).

BONSTETTEN (Charles Victor de) [1745-1832] : 195.

BOSSUET (Jacques Bénigne) [1627-1704] : VIII ; 12, 40, 44, 54, 56, 58, 66, 140, 177.

BOUCHET (Jean) [1476-1550] : 230, 231.

BOUFFLERS (Stanislas) [1738-1815] : 324 (n. 66).

BOUHOURS (Dominique) [1628-1702] : XXXVI ; 60, 157, 163, 291, 292, 294-297, 307, 309 ; 322 (n. 46), 338 (n. 80 et 84).

BOURGAIN-HEMENEK (Pascale) : 334 (n. 27).

Bourgeois gentilhomme (M. Jourdain), personnage du *Bourgeois gentilhomme*, de Molière : 128, 191.

BOURGET (Paul) [1852-1935] : 99, 182 ; 324 (n. 72), 325 (n. 75).

BOURZEIS (abbé Amable de) [1618-1698] : 46, 287 ; 321 (n. 36 et 39).

BOURZEIS (O. H. de) : 321 (n. 36).

Bouvard et Pécuchet, personnages de *Bouvard et Pécuchet*, de Flaubert : 187.

Boyer (Claude) [1618-1698] : 54, 55.

BRETON (André) [1896-1966] : 26, 97, 104.

BRILLAT-SAVARIN (Anthelme) [1755-1826] : 120.

BRODEAU (Victor) [1502 ?-1540] : 250.

BROGLIE (Albertine de STAËL, duchesse de) [1797-1833] : 198.

BROGLIE (Victor de) : 194.

BRUNEL (Lucien) : 25 ; 318 (n. 13), 322 (n. 51), 323 (n. 56).

BRUNETIÈRE (Ferdinand) [1849-1906] : 88.

BRUNOT (Ferdinand) [1860-1938] : 56, 261 ; 319 (n. 20), 328 (n. 22), 336 (n. 53).

BRUTUS (v. 85-42 av. J.-C.) : 241.

BUDÉ (Guillaume) [1467-1540] : 234.

BUFFON (1707-1788) : 137, 172.

BURON (Pierre-Émile) : 331 (n. 67).

BUSSY-RABUTIN (Roger) [1618-1693] : XXX ; 152.

CABANIS (Georges) [1757-1808] : 85.

CADENET (Antoine) [début du XIIIe s.] : 259.

CAILHAVA (Jean François) [1730-1813] : 324 (n. 66).

CAILLAVET (Gaston ARMAN DE) [1869-1915] : 100.

CAMUS (Albert) [1913-1960] : 103.

CANOVA (Antoine) [1757-1822] : 191.

CASSAGNE (abbé Jacques) [1636-1679] : 44, 54.

CASTIGLIONE (Baldassare) [1478-1529] : XXXI ; 133, 230, 239, 285 ; 334 (n. 22).

CASTRIES (René de LA CROIX, duc de) [1908-1986] : 318 (n. 11).

CATHERINE DE MÉDICIS (1519-1589) : XXVI.

CATHERINE II (1729-1796) : 170.

CATON L'ANCIEN (234-149 av. J.-C.) : 166, 197, 241.

CAUMARTIN (M.) : 204.

CÉCILE (sainte) : 192.

CÉLINE (Louis-Ferdinand) [1894-1961] : 104.

CERVANTÈS (Miguel de) [1547-1616] : XXXV.

CÉSAR : 309.

CHACTAS : 331 (n. 78).

CHAMFORT (1740-1794) : 63, 80 ; 323 (n. 61).

CHAMPFLEURY (1821-1889) : 90.

CHAPELAIN (Jean) [1595-1674] : XXVI ; 29, 40, 144 ; 320 (n. 22).

CHAPPUYS (Claude) [v. 1500-1575] : 250.

CHARLEMAGNE (742-814) : 224.

CHARLES (Julie), voir : Elvire.

CHARLES V (1338-1380) : 227.

CHARLES VI (1368-1422) : 232.

CHARLES VIII (1470-1498) : 231.

CHARLES IX (1550-1574) : XXVI ; 259, 260.

CHARLES QUINT (1500-1558) : XXXV.

CHARPENTIER (François) [1620-1702] : 46-48, 50, 54, 287-291 ; 321 (n. 36, 37, 39), 337 (n. 75), 338 (n. 76-79).

CHARTIER (Alain) [v. 1385-1433] : 232, 243, 279 ; 334 (n. 27).

CHATEAUBRIAND (François-René de) [1768-1848] : IX, XV-XIX, XXXIX ; 12-16, 18-20, 78, 86, 91, 180, 182, 192, 193, 196, 198, 201 ; 331 (n. 70).

Châtelain de Coucy, héros du *Châtelain de Coucy et la Dame de Fayel*, roman en vers de la fin du XIIIe s. : 248.

CHÂTELET (Mme du) [1706-1749] : 328 (n. 23).

CHAULNES (Ferdinand) [1714-1769] : 164.

CHEDOZEAU (Bernard) : 333 (n. 13).

CHÊNEDOLLÉ (Charles LIOUT DE) [1769-1833] : 196 ; 331 (n. 75).

CHÉNIER (Marie-Joseph) [1764-1811] : 85 ; 324 (n. 66).

CHESTERFIELD (1694-1773) : 117.

CHEVALIER (Jean-Claude) : 328 (n. 22).

Chevalier (le), personnage de *La Fausse Suivante*, de Marivaux : 159, 160.

CHRIST : IV ; 52, 226, 245.

CHRISTINE DE PISAN (v. 1364-v. 1430) : 141.

CHRYSOSTOME. Voir : JEAN CHRYSOSTOME.

CICÉRON (106-43 av. J.-C.) : XXXIII ; 70, 114, 197, 210, 227, 236, 249, 255, 261, 262, 265, 275, 285, 301, 307, 310.

Claire, personnage de *La Nouvelle Héloïse*, de J.-J. Rousseau : 167, 168.

CLARK (Priscilla P.) : 325 (n. 75).

CLAUDEL (Paul) [1868-1955] : IX, XVII ; 26, 102 ; 318 (n. 7).

COCHIN (Augustin) [1876-1916] : X ; 73.

COCTEAU (Jean) [1889-1963] : 127.

COLBERT (Jean-Baptiste) [1619-1693] : XXVII, XXXVI ; 43-48, 65, 83, 106, 140, 153 ; 320 (n. 33).

COLLIN D'HARLEVILLE (Jean François) [1755-1806] : 41.

COMMIRE (Jean) [1625-1702] : 45 ; 321 (n. 34).

COMMYNES (Philippe de) [v. 1447-1511] : 247.

Comtesse (la), personnage de *La Fausse Suivante*, de Marivaux : 159, 160.

CONDÉ (prince de) : 128.

CONDÉ (princesse de) : 138.

CONDILLAC (Étienne BONNOT DE) [1714-1780] : 85, 164.

CONDORCET (1743-1794) : 80, 194 ; 323 (n. 62).

CONON DE BÉTHUNE (v. 1150-1219) : 221.

CONRART (Valentin) [1603-1675] : XXVI ; 154, 232, 272 ; 320 (n. 22).

CONSTANT (Benjamin) [1767-1830] : 194-196, 198.

CONSTANT (Paule) : 142 ; 328 (n. 20).

CONTI (princesse de) : 268.

COPEAU (Jacques) [1879-1949] : 102.

CORBINELLI ou CORBINELLY (Jacques) : 239 ; 338 (n. 78).

CORDEMOY (Géraud de) [1628 ?-1684] : 45, 276-279, 283, 284 ; 336 (n. 61).

CORNEILLE (Pierre) [1606-1684] : VII, XXXI ; 40, 41, 44, 54, 146, 148, 149, 152 ; 320 (n. 29), 328 (n. 27).

COSME Iᴱᴿ DE MÉDICIS (1519-1574) : XXV, XXVI.

COSTE (Pierre) [1668-1747] : 305.

COTIN (abbé Charles) [1604-1682] : 44, 54, 151.

COUSIN (Louis, dit le président) [1627-1707] : 56.

COUSIN (Victor) [1792-1867] : 88, 176, 198.

CURCHOT (Suzanne), voir : NECKER (Mme).

CUREAU DE LA CHAMBRE (Marin) [1594-1669] : 34.

CURTIUS (Ernst Robert) [1886-1956] : XI, XII.

CUSTINE (Astolphe de) [1790-1857] : 182, 198.

CVVOCT (Amélie), voir : LENORMAND (Mme Charles).

DANTE (1265-1321) : IV ; 93, 207, 223, 228, 237-239, 248, 263, 309 ; 333 (n. 12), 338 (n. 78).

DANTON (Georges Jacques) [1759-1794] : 173, 174.

DARNTON (Robert) : X.

DARU (Pierre Bruno, comte) [1767-1829] : 20.

DAUDET (Alphonse) [1840-1897] : 98, 100, 107.

DAUDET (Léon) [1867-1942] : 188 ; 331 (n. 66).

DAUNOU (Pierre Claude François) [1761-1840] : 81 ; 323 (n. 64), 325 (n. 74).

DAVID (Louis) [1748-1825] : 83, 174, 191, 203, 241.

DAVID, roi d'Israël : 225, 226, 245.

DAVIES (Natalie) : 142.

DAVY DU PERRON (Jacques), voir : DU PERRON (Jacques Davy).

DAWSON (J.-C.) : 335 (n. 38).

DECEMBRIO (Angelo) : 327 (n. 16).

DEFAUX (Gérard) : 334 (n. 25).

DEFFAND (Mme du) [1697-

1780] : 65, 72, 124, 155, 171, 173, 257 ; 332 (n. 85).

DEGAS (Edgar) [1834-1917] : 90.

DELACROIX (Eugène) [1798-1863] : 204 ; 332 (n. 86).

DELAY (Jean) [1907-1987] : 103.

DELÉCLUZE (Étienne Jean) [1781-1863] : 22, 137, 203, 204 ; 326 (n. 5), 331 (n. 83).

DELILLE (abbé Jacques) [1738-1813] : XXXVII ; 63, 203 ; 331 (n. 84).

DELLA CASA (Giovanni) [1503-1556] : XXXI.

DELOCHE (Maximin) : 320 (n. 23).

DELOFFRE (Frédéric) : 329 (n. 32 et 33).

DÉMOSTHÈNE (384-322 av. J.-C.) : 70, 260, 303, 307.

DESCARTES (René) [1596-1650] : XXXVI, XXXVIII ; 37, 145, 157, 277, 284 ; 328 (n. 23).

DESFONTAINES (Pierre François GUYOT, abbé) [1685-1745] : 158, 160, 305, 306 ; 339 (n. 92 et 93).

DESHOULIÈRES (Mme) [1637-1694] : 151.

DESMARETS DE SAINT-SORLIN (Jean) [1595-1676] : 29, 40, 41 ; 320 (n. 28).

DESMOULINS (Camille) [1760-1794] : 174.

DESMOULINS (Lucile) [1771-1794] : 174.

DESPORTES (Philippe) : 267.

DESTUTT DE TRACY (Antoine) [1754-1836] : 85.

DIDEROT (Denis) [1713-1784] : 22, 64, 86, 101, 163, 164, 169-171, 207 ; 329 (n. 44), 330 (n. 47).

DIESBACH (Ghislain de) : 331 (n. 72).

DIOGÈNE LE CYNIQUE (413-327 av. J.-C.) : 166, 307.

DIOTIME : 128, 140, 155.

DIXSAUT (Monique) : 325 (n. 2).

DOLET (Étienne) : 228.

DOMERGUE (François Urbain) [1745-1810] : 324 (n. 66).

DORAT (Jean) [1508-1588] : 240.

DOTTI (Ugo) : 333 (n. 19).

DREYER (Carl) [1889-1968] : 120.

DRIEU LA ROCHELLE (Pierre) [1893-1945] : 104.

DROUET (Juliette) [1806-1883 : 15, 193.

DU BELLAY (Joachim) [1522-1560] : 218, 228, 230, 240, 241, 243, 244, 247, 306 ; 334 (n. 33).

DU BLED (Victor) [1849-1927] : 188.

DU CANGE (Charles) [1610-1688] : 56.

DU MARSAIS (César) [1676-1756] : 164.

DU PÉRIER (Charles) [m. en 1692] : 45, 279 ; 320 (n. 34), 337 (n. 63).

DU PÉRIER (François) [XVIᵉ s.] : 259.

Du Perron (Jacques, cardinal Davy) [1556-1618] : 16, 17, 28, 31, 267 ; 317 (n. 2).

Du Vair (Guillaume) [1556-1621] : 38, 246, 259, 260, 274, 275.

Dubois (Claude-Gilbert) : 334 (n. 32).

Dubu (Jean) : 334 (n. 29).

Duby (Georges) : 328 (n. 21).

Duckett (W.) : 330 (n. 63).

Duclos (Charles Pinot) [1704-1772] : 66, 67, 69-73, 169 ; 322 (n. 51), 323 (n. 52).

Dujardin (Édouard) [1861-1949] : 318 (n. 15).

Dumas (Alexandre) [1802-1870] : 95, 99, 178 ; 325 (n. 75).

Dupront (Alphonse) : XI.

Dupuigrenet Desroussilles (François) : 333 (n. 13 et 14).

Dupuy (Pierre [1582-1651] et Jacques [1586-1656] : 38, 136.

Duras (duchesse de) [1778-1829] : 93, 177, 181, 198, 199 ; 331 (n. 78).

Édouard (milord), personnage de *La Nouvelle Héloïse*, de J.-J. Rousseau : 168.

Egbert (Donald D.) : 318 (n. 10).

Éliacin, personnage d'*Athalie* de Racine : 337 (n. 68).

Élias : 119.

Élisabeth, princesse de Bohême : 328 (n. 23).

Elvire (Julie Charles, inspiratrice de Lamartine qui la désigne sous le prénom d') : 15.

Énée, personnage de *L'Énéide*, de Virgile : 13.

Épinay (Mme d') [1726-1783] : 142, 155, 169, 170 ; 329 (n. 44).

Érasme (v. 1469-1536) : 37, 249.

Esclavelles (Mme d') : 170.

Esprit (Jacques) [1611-1678] : 42.

Eugène, personnage des *Entretiens d'Ariste et d'Eugène*, du P. Bouhours : 295.

Eurydice, nom sous lequel Ballanche célèbre Mme Récamier (voir ce nom).

Faguet (Émile) [1847-1916] : 88.

Falloux (Frédéric, comte de) [1811-1886] : 193 ; 331 (n. 71).

Faret (Nicolas) [1596 ou 1600-1646] : 33, 42.

Fauchet (Claude) [1530-1601] : 38, 53, 247, 248, 251 ; 335 (n. 42-44).

Fénelon (François de Salignac de La Mothe-) [1651-1715] : 12-14, 40, 44, 153, 156, 246.

Feuillet (Octave) [1821-1890] : 95 ; 318 (n. 9).

Féval (Paul) [1817-1887] : 325 (n. 75).

Ficin (Marsile) [1433-1499] : XXV.

FLANDRIN (Hippolyte) [1809-1864] : 194.

FLAUBERT (Gustave) [1821-1880] : 22, 27, 95-97, 182.

FLERS (Robert de) [1872-1927] : 100.

FLEURY (Claude, cardinal) [1640-1823] : 66 ; 322 (n. 50).

FONTENELLE (Bernard LE BOUVIER DE) [1657-1757] : XXXIII ; 44, 63, 137, 154, 156, 158, 159, 164, 172 ; 328 (n. 23).

FORGET DU FRESNE (Pierre) [1544-1610] : 260.

FORTIN DE LA HOGUETTE : 327 (n. 18).

FOUCQUET ou FOUQUET (Nicolas) [1615-1680] : 43, 140 ; 320 (n. 33).

FOUQUELIN (Antoine) : 335 (n. 51).

FOUQUET : 140.

FRANCE (Anatole) [1844-1924] : 15, 42, 99, 100.

FRANCESCA DA RIMINI : 175.

FRANÇOIS DE SALES (saint) [1567-1622] : 39, 102, 140, 142, 143, 265, 266 ; 327 (n. 19), 335 (n. 52).

FRANÇOIS IER (1494-1547) : XXXV ; 106, 231, 234, 235, 248, 275.

FRANKLIN (Alfred) : 323 (n. 65).

FROISSART (Jean) [1333 ou 1337-apr. 1400] : 222, 247.

FUMAROLI (Marc) : 320 (n. 26), 321 (n. 38), 334 (n. 31), 335

(n. 41 et 49), 336 (n. 55 et 62), 337 (n. 67), 339 (n. 86).

FURETIÈRE (Antoine) [1619-1688] : 35, 39, 52-56, 58, 59, 152, 154, 162, 163 ; 322 (n. 42 et 43).

GACES BRULEZ (v. 1160-v. 1126) : 248.

GALIANI (abbé) [1728-1787] : 170.

GALLAUD DE CHASTEUIL : 259.

GALLIFET (général Gaston de) [1830-1909] : 188.

GALLIMARD (famille) : 325 (n. 76).

GALLIMARD (Gaston) [1881-1975] : 103, 104.

Gargantua, personnage de Rabelais : 250.

GASSENDI (1592-1655) : 145.

GASTON PHEBUS (GASTON III de Foix) [1331-1391] : 222.

GEFFROY (Gustave) [1855-1926] : 101.

GENET (Jean) [1910-1986] : 27, 103.

GENLIS (Mme de) [1746-1830] : 142.

GEOFFRIN (Mme) [1699-1777] : 65, 155, 171, 191 ; 332 (n. 85).

GÉRARD (François, baron) [1770-1837] : 192.

GÉRAUD DE CORDEMOY, voir : CORDEMOY (Géraud de).

GÉRÔME (Jean-Louis) [1824-1904] : 194.

GIDE (André) [1869-1951] : IX ; 78, 100, 102-105.

GILLOT (Hubert) : 321 (n. 40).

GIRAUDOUX (Jean) [1882-1944] : 102.

GLOTZ (Marguerite) : 329 (n. 37 et 45).

GODARD (Jean) [1564-1630] : 274, 275 ; 336 (n. 58).

GODEAU (Antoine) [1605-1672] : 137, 144 ; 320 (n. 22).

GOETHE (Johann Wolfgang von) [1749-1832] : XII.

GOFFMAN (Erving) [1922-1982] : 119.

GOLDSCHMIDT (Victor) : 325 (n. 2).

GOMBAULD (Jean Oger) [v. 1588-1666] : 320 (n. 22).

GOMBERVILLE (Marin LE ROY DE) [1600-1674] : 41 ; 320 (n. 27).

GONCOURT (Edmond de) [1822-1896] : 95, 100 ; 325 (n. 75).

GONCOURT (Jules) [1830-1870] : 95.

GONCOURT (les frères) : 22, 79, 90, 96, 176, 194 ; 322 (n. 49).

GORGIAS (v. 487-v. 380 av. J.-C.) : 128, 153, 262.

GOULD (Florence) : 129.

GOULU (le P.) : 319 (n. 19).

GOZLAN (Léon) [1803-1866] : 183.

GRACIAN (Baltasar) [1601-1658]] : 329 (n. 36).

GRÉGOIRE (abbé Henri) [1750-1831] : 80.

GREUZE (Jean-Baptiste) [1725-1805] : 26.

GRICE : 119.

GRIMM (Melchior, baron de) [1723-1807] : 169-171.

GROTIUS (Hugo de GROOT, dit) [1583-1645] : 136.

GUAZZO (Stefano) : XXXI, XXXII ; 138.

GUÉRIN (Maurice de) [1810-1839] : III.

GUERNES DE SAINTE-MAXENCE (fin du XIIIe s.) : 221 ; 332 (n. 5).

GUEZ DE BALZAC, voir : BALZAC (GUEZ DE).

GUILLAUME DE CHARTRES (v. 1225-1281) : 223.

GUILLAUME DE LORRIS (v. 1200-1210 - apr. 1240) : 143, 227, 243.

GUISE (duchesse de) : 268.

GUITRY (Sacha) [1885-1957] : 179.

GUIZOT (François) [1787-1874] : 88, 98, 181, 198, 201.

GUIZOT (Pauline de MEULAN, Mme) : 181.

HABERT DE MONTMOR (Germain) [1615-1654] : 45, 278.

HAENDEL (Georg Friedrich) [1685-1759] : 59.

HALÉVY (Daniel) [1872-1962] · 324 (n. 69).

HALÉVY (Jacques Fromental) [1799-1862] : 204.

HAMILTON (Anthony) [1646-1720] : 148.

Hamlet, personnage de Shakespeare : IX.

HANOTAUX (Gabriel) [1853-1944] : 188.

HANSKA (Mme) [1801-1882] : 95.

HAY DU CHASTELET : 29.

HAZARD (Paul) : 339 (n. 89).

HÉBERT (Jacques) [1757-1794] : 173.

HEINE (Heinrich) [1797-1856] : 210.

HELVÉTIUS (Mme) : 155.

HEMINGWAY (Ernest) [1899-1961] : 104.

HÉNAULT (Charles, Jean François, président) [1685-1770] : 156 ; 329 (n. 31).

HENNIQUE (Léon) [1852-1935] : 101.

HENRI D'ANGOULÊME : 259.

HENRI II (1519-1559) : 241, 245, 249 ; 335 (n. 34).

HENRI III (1551-1589) : XXVI ; 16, 246, 247, 256 ; 334 (n. 31).

HENRI IV (1553-1610) : XXX ; 83, 106, 149, 161, 220, 260, 267 ; 334 (n. 31).

HENRIETTE D'ANGLETERRE (1644-1670) : 146.

HENRIETTE DE FRANCE (1609-1669) : 155.

HEPP (Noémi) : 321 (n. 41), 334 (n. 22).

HÉRACLITE (v. 540-v. 480 av. J.-C.) : XI ; 254.

HERMINIÈRES (M. LE GRAND, seigneur des) : 299. — Voir aussi LE GRAND.

Hermione, personnage d'*Andromaque*, de Racine : 180.

HEROET (Antoine) [m. en 1568] : 250.

HOFFMAN (Paul) : 328 (n. 20).

HÖLDERLIN (Friedrich) [1770-1843] : XXXVIII.

HOMÈRE : XIV ; 12, 14, 233, 234, 245, 246, 303 ; 321 (n. 41).

HORACE (65-8 av. J.-C.) : XXXIII ; 236, 244, 268.

HOUDART DE LA MOTHE (Antoine) [1672-1731] : 158.

HOUDETOT (Mme d') [1730-1813] : 169, 170.

HOUSSAYE (Arsène) [1815-1896] : 20, 92 ; 317 (n. 6).

HOUSSAYE (Henry) [1848-1911] : 20 ; 317 (n. 6).

HUET (Pierre-Daniel) [1630-1721] : 50, 55, 58, 163, 299.

HUGO (Victor) [1802-1885] : IX, XIX ; 15, 20, 87-90, 94-96, 132, 193 ; 325 (n. 75).

HUIZINGA (Johan) [1872-1945] : 227.

HUME (David) [1711-1776] : 216.

HUYSMANS (Joris-Karl) [1847-1907] : 100-101.

INGRES (Dominique) [1780-1867] : 14.

ISOCRATE (436-338 av. J.-C.) : 129.

JACOB, personnage biblique : 266.

JAN (Laurent) : 204, 205.

JANIN (Jules) [1804-1874] : 185-187, 204 ; 330 (n. 63 et 64).

JARRY (Alfred) [1873-1907] : 28.

JEAN CHRYSOSTOME (saint) [v. 344-407] : 303.

JEAN DE MEUNG (v. 1240-v. 1305) : 243 ; 333 (n. 8).

JEAN DE SY : 333 (n. 13).

JEAN II LE BON (1319-1364) : 225.

JEANNERET (Michel) : 327 (n. 15).

JÉSUS : XXXIX.

JONES-DAVIES (Marie-Thérèse) : 334 (n. 29).

JOUBERT (Joseph) [1754-1824] : III, VIII, IX, XIV, XV, XVIII, XIX, XXIX, XXX ; 118, 182.

JOUFFROY (Théodore) [1796-1842] : 181.

JOUHANDEAU (Marcel) [1888-1979] : 103.

Jourdain (M.), voir : Bourgeois gentilhomme.

Julie, personnage de *La Nouvelle Héloïse*, de J.-J. Rousseau : 168, 169 ; 326 (n. 5).

Juliette. Voir : DROUET (Juliette).

JUVÉNAL (v. 60-v. 140) : 73.

KANT (Emmanuel) [1724-1804] : 117, 122 ; 326 (n. 3 et 4).

KANTOROWICZ (Ernst) : 319 (n. 17).

KIERKEGAARD (1813-1855) : 182.

KRÜDENER (Mme de) [1764-1824] : 93.

L'HERMITE (Tristan) [XVᵉ s.] : 41.

LA BRUYÈRE (Jean de) [1645-1696] : XXXI ; 44, 58, 146, 147, 207 ; 338 (n. 84).

LA CEPPÈDE (Jean de) [1550 ?-1622] : 259.

LA FAYETTE (marquis de) [1757-1834] : 194.

LA FAYETTE (Mme de) [1634-1693] : 56, 130, 179.

LA FONTAINE (Jean de) [1621-1695] : VII ; 16, 41, 44, 54, 58, 60, 130, 152, 159, 161, 281, 282, 286, 297, 301 ; 337 (n. 68).

LA HARPE (Jean-François) [1739-1803] : XVIII ; 91.

LA MOTHE LE VAYER (François de) [1588-1672] : 29.

LA ROCHEFOUCAULD (François de) [1613-1680] : XXX ; 130, 142, 147, 148 ; 328 (n. 25 et 26).

LA ROCHEFOUCAULD (Mme de) : 142.

LA SABLIÈRE (Mme de) [1636-1693] : 161.

LABICHE (Eugène) [1815-1888] : 41, 99.

LACORDAIRE (Henri) [1802-1851] : 193 ; 318 (n. 9).

LACRETELLE (Pierre-Louis) [1751-1824] : 324 (n. 66).

LAKANAL (Joseph) [1762-1845] : 324 (n. 73).

LALIVE DE JULLY (Ange Laurent de) [1725-1775] : 170, 182.

LAMARTINE (Alphonse de) [1790-1869] : 15, 18, 87, 88, 92, 96.

LAMBERT (Anne Thérèse, marquise de) [1647-1733] : 65,

66, 140, 142, 154-159, 161 ; 329 (n. 30).

LAMY (Bernard) [1640-1715] : 306.

LANCELOT (Claude) [v. 1615-1695] : 163, 276.

LAPALUD (Mme) : 174.

LARBAUD (Valery) [1881-1957] : 102.

LATINI (Brunetto) [v. 1220-1294] : 338 (n. 78).

LAURE, inspiratrice de Pétrarque : XXXVIII ; 140.

LAUSBERG (Heinrich)) : 332 (n. 1).

LAVISSE (Ernest) [1842-1922] : 88.

LAYON : 324 (n. 66).

LAZARE (Bernard) [1865-1903] : 318 (n. 15).

LE CLERC (Michel) [1622-1691] : 54, 55.

LE FRANC DE POMPIGNAN (Jean-Jacques) [1709-1784] : 67.

LE GRAND, seigneur des HERMINIÈRES : 300, 302. — Voir aussi : HERMINIÈRES (M. LE GRAND).

LE LABOUREUR (Louis) [m. en 1679] : 45, 50, 278-286, 288, 290, 291, 294-296 ; 336 (n. 63), 337 (n. 65, 66, 68-71).

LE PELETIER DE SAINT-FARGEAU (1760-1793) : 241.

LE ROY DE GOMBERVILLE (Marin), voir : GOMBERVILLE (Marin LE ROY DE).

LE VAU (Louis) [1612-1670] : 83, 84.

LECOQ (Benoît) : 329 (n. 29), 330 (n. 65).

LÉGER (Alexis, dit SAINT-JOHN PERSE) [1887-1975] : 102.

LELIUS PLOTIUS : 302.

LEMAIRE (Madeleine) [1846-1928] : 180.

LEMAIRE DE BELGES (Jean) [1473-v. 1515] : 228, 236, 240 ; 334 (n. 20 et 21).

LEMAÎTRE (Jules) [1853-1914] : 15.

LENCLOS (Anne, dite Ninon de) [1620-1705] : 150.

LENORMAND (Amélie CYVOCT, Mme Charles) [1810-1843] : 203, 204.

LESPINASSE (Julie de) [1732-1776] : 65, 124, 155.

LETO (Pomponio) [1428-1497] : XXV.

Leuwen (le banquier), personnage de *Lucien Leuwen*, de Stendhal : 201, 202.

Leuwen (Mme de), personnage de *Lucien Leuwen*, de Stendhal : 202.

LÉVI-STRAUSS (Claude) [né en 1908] : 213.

LIANCOURT (Jeanne de SCHOMBERG, duchesse de) : 140.

LIEVEN (princesse de) [1784-1857] : 201.

LIGNE (Charles, Joseph, prince de) [1735-1814] : 165.

LITTRÉ (Émile) [1801-1881] : 53.

LOCKE (John) [1632-1704] : 305.

LOGES (Mme des) : 136, 194, 269.

LONGUEVILLE (ANNE, duchesse de) [1619-1679] : 176.

LOUGEE (Carolyn C.) : 328 (n. 20).

LOUIS VI (1081-1137) : 231.

LOUIS IX (saint) [1214-1270] : 44, 106, 223, 231.

LOUIS XII (1462-1515) : 231.

LOUIS XIII (1601-1643) : XXVII, XXIX ; 29, 44, 124, 136-139, 142, 145, 149, 176.

LOUIS XIV (1638-1715) : XXVIII, XXXV-XXXVII ; 34, 38, 43-46, 48-50, 52, 53, 58, 59, 62, 63, 65-69, 83, 106, 109, 137, 138, 149, 153, 162, 163, 276, 279, 288, 303-306, 309 ; 322 (n. 47), 337 (n. 68), 339 (n. 88).

LOUIS XV (1710-1774) : XXXIX ; 17, 65, 68, 100, 153, 164, 246, 305.

LOUIS XVI (1754-1793) : 17, 68, 165, 191.

LOUIS-PHILIPPE Iᴱᴿ (1773-1850) : 88 ; 330 (n. 49).

LOYNES (comtesse de) [1837-1906] : 15.

LUCAS (le P.) : 46 ; 321 (n. 39).

LUCRÈCE (m. vers 509 av. J.-C.) : 230.

LUXEMBOURG (maréchale de) : 155, 164.

MACHIAVEL (1469-1527) : 257.

MACROBE (vᵉ s.) : 327 (n. 15).

MADERNO (Carlo) [1556-1629] : 84.

MAINTENON (Françoise d'AUBIGNÉ, marquise de) [1635-1719] : 153, 154.

MAIRE (Madeleine) : 329 (n. 37 et 45).

MALATESTA (Paolo) : 175.

MALÉZIEU (Nicolas de) [1650-1729] : 233.

MALHERBE (François de) [1555-1628] : XXIX, XXXIV, XXXV ; 31-37, 39, 40, 44, 137, 143, 144, 151, 161, 220, 221, 247, 259-261, 265-272, 275, 300, 303, 312 ; 320 (n. 21), 328 (n. 22), 336 (n. 53).

MALLARMÉ (Stéphane) [1842-1898] : 26, 43, 100, 204 ; 318 (n. 15).

MALLEVILLE (Claude de) [1597-1647] : 40, 281.

MALRAUX (André) [1901-1976] : 15, 16, 84, 104.

MANET (Édouard) [1832-1883] : 90, 187, 204.

MARAT (Jean-Paul) [1743-1793] : 124, 241.

MARBEUF (Pierre de) [1596-1645] : 269.

MARGUERITE D'ANGOULÊME, reine de Navarre (1492-1549) : 149.

MARGUERITE DE VALOIS (1553-1615) : 149.

MARGUERITTE (Paul) [1860-1918] : 101.

MARIE DE MÉDICIS (1573-1642) : 268.

MARIE-ANTOINETTE (1755-1793) : 191.

MARINO (Giambattista, dit le cavalier MARIN) [1569-1625] : XXXV.

MARITAIN (Jacques) [1882-1973] : 102.

MARIVAUX (Pierre CARLET DE CHAMBLAIN DE) [1688-1763] : 66, 158, 159, 161, 197, 216.

MARMONTEL (Jean-François) [1723-1799] : XVIII ; 171.

MAROLLES (abbé Michel de) [1600-1681] : 269, 270 ; 336 (n. 54).

MAROT (Clément) [1496-1544] : 143, 227, 230-234, 236, 240, 244, 246, 250, 255 ; 334 (n. 24).

MARS (Mlle) [1779-1847] : 196.

Marsay (Henry de), personnage de *La Comédie humaine*, de Balzac : 185.

MARTIN DU GARD (Maurice) : 20 ; 317 (n. 7).

MARTIN DU GARD (Roger) [1881-1958] : 103.

MARZYS (Zygmunt) : 320 (n. 25).

MASSÉNA (André) [1758-1817] : 192.

MASSON (Loys) : 269.

MATHILDE (princesse) [1820-1904] : 96.

MAUCLAIR (Camille) [1872-1945] : 318 (n. 15).

MAUPEOU (René Nicolas de) [1714-1792] : 68.

MAUREPAS (Jean Frédéric PHÉLYPEAUX, comte de) [1701-1781] : 68.

MAZARIN (Jules) [1602-1661] : 83.

McLEAN (Ian) : 328 (n. 20).

MEERHOF (Kees) : 334 (n. 33), 335 (n. 51).

MÉLA (Charles) : 333 (n. 12).

Mélite, personnage de *Mélite*, de Corneille : 150.

MÉNAGE (Gilles) [1613-1692] : 35, 38, 56, 57, 152, 162, 163 ; 322 (n. 44).

Ménalque, personnage de *Les Nourritures terrestres*, d'André Gide : 78.

Mercutio, personnage de *Roméo et Juliette*, de Shakespeare : 190.

MÉRÉ (Antoine GOMBAUD, chevalier de) [v. 1607-1685] : 153, 165, 196, 197 ; 326 (n. 10), 327 (n. 18), 328 (n. 28).

MÉRIMÉE (Prosper) [1803-1870] : 20, 95, 182, 203, 207.

MESCHINOT (Jean) [420 ?-1491] : 243.

MESNARD (Paul) : 318 (n. 11), 322 (n. 51), 323 (n. 53).

MEULAN (Pauline), voir : GUIZOT (Mme).

MÉZERAY (Eudes de) [1610-1683] : 40.

MICHEL-ANGE (1475-1564) : 84.

MICKIEWICZ (Adam) [1798-1855] : 210.

MIGNET (Auguste) [1796-1884] : 88, 98.

MIRABEAU (Honoré Gabriel RIQUETI, comte de) [1749-1791] : 124, 165.

MIRBEAU (Octave) [1848-1917] : 101.

MOCKEL (Albert) [1886-1945] : 318 (n. 15).

MOÏSE : 299.

MOLÉ (Louis Mathieu, comte) [1781-1855] : 20.

MOLIÈRE [1622-1673] : XXXI ; 44, 60, 68, 93, 128, 129, 147, 150, 152, 154, 165, 166, 277 ; 319 (n. 19).

MOLINET (Jean) [1435-1507] : 227.

MONCRIF (François Auguste Paradis de) : 307 ; 339 (n. 95).

MONDOR (Henri) [1885-1962] : 318 (n. 15).

MONK (George) [1608-1670] : XV.

MONTAIGNE (Michel de) [1533-1592] : IX, XIV, XXI, XXXIV ; 37-38, 127, 133, 134, 138, 147, 151, 197, 202, 221, 230, 246, 247, 249, 255-260, 265, 270, 273, 307 ; 328 (n. 64).

MONTALEMBERT (Charles FORBES, comte de) [1810-1870] : 88, 98, 193.

MONTAUSIER (Charles de SAINTE-MAURE, marquis de) [1610-1690] : 149.

MONTESQUIEU (1689-1755) : XXXIII ; 30, 64, 66, 121, 122, 125, 162, 164, 177, 207 ; 326 (n. 6).

MONTESQUIOU (Robert de) [1855-1921] : 189.

MONTMORENCY (Adrien de) : 192.

MONTMORENCY (Mathieu de) : 192, 195.

MONTPENSIER (Mlle de) [1627-1693] : 130.

MORAND (Paul) [1888-1976] : 129.

MORÉAS (Jean) [1856-1910] : 189.

MORELLET (abbé André) [1727-1819] : 67, 80, 130, 164, 170, 171, 203 ; 323 (n. 61), 324 (n. 66), 329 (n. 46), 332 (n. 85).

MORISOT (Berthe) [1841-1895] : 204.

MURPHY (Ruth) : 328 (n. 19).

MUSSET (Alfred de) [1810-1847] : 18, 89, 96.

NAPOLÉON Ier : 16, 18, 83-86, 190, 192. — Voir aussi : BONAPARTE (Napoléon).

NAPOLÉON III [1808-1873] : 92.

Narrateur (le), personnage d'*À la recherche du temps perdu*, de Marcel Proust : 206.

NECKER (famille) : 195.

NECKER (Germaine), voir : STAËL (Mme de).

NECKER (Jacques) [1732-1804] : XVII ; 171.

NECKER (Suzanne CURCHOT, Mme) [1739-1794] : 65, 142, 155, 171, 177, 194 ; 330 (n. 48).

NICOLE (Pierre) [1625-1695] : 85, 163, 276.

NICOLET (Claude) : 323 (n. 62).

NOAILLES (Anne de) [1876-1933] : 15.

NODIER (Charles) [1780-1844] : 181.

NODIER (Marie) : 181.

NORA (Pierre) : X, XI, XXII.

NORDEN (Eduard) : 335 (n. 50).

OCTAVE, voir : AUGUSTE.

OLIVET (Pierre-Joseph THOU-LIER, abbé d') [1682-1768] : 66 ; 322 (n. 49).

ORESME (Nicolas) [v. 1325-1382] : 227, 243.

ORLÉANS (Philippe, duc d') [1640-1701] : 66.

Oronte, personnage du *Misanthrope* de Molière : 97.

ORTIGUE (Pierre d', sieur de VAUMORIÈRE), voir : VAUMORIÈRE.

OSSOLA (Carlo) : 327 (n. 16).

OZANAM (Frédéric) [1813-1853] : 193.

PALISSOT (Charles) [1730-1814] : 67, 74 ; 323 (n. 58).

PANGE (Jean de) : 333 (n. 15).

Pantragruel, personnage de Rabelais : 250.

PARIS (Paulin) [1800-1881] : 333 (n. 8).

PASCAL (Blaise) [1623-1662] : 61, 146, 163, 309 ; 322 (n. 48).

PASCHAL (Charles) : 260.

PASQUIER (Étienne) [1529-1615] : 38, 53, 163, 246, 247, 249-254, 258, 266, 273, 297 ; 335 (n. 45-48), 337 (n. 64).

PATRU (Olivier) [1604-1681] : 40.

PAULET (Angélique) [v. 1591-1650] : 144.

PAULHAN (Jean) [1884-1968] : 105, 109 ; 325 (n. 76).

PEIRESC (Nicolas Claude FABRI DE [1580-1637] : 38, 136, 137.

PELLISSON-FONTANIER (Paul) [1624-1693] : XXVI, XXVIII-XXIX ; 293, 301 ; 320 (n. 24), 322 (n. 49), 338 (n. 81).

PERRACHE (Jacques) : 259.

PERRAULT (Charles) [1628-1703] : XXXVI ; 16, 44, 45 (n. 34), 46, 48-51, 53, 59, 63, 282, 286 ; 321 (n. 34 et 40), 322 (n. 47), 337 (n. 67 et 68).

PERROT (Georges) : 323 (n. 63).

PERROT (Michelle) : 328 (n. 21).

PÉTRARQUE (1304-1374) : V, XXIII-XXVII, XXXIII, XXXIV, XXXVIII ; 15, 140, 228, 229, 238, 245, 248, 262 ; 333 (n. 19), 338 (n. 78).

Philinte, personnage du *Misanthrope,* de Molière : 307.

PHILIPPE II d'Espagne (1527-1598) : XXXV.

PHILIPPE II AUGUSTE (1165-1223) : 221.

PHILIPPE IV LE BEL (1268-1314) : 272.

Philothée, interlocutrice de l'auteur dans l'*Introduction à la vie dévote* de saint François de Sales : 140.

PIBRAC (Guy du FAUR, seigneur de) [1529-1584] : 16.

PIC DE LA MIRANDOLE [1463-1494] : 209.

PICARD (Louis Benoît) [1769-1828] : 324 (n. 66).

PICASSO (Pablo) [1881-1973] : 26.

PIE VII (1742-1823) : XV.

PIERRE LE GRAND (1672-1725) : 305.

PINDARE (518-438 av. J.-C.) : 241, 246.

PIRANÈSE (1720-1778) : 175.

PIRON (Alexandre) [1689-1773] : XXXVII.

PISISTRATE (600 ?-527 av. J.-C.) : XIV.

PITHOU (Pierre) [1539-1596] : 247.

PLATON (428 ou 427-348 ou 347 av. J.-C.) : XIX, XXXIII, XXXIX ; 52, 114-118, 122, 125-127, 130, 210, 299 ; 325 (n. 2).

PLESSIS-GUÉNÉGAUD (Mme du) : 140.

PLINE L'ANCIEN (23-79 apr. J.-C.) : 39, 56.

PLUTARQUE (v. 50-v. 125) : 51, 70, 187 ; 327 (n. 15).

POIRION (Daniel) : 333 (n. 12).

POMEAU (René) : VI.

POMIAN (Krzysztof) : 322 (n. 41).

POMPADOUR (Mme de) [1721-1764] : 67.

PONTANO (Giovanni) [v. 1426-1503] : XXV.

POPELIN (Claudius) [1825-1892] : 188.

POSTEL (Guillaume) [1510-1581] : 239.

POUSSIN (Nicolas) [1594-1665] : XXVIII ; 13, 14.

PRADON (Nicolas) [1632-1698] : XIX ; 151.

PRÉVOST-PARADOL (Lucien Anatole) [1829-1870] : 42.

PROUST (Marcel) [1871-1922] : IX, XXI ; 19-22, 132, 181, 190, 208, 210 ; 317 (n. 5 et 7), 318 (n. 8), 325 (n. 75), 330 (n. 60).

Puck, personnage du *Songe d'une nuit d'été*, de Shakespeare : 190.

PYRRHUS (v. 319-272 av. J.-C.) : 68.

QUENEAU (Raymond) [1903-1976] : 105.

QUINAULT (Mlle) : 164.

QUINAULT (Philippe) [1635-1688] : 44, 54 ; 337 (n. 68).

QUINTILIEN (v. 30-v. 100) : XXII ; 235, 240, 265, 275, 290.

QUONDAM (Amedeo) : XXXIII.

RABAN MAUR (v. 780-856) : 219.

RABELAIS (François) [v. 1483 ou v. 1494-1553] : 120, 216, 229, 250, 255.

RABUTIN-CHANTAL (Marie de), voir : SÉVIGNÉ (Mme de).

RACAN (Honorat de BUEIL, seigneur de) [1589-1670] : 144, 268, 303, 336 (n. 53).

RACHEL (Mlle) [1821-1858] : 180.

RACINE (Jean) [1639-1699] : V, XIX ; 16, 40, 44, 54, 58, 60,

74, 146, 152, 246 ; 338 (n. 78).

RAMBOUILLET (Mme de) [1588-1665] : 124, 129, 133, 136-138, 140, 142, 144, 149, 155, 157, 158, 176, 178, 179, 190, 269 ; 326 (n. 11).

RAMUS (Pierre de LA RAMÉE [1515-1572] : 334 (n. 33).

RAYNOUARD (François) [1761-1836] : 324 (n. 66).

RÉCAMIER (Juliette BERNARD, Mme) [1777-1849] : 178, 180, 190-195, 203 ; 330 (n. 57), 331 (n. 67 et 68).

RÉCAMIER (M.) : 192.

Régent, voir : ORLÉANS (Philippe, duc d').

RÉGNIER (Henri de) [1864-1936] : 318 (n. 15).

RÉGNIER-DESMARAIS (François) [1632-1713] : 53, 54.

RÉMOND (René) : 333 (n. 11).

RÉMUSAT (Charles de) [1797-1875] : 198 ; 331 (n. 76).

RENAN (Ernest) [1823-1892] : XL ; 88, 137.

Renaud, personnage de *Renaud de Montauban* (ou *Les Quatre Fils Aymon*) : 248.

René, personnage de *René* de Chateaubriand : 78.

RESTIF DE LA BRETONNE (Nicolas) [1734-1806] : 216.

RETZ (Jean-François de GONDI, cardinal de) [1613-1679] : 124, 130, 146, 148.

RICHELIEU (cardinal de) [1585-1642] : XXVI, XXXIV ; 17, 28-34, 39-41, 49, 65, 68, 72,

76, 106, 271 ; 320 (n. 22), 323 (n. 55).

RICHELIEU (maréchal de) [1696-1788] : XXXI.

RIMBAUD (Arthur) [1854-1891] : XIII, XIX ; 100.

RISTORI (Mme Adélaïde) [1821-1906] : 204.

RIVAROL (Antoine) [1753-1801] : 45, 308-313 ; 321 (n. 35), 339 (n. 98).

RIVIÈRE (Jacques) [1886-1925] : 102, 103 ; 317 (n. 7).

ROBERTET (Florimond) [m. en 1522] : 230-232 ; 334 (n. 24).

ROBESPIERRE (Maximilien de) [1758-1794] : 173, 190.

ROCHE (Daniel) : 323 (n. 59).

ROEDERER (Pierre-Louis, comte) [1754-1835] : 176, 178 ; 330 (n. 52), 331 (n. 84).

Roland, personnage de *La Chanson de Roland* : 248.

ROMAINS (Jules) [1885-1972] : 28.

RONSARD (Pierre de) [1524-1585] : 16, 36, 227, 240, 241, 244-247, 249, 251, 256, 267, 300.

ROSNY AÎNÉ (1856-1940) : 101.

ROSNY CADET (1859-1948) : 101.

ROUART (Henri Stanislas) [1833-1912] : 204.

ROUBAUD (Jacques) : 333 (n. 18).

ROUSSEAU (Jean-Baptiste) [1671-1741] : 63.

ROUSSEAU (Jean-Jacques)

[1712-1778] : XVIII, XXXVII-XXXIX ; 13-16, 64, 77, 86, 89, 91, 100, 121, 165-169, 171, 172, 175, 178, 183, 197, 210, 207, 307, 308 ; 329 (n. 38, 41-43).

ROYER-COLLARD (Pierre Paul) [1763-1845] : 87, 198.

SABLÉ (Mme de) [1599-1678] : 130.

SABRAN (Elzéar de) [1774-1846] : 195.

SAGON (François) [m. en 1544] : 250.

SAINT-AMANT (Marc Antoine GIRARD, seigneur de) [1594-1661] : 40.

SAINT-AMARANTHE (Mme de) : 173.

SAINT-ÉVREMOND (v. 1614-1703) : XXVIII ; 44, 150, 152.

SAINT-GELAIS (Mellin de) [1491-1558] : 250, 251.

SAINT-JOHN PERSE, voir : LÉGER (Alexis).

SAINT-JUST (Louis Antoine) [1767-1794] : 173.

SAINT-LAMBERT (Jean-François de) [1716-1803] : 169, 170.

SAINT-MARC GIRARDIN (1801-1873) : 89.

SAINT-PIERRE (Charles Irénée CASTEL, abbé de) [1658-1743] : 66 ; 322 (n. 50).

Saint-Preux, personnage de *La Nouvelle Héloïse*, de J.-J. Rousseau : 167, 168 ; 326 (n. 5).

SAINT-SIMON (Louis de ROU-VROY, duc de) [1675-1755] : XXX ; 130.

SAINTE-BEUVE (Charles Augustin) [1804-1869] : XVII ; 20-22, 25, 62, 68, 79, 85, 89, 95-98, 112, 132, 137, 176, 177, 181-183, 185, 195, 196, 198, 207, 208 ; 318 (n. 9), 324 (n. 67 et 74), 325 (n. 74), 330 (n. 53-56, 60), 331 (n. 73-75, 77-79, 83).

SALAZAR (Philippe-Joseph) : 335 (n. 39).

SALMON MACRIN (1490-1557) : 233.

SALUTATI (Coluccio) : XXV.

SAND (George) [1804-1872] : 93, 95.

SANNAZAR (Iacopo SANNAZZARO, ou Jacques) [1455-1530] : 238.

SARRASIN (Jean-François) [1605-1654] : 301.

SARTINES (Mme de) : 173.

SARTRE (Jean-Paul) [1905-1980] : 15, 26, 103, 104.

SCARLATTI (Alessandro) [1660-1725] : 170.

SCÈVE (Maurice) [1501-v. 1560] : 36, 250.

SCHLEGEL (August Wilhelm von) [1767-1845] : 195.

SCHLUMBERGER (Jean) [1877-1968] : 102.

SCHNARB-LIÈVRE (Marion) : 334 (n. 27).

SCHWAB (Jean-Christophe) [1743-1821] : 308, 309, 311.

SCOTT (Walter) [1771-1832] : 99.

SCRIBE (Eugène) [1791-1861] : 99 ; 318 (n. 9).

SCUDÉRY (Georges de) [1601-1667] : 41 ; 320 (n. 30).

SCUDÉRY (Mlle de) [1607-1701] : 56, 140, 165, 173, 176, 306 ; 329 (n. 39).

SEALY (Robert J.) : 335 (n. 40).

SEESKIN (Kenneth) : 326 (n. 2).

SÉGUIER (Pierre) [1588-1672] : 34, 271, 272.

SEIGEL (Jerrold) : 330 (n. 65).

SÉNAC DE MEILHAN (Gabriel) [1736-1801] : 73.

SÉNÈQUE (v. 4 av. J.-C.-65) : 261.

SERVIEN : 34.

SÉVIGNÉ (Marie de RABUTIN-CHANTAL, marquise de) [1626-1696) : 56, 142, 146, 176, 177, 179, 183.

SÉVIGNÉ (marquis Henri de) : 179.

SHAKESPEARE (William) [1564-1616] : 161.

SIDOINE APOLLINAIRE (saint) [v. 430-v. 487] : 252.

SIEYÈS (Emmanuel Joseph) [1748-1836] : 194.

SILHON (Jean) [1596-1667] : 29, 33.

SIMONE (Franco) : 336 (n. 58).

SIRMOND (Jean) [1582-1649] : 29, 33.

SISMONDI (Léonard de) [1773-1842] : 195.

SOCRATE (v. 470-399 av. J.-C.) : 114-116, 118, 126-129, 140, 144, 150, 153, 161, 166, 206, 216 ; 318 (n. 15).

SOISSONS (Olympe MANCINI, comtesse de) [1639-1708] : 138.

SOPHOCLE (v. 495-406 av. J.-C.) : 116.

SOUMET (Alexandre) [1788-1845] : XIX.

SPERONI (Sperone) [1500-1588] : 240.

SPINOZA (1632-1677) : 305.

STACE (45-96 apr. J.-C.) : 245.

STAËL (Germaine NECKER, Mme de) [1766-1817] : XVII, XVIII, XIX ; 93, 118-122, 124, 125, 131, 132, 135, 138, 141, 142, 150, 169, 172, 177, 178, 185, 190-199, 201, 203, 208 ; 326 (n. 5, 7 et 8), 327 (n. 12-14), 331 (n. 72).

STENDHAL (Henri BEYLE, dit) [1783-1842] : XXI ; 20, 86, 91, 92, 98, 201-203, 207 ; 324 (n. 68), 331 (n. 82).

STOKES (M.C.) : 325 (n. 2).

STROTZESKI (Christophe) : 326 (n. 9).

SUARD (Jean-Baptiste Antoine) [1733-1817] : 80, 164, 171 ; 323 (n. 61), 324 (n. 66).

SUE (Eugène) [1804-1857] : 325 (n. 75).

SULLY (Maximilien de BÉTHUNE, duc-pair de) [1560-1641] : 70 ; 339 (n. 97).

SULLY PRUDHOMME (René François Armand PRUDHOMME) [1839-1907] : XIX.

SWETCHINE (Mme) [1782-1857] : 193 ; 331 (n. 71).

TACITE (v. 55-v. 120) : 72.
TAINE (Hippolyte) [1828-1893] : VII ; 88, 98, 137.
TALLEMANT (François) [1620-1693] : 54.
TALLEMANT (Paul) [1642-1712] : 46, 47, 50, 60.
TALLEMANT DES RÉAUX (Gédéon) [1619-1690] : 173, 178 ; 326 (n. 11).
TALLEMANT LE JEUNE (abbé) : 294 ; 321 (n. 39), 322 (n. 47), 338 (n. 82).
TALLEYRAND (1754-1838) : 80, 182, 185, 194 ; 323 (n. 62).
TALLIEN (Jean Lambert) [1767-1820] : 173.
TALMA (François Joseph) [1763-1826] : 196.
TARDE (Gabriel de) [1843-1904] : 99.
TASSE (LE) [1544-1595] : XXXI, XXXII ; 14.
TENCIN (Mme de) [1682-1749] : 65, 66, 155.
TÉRENCE (v. 190-v. 159 av. J.-C.) : 301.
THEURIET (André) [1833-1907] : 99.
THÉVENOT (Melchissédec) [1620-1692] : 56.
THIBAUT ou THIEBAUT IV DE CHAMPAGNE, roi de Navarre (1201-1253) : 248 ; 338 (n. 78).
THIERS (Adolphe) [1797-1877] : 98.
THOMAS (Antoine-Léonard) [1732-1785] : 58, 59, 69, 70, 171, 307 ; 322 (n. 45), 332 (n. 85), 339 (n. 97).

THOU (Jacques Auguste de) [1553-1617] : 38, 136.
THUCYDIDE (v. 460-v. 400 av. J.-C.) : 117.
THUILLIER (J.) . 43 ; 318 (n. 10), 320 (n. 33).
Tircis, personnage de *Mélite*, de Corneille : 150.
TITE-LIVE (59 av. J.-C.-17 apr. J.-C.) : XXXIV.
TOCQUEVILLE (Alexis de) [1805-1859] : 180, 181.
TOURGUENIEV (Ivan) [1818-1883] : 210.
TRAPP (J. B.) : 335 (n. 38).
TRIOLET (Elsa) [1896-1970] : 15.
TRUBLET (Nicolas-Charles) [1697-1770] : 307, 339 (n. 94).
TUDESQ (André) : 324 (n. 69).
TURGOT (1727-1781) : 165.
TURNÈBE (Adrien TURNEBOUS, dit) [1512-1565] : 249

URBAIN V (1310-1370) : 228.
URFÉ (Honoré d') [1567-1625] : 142, 143, 266.

VALÉRY (Paul) [1871-1945] : XXII ; 23, 26, 42, 97, 100, 215 ; 318 (n. 15), 320 (n. 32).
VALLA (Lorenzo) [1407-1457] : 292.
VALOIS (les) : 16, 36, 220, 241.
VARRON (IIIᵉ s. av. J.-C.) : 39, 56.
VAUDOYER (Léon) [1803-1872] : 84.

VAUGELAS (Claude FAVRE, seigneur de) [1585-1650] : XXXV ; 35, 39, 45, 59, 75, 85, 146, 157, 163, 271-275, 278, 280, 284, 296, 307, 309 ; 336 (n. 53).

VAUMORIÈRE (Pierre d'ORTIGUE DE) [1611-1693] : 165 ; 329 (n. 40).

VAUQUELIN DES YVETEAUX (Nicolas) [1567-1649] : 267.

Védrine, personnage de *L'Immortel*, de A. Daudet : 98.

Velléda, personnage de *Les Martyrs*, de Chateaubriand : 11.

Verdurin (Mme), personnage d'*À la recherche du temps perdu*, de Marcel Proust : 190.

VERLAINE (Paul) [1844-1896] : 189.

VÉRON (Jacques) : 324 (n. 71).

VICQ D'AZYR (Félix) [1748-1794] : 20.

VIERGE (la) : IV.

VIGNY (Alfred de) [1797-1863] : 87, 88, 96.

VILLARS : 324 (n. 66).

VILLEDIEU (Mme de) [1632-1683] : 151.

VILLEHARDOUIN (Geoffroi de) [v. 1150-v. 1213] : 279.

VILLEMAIN (Abel François) [1790-1870] : 89.

Villeparisis (Mme de), personnage d'*À la recherche du temps perdu*, de Marcel Proust : 190.

VILLIERS (abbé de) : 151.

VILLON (François) [1431-apr. 1463] : 243.

VILMORIN (Louise de) [1902-1969] : 15, 129.

VINTIMILLE (Mme de) : 182.

VIRGILE (v. 70-19 av. J.-C.) : XXXIII ; 13, 14, 230, 232-234, 245, 268, 284.

VOGHT (baron de) : 195.

VOITURE (Vincent) [1597-1648] : XXIX ; 40, 128, 129, 140, 144, 149, 157, 281 ; 326 (n. 11).

VOLLAND (Sophie) [v. 1725-1784] : 170 ; 330 (n. 47).

VOLNEY (Constantin François de CHASSEBŒUF DE [1757-1820] : 119 ; 324 (n. 66).

VOLTAIRE (François Marie AROUET) [1694-1778] : VI, VIII, XVIII, XXXI, XXXIII, XXXVI, XXXVII ; 44, 63, 66, 67, 69, 73-75, 77, 100, 106, 118, 159, 160, 162, 165, 173, 183, 194, 197, 199, 214-216, 229, 233, 246, 257, 307, 310 ; 332 (n. 1).

VOUET (Simon) [1590-1649] : 271.

VOUILLOT (Bernard) : 324 (n. 73).

VUILLARD (Édouard) [1868-1940] : 188.

WAGENER (Françoise) : 331 (n. 67).

WALPOLE (Horace) [1717-1797] : 210.

Walter (André), personnage des *Cahiers d'André Walter*, d'André Gide : 105.

WARTBURG (Walther von) [1888-1971] : 56.

WATTEAU (Antoine) [1684-1721] : 26.

WEINRICH (Harald) : 336 (n. 53).

Wolmar (M. de), personnage de *La Nouvelle Héloïse*, de J.-J. Rousseau : 168.

YATES (Frances A.) : 317 (n. 2), 335 (n. 40).

ZEMON DAVIS (Natalie) : 328 (n. 21).

ZINK (Michel) : 333 (n. 12 et 17).

ZOLA (Émile) [1840-1902] : 99.

ZUBER (R.) : 320 (n. 31).

ZUMTHOR (Paul) : 333 (n. 18).

Liste des illustrations

1. *Une séance de l'Académie française au Louvre*, gravure de Pierre-Paul Sevin. Bibliothèque nationale, Paris, photo © Giraudon.
2. *Allégorie sur l'Académie française*, gravure de Gautrel d'après Sevin. Bibliothèque nationale, photo © Bibl. nat., Paris.
3. *Allégorie de la réception de Voltaire à l'Académie française*, gravure de Dupin d'après Desrais, 1778. Bibliothèque nationale, photo © Bibl. nat., Paris.
4. *Dumas, Hugo et Balzac sollicitant leur admission à l'Académie française*, caricature de Benjamin Roubaud, *La Mode*, 1839. Maison de Balzac, Paris, photo © Giraudon.
5. *Frappez et on vous ouvrira*, lithographie de Daumier. Bibliothèque nationale, photo © Bibl. nat., Paris.
6. *Sainte-Beuve en académicien*, lavis d'E. Giraud. Bibliothèque nationale, photo © Bibl. nat., Paris.
7. *Paris, 1953*. Photo © Henri Cartier-Bresson/Magnum.
8. Watteau, *Étude de deux hommes conversant*. École des beaux-arts, Paris. Photo © Bulloz.
9. Angelo Decembrio, *De politia literaria*, vers 1450, imprimé en 1540. Bibliothèque nationale, Paris. Photo © Bibl. nat.
10. Abraham Bosse, *L'Ouïe*. Bibliothèque nationale, Paris. Photo © Bibl. nat.
11. Frontispice des *Conversations* de Mlle de Scudéry, n^{lle} éd., 1710, gravé par Sébastien Leclerc. Bibliothèque nationale, Paris. Photo © Bibl. nat.
12. Rubens, *Le Jardin d'amour*, vers 1630-1640, détail. Musée du Prado, Madrid. Photo © Giraudon.

13. Watteau, *La Conversation*, 1712-1713. The Toledo Museum of Art. Don Edward Drummond Libbey. Photo du Musée.
14. *Parceval de Grandmaison lisant des vers de son poème de Philippe Auguste*, in *Madame Ancelot : un salon de Paris, 1824-1864*, Paris, 1866. Bibliothèque nationale, Paris. Photo © Bibl. nat.
15. *Rachel récitant des vers du rôle d'Hermione dans la tragédie d'Andromaque*, in *Madame Ancelot : un salon de Paris, 1824-1864*, Paris, 1866. Bibliothèque nationale, Paris. Photo © Bibl. nat.
16. *Remarques sur la langue française*, de Vaugelas, 1647. Frontispice. Bibliothèque nationale, Paris. Photo © Bibl. nat.

Introduction   I

LA COUPOLE   9

LA CONVERSATION   111

« LE GÉNIE DE LA LANGUE FRANÇAISE »   211

Notes   315

Index   341

Liste des illustrations   367

DU MÊME AUTEUR

Œuvres

L'ÂGE DE L'ÉLOQUENCE. RHÉTORIQUE ET *RES LITE-RARIA* DE LA RENAISSANCE AU SEUIL DE L'ÉPOQUE CLASSIQUE, Genève, Droz, 1980 ; Albin Michel, 1994.

LE STATUT DE LA LITTÉRATURE. MÉLANGES OF-FERTS À PAUL BÉNICHOU, Droz, 1982.

RHÉTORIQUE ET SOCIÉTÉ EN EUROPE, XVIᵉ-XVIIᵉ, LE-ÇON INAUGURALE FAITE LE 29 AVRIL 1987, Collège de France, 1988.

HÉROS ET ORATEURS. RHÉTORIQUE ET DRAMATUR-GIE CORNÉLIENNES, Genève, Droz, 1990.

L'ÉTAT CULTUREL. UNE RELIGION MODERNE, Ber-nard de Fallois, 1991 ; LGF, 1992.

L'ÉCOLE DU SILENCE. LE SENTIMENT DES IMAGES AU XVIIᵉ SIÈCLE, Flammarion, 1994.

LA DIPLOMATIE DE L'ESPRIT DE MONTAIGNE À LA FONTAINE, Hermann, 1994.

Éditions critiques

JORIS-KARL HUYSMANS, À REBOURS, Gallimard, Folio clas-sique nᵒ 898, 1977.

MAURICE DE GUÉRIN, POÉSIE, Gallimard, Poésie nᵒ 183, 1984.

JEAN DE LA FONTAINE, FABLES, Imprimerie nationale, 1986.

HENRI DE CAMPION, MÉMOIRES. TROIS ENTRETIENS SUR DIVERS SUJETS D'HISTOIRE, DE POLITIQUE ET DE MORALE, Mercure de France, 1989.

PHILIP CHESTERFIELD, COMTE DE STANHOPE, LETTRES DE LORD CHESTERFIELD À SON FILS À PARIS, 1750-1752, Rivages, 1993.

Composition Eurocomposition.
Impression S.E.P.C. à Saint-Amand (Cher),
le 9 novembre 1994.
Dépôt légal : novembre 1994.
Numéro d'imprimeur : 2782.
ISBN 2-07-032859-7./Imprimé en France.

Composition Euronumérique
Impression S.E.P.C. à Saint-Amand (Cher),
le novembre 1991.
Dépôt légal : novembre 1991.
Numéro d'imprimeur : 2782.
ISBN 2-07-032859-0 / Imprimé en France.